MW00698414

GUÉRIR SON ENFANT INTÉRIEUR

Paru dans Le Livre de Poche :

LE BONHEUR D'ÊTRE SOI

LA DÉPRESSION, UNE ÉPREUVE POUR GRANDIR ?

LE FILS ET SON PÈRE

L'HUMOUR-THÉRAPIE

MOUSSA NABATI

Guérir son enfant intérieur

FAYARD

Pour être informé du programme des séminaires de Moussa Nabati, vous pouvez lui écrire à l'adresse suivante : moussa.nabati927@orange.fr.

© Librairie Arthème Fayard, 2008.
ISBN : 978-2-253-08505-8 – 1ʳᵉ publication LGF

Le souvenir

Ce matin-là, dans un jardin de Bagdad, deux colombes roucoulaient au jeune printemps d'amoureuses et plaintives choses. Mon amie appuya sa tête sur mon épaule et dit :

– Mon âme est lourde de bonheur comme une branche chargée de fruits. Mais écoute le chant triste de ces colombes... Prédit-il que nous nous séparerons un jour ?

– Pourquoi, en respirant la rose, penser à son éphémère beauté ? Garde le souvenir de son parfum, et tu oublieras qu'elle est flétrie.

Saadi (poète persan du XIIIe siècle),
Le Jardin des roses.

SOMMAIRE

1
FANTÔMES

Je suis depuis longtemps intrigué par l'existence chez les humains, à commencer par mes patients, d'une personnalité double, à deux visages, d'un psychisme à double compartiment où cohabitent, parfois tant bien que mal, deux êtres différents, l'adulte et l'enfant. Je suis de plus en plus convaincu que le bonheur d'une personne ou, à l'inverse, ses infortunes, son aptitude ou sa difficulté à jouir sereinement des joies que lui offre la vie, dépendent de la nature des liens, crispés ou détendus, qu'entretiennent entre eux ses deux Moi, l'enfantin et l'adulte.

Au fond, contrairement au credo de la psychologie et de la philosophie traditionnelles, le Moi n'est jamais un, simple, unique. Il ne renvoie pas à une même unité, uni-dimensionnelle, homogène, harmonieuse et uniforme. L'identité est paradoxalement double. La « maison-soi », à l'image d'une poupée russe ou gigogne, n'est donc pas exclusivement habitée par un seul locataire, le fameux « je », conscient, lucide, réaliste, désirant, agis-sant, raisonnable et raisonnant, soumis au principe de réalité, comme l'a si bien conçu et décrit Descartes. Elle abrite au moins un second hôte, invisible celui-ci, bien que maître à bord, à savoir l'enfant intérieur, le petit garçon ou la petite fille que chacun fut, qu'il est aujourd'hui encore et qu'il demeurera toujours, par-delà son sexe, sa position sociale et surtout son âge. Le passé ne s'efface pas. Il ne disparaîtra jamais, et heureusement d'ailleurs, dans la mesure où il représente les racines de l'être, ses fondations, la source et le réservoir, pour toute la vie, de son énergie vitale, de son inspiration et de sa créativité ! J'ai toujours trouvé étonnant que la filiation, c'est-à-dire l'idée de la connexion et de l'enracinement, soit ressentie en Occident comme un boulet handicapant, une infirmité, soupçonnée d'interdire au sujet d'être libre et lui-même. Le passé insuffle l'avenir.

Ainsi, tout être abrite en lui deux ego, deux Moi, deux royaumes, deux sensibilités, deux visions de soi, de la vie, du monde et des autres ; tout être est bipo-laire, bilatéral, bicéphale, bilingue.

Pourquoi tel homme public, jouissant d'une intelligence et d'une habileté remarquables, regardé comme un superman, ayant brillamment réussi à gravir toutes les marches de la gloire et du pouvoir, se laisse-t-il étrangement, dans l'intimité, traiter par les femmes comme un petit garçon, dépendant et manipulable, sans pouvoir s'opposer à leur toute-puissance, à leurs caprices et infidélités ?

Pourquoi telle femme, voulant apparaître aux yeux de tous comme une sainte, bonne employée, bonne mère et bonne épouse, solide et volontaire, douce et forte à la fois, sachant parfaitement ce qu'elle veut et où elle va, succombe-t-elle parfois, « pour se défouler quand elle en a marre », à l'irrésistible tentation d'une petite escapade avec un amant, nouveau et anonyme chaque fois, jetable ?

Le Moi adulte représente certes la partie émergée de l'iceberg, l'instance et le siège de la conscience, du jugement, de la volonté et de l'action. Il assume, tel le capitaine d'un navire, la fonction de médiateur entre les revendications des pulsions, les impératifs du Surmoi et les exigences de la réalité extérieure. Cependant, derrière cette façade raisonnable, il ne jouit pas toujours d'une autonomie véritable. Il peut se montrer capable, dans les cas heureux, de s'affirmer en gérant avec sérénité et souplesse son énergie vitale, conciliant ainsi, à l'aide de compromis, les revendications présentées par les deux principes de réalité et de plaisir, qui tirent souvent à hue et à dia. Mais il risque aussi, en cas de conflit, de se voir submergé, influencé, malmené, tenu en laisse par la puissance occulte de son enfant intérieur, dont il n'a nulle conscience et qu'il échoue, par conséquent, à maîtriser.

Dans ces conditions, la force ou la faiblesse du Moi adulte, la bonne ou la mauvaise image qu'il a de lui, sa combativité ou sa mollesse, sa témérité ou sa couardise dépendent de l'état de santé de l'enfant intérieur, de sa solidité ou de sa fragilité. C'est en réalité ce dernier qui guide les pas du premier vers des rendez-vous joyeux ou les précipite, au contraire, dans les affres des inquiétudes et des codépendances sado-masochistes, en dépit de l'intelligence et de la volonté de l'« adulte », malgré lui.

Lorsque celui-ci se trouve sous l'emprise inconsciente de son enfant intérieur, il cesse précisément de ressentir et de réagir en adulte. Il devient aveugle, perdant son autonomie psychique. Il sombre dans les sables mouvants d'une affectivité excessive, d'une émotionalité désordonnée, sensitive, infantile, privée d'un minimum de réflexion et de logique, faute de distance et de recul. C'est le motif pour lequel il se retrouve répétitivement pris, coincé dans les excès nocifs, soit que la dramatisation anxieuse l'empêche d'agir ou de réagir, soit, à l'inverse, que l'enthousiasme euphorique lui fasse occulter les risques. C'est la démesure, l'exagération émotionnelle, qui sert de révélateur et d'indice de la présence de l'enfant derrière le masque adulte.

Ainsi, il peut arriver à l'« adulte », emporté par sa petite fille ou son petit garçon intérieur, plutôt parlé et agi que parlant et acteur, de ne pas se reconnaître dans certains de ses choix, comme s'il avait été entraîné, télécommandé par une force étrangère. Saisi, après coup, par le regret et la culpabilité, il se reproche ses « enfantillages », qu'il peine à expliquer, répétant sans cesse : « Je ne sais pas ce qui m'a pris », ou : « C'était plus fort que moi ! »

De même, la moindre frustration ou contrariété peut devenir pour lui insupportable et gravissime, risquant de le déstabiliser en ravivant ses craintes infantiles de se voir rejeté, d'où son avidité affective et sa quête obsessionnelle de réassurance et de sécurité.

C'est par conséquent l'enfant en nous, et non pas vraiment l'adulte, qui craint qu'on ne l'« aime pas », qu'on le « juge mal », qu'on le « critique », qu'on lui « reproche » ceci ou cela, qu'on le « culpabilise », qu'on

le « gronde », qu'on le trouve « nul, bête et vilain ».
C'est lui qui doute de ses capacités, ne se croyant pas
à la hauteur, se trouvant inutile ou mauvais, dramati-
sant tout problème, hésitant sans cesse face aux choix
de la vie, sans réussir à se décider. C'est aussi lui qui a
peur que tout aille de mal en pis, sans espérer une issue
positive.

C'est encore lui qui s'impatiente, s'emporte, s'énerve,
devient coléreux, agressif ou violent, ou qui, à l'inverse,
s'expose masochistement comme bouc émissaire dans
des situations d'échec, de rejet et de harcèlement,
cherchant des bâtons pour se faire frapper. C'est enfin
lui qui s'épuise à plaire, à briller, à se faire remarquer,
à se vanter, à séduire, par le biais de la réussite et de
la renommée, pour se croire quelqu'un, pour exister,
être reconnu, désiré, important et aimé.

Cela révèle clairement la futilité, voire la nocivité,
d'un certain psychologisme de bazar cherchant à rassé-
réner et à déculpabiliser artificiellement le sujet, en
l'incitant à « avoir confiance en lui », à « ne pas dramatiser », à « profiter des siens dans l'instant présent »,
etc.

Nul n'aspire de façon délibérée à souffrir ni ne le
choisit. Nul ne peut décider non plus de rectifier ses
travers par des résolutions, si volontaristes soient-elles,
sans l'acquiescement préalable de l'enfant intérieur.

Ce genre de démarches, qui s'adressent au sujet
adulte, à sa volonté consciente, en lui donnant l'illusion
qu'il serait capable de se transformer en appliquant
telle recette ou tel programme, risquent en réalité,
paradoxalement, d'aboutir à l'inverse du résultat sou-

haité. Elles accentuent à long terme le mal-être en exerçant un refoulement supplémentaire en direction de l'enfant intérieur, déjà depuis longtemps comprimé et ne demandant, au contraire, qu'à être reconnu et écouté.

Cependant, ce qui dévoile le plus ostensiblement l'existence de l'enfant intérieur et sa suprématie sur le sujet « adulte » est relatif au phénomène de l'ambivalence. L'individu se voit alors envahi par la présence simultanée en lui de deux pensées, deux affects, deux volontés opposées, amour et haine, oui et non, « je veux » et « je ne veux pas », à l'égard du même objet, ce qui rend la situation inextricable et toute décision impossible. Le voici donc déchiré, tiraillé, dédoublé, commandé tour à tour par deux aspirations antinomiques, deux forces, deux êtres en lui, l'enfant et l'adulte. Pris entre le marteau et l'enclume, le frein et l'accélérateur, il tergiverse, pèse le pour et le contre, rumine, avance et recule. La voix adulte l'encourage à être lui-même, à avoir confiance en ses capacités et à s'affirmer, exprimant ses désirs et valeurs. Celle de l'enfant, à l'inverse, lui enjoint d'obtempérer, d'arrondir les angles, d'obéir, par culpabilité à l'idée de décevoir ou de blesser, par crainte de déplaire et d'être rejeté.

Ainsi, le Moi adulte, séquestré par l'enfant en lui, peut paraître immature, infantile, souffrant de sous-développement psychique. Privé d'autonomie et empêché de s'épanouir, il gaspille son énergie vitale à lutter, d'une certaine façon, contre lui-même, en combattant les poussées d'angoisse, d'ambivalence et de culpabilité émises par son enfant intérieur. Mais, paradoxalement, plus il s'acharne contre ces manifestations, plus il les rend agressives, tout en épuisant ses propres réserves d'énergie.

De toute évidence, complètement à l'inverse, l'enfant intérieur, cet autre soi-même, peut se comporter à l'égard du Moi adulte, son colocataire dans la « maison-soi », d'une manière aidante et constructive, en devenant son ange gardien, son mentor, son bon génie protecteur, son inspirateur, son collaborateur privilégié.

Contrairement à ce qu'affirment les marchands de chimères, le bonheur n'a pas de secret. Ceux qui se sentent « bien dans leur peau », jouissant de la paix intérieure, capables d'éprouver de la joie et de déguster les petits et grands plaisirs de la vie, ne se recrutent point parmi les êtres supérieurs, riches, beaux, doués, jeunes, intelligents et en bonne santé. Il n'existe nul programme à suivre pour parvenir au bien-être. Les gens heureux sont ceux précisément qui, en raison de la présence en eux de cet ange gardien – à ne pas prendre évidemment au sens premier, littéral –, jouissent d'une image saine d'eux-mêmes. Confiants dans leurs capacités et conscients de leurs limites, ils acceptent ce qu'ils ont et ce qu'ils sont, dans le présent, leur âge adulte, leur sexe d'homme ou de femme, leur richesse, sans se laisser dévorer par la nostalgie, l'utopie, la panique ou l'euphorie, sans se malmener masochistement par l'ambivalence et la culpabilité. Ils ont le privilège, en un mot, d'abriter un petit garçon ou une petite fille qui les étaye de façon confiante et joyeuse, tel un ange gardien. Seul celui-ci est susceptible de soutenir l'épanouissement libidinal et identitaire de l'adulte.

L'enfant intérieur apparaît donc sous deux facettes, sombre ou lumineuse, en fonction de ce qu'il a intégré de son passé familial et transgénérationnel, de ce qu'il a subi ou vécu, de ce qu'il a réussi ou échoué à surmonter.

Évidemment, je ne suis pas le premier ni le seul découvreur de cette dualité psychologique fondamentale, de cette idée d'une coexistence en chacun de deux êtres, de deux ego, de deux volontés, de deux Moi. Il s'agit là d'une notion depuis longtemps familière à tous ces connaisseurs de l'âme que sont les écrivains, les poètes, les philosophes et les psychologues. Elle a, sans doute, été également pressentie d'une manière simplement intuitive par le commun des mortels.

Cependant, la notion d'un autre soi en moi, qui me gouverne de surcroît, s'est trouvée jusqu'ici constamment refoulée et combattue. Il est vrai qu'elle dérange et inquiète, suscitant des fantasmes d'intrusion. Elle contrarie et blesse l'orgueil, le dogme du libre arbitre, l'illusion de la maîtrise, l'impérieux besoin de se croire uni et autonome. Elle fait craindre notamment la fêlure, le craquement, la cassure de son identité, l'entrée dans la folie ou la perversion, le fameux dédoublement de la personnalité, caractéristique de la schizophrénie, où l'aliéné se voit totalement dépossédé de lui-même, mû par une occulte volonté étrange et étrangère, infernale, diabolique, risquant de lui faire commettre toutes les horreurs possibles, assassines ou suicidaires.

« Il y a dans tout homme deux postulations simultanées, l'une vers Dieu, l'autre vers Satan », écrivait Baudelaire.

Tout le monde connaît Janus, l'un des plus anciens dieux de Rome, avec ses deux faces adossées, l'une orientée vers le passé, l'autre tournée vers l'avenir. Il a toujours été considéré avec bienveillance dans la mesure où il n'incarne pas une double personnalité ambivalente, clivée, avec deux visages, l'un noir et l'autre blanc, comme chez le pervers. Il représente même un symbole positif. Il est le dieu de toutes les portes, des seuils, favorisant les transitions, aidant par exemple le passé à se continuer, à se prolonger, à se développer dans l'avenir. Il est, en somme, le symbole de la croissance, du devenir, de l'enfant qui devient adulte.

Il en va tout autrement en ce qui concerne la légende du Dr Jekyll et de Mr Hyde. Le romancier britannique Stevenson met en scène ici un être fantastique, intérieurement divisé, avec ses deux Moi antinomiques, clivés, en scission, en schisme, totalement étrangers l'un à l'autre. L'un, le Dr Jekyll, irréprochable, est attiré par le bien, les plaisirs sains de la vie. À l'inverse, l'autre, Mr Hyde – en anglais, *to hide* signifie « se cacher » –, est aimanté par le mal, les crimes et les vices. Il est pour ce motif un personnage très négatif, qualifié de monstre effroyable, une incarnation satanique provenant des ténèbres, inspirant effroi et aversion.

Bien plus près de nous, personne n'a oublié le fameux fait divers, l'histoire de la double personnalité de Jean-Claude Romand, qui faisait croire à son épouse, à ses amis et à ses parents (qui ne pouvaient jamais le joindre) qu'il était chef de clinique à l'hôpital cantonal de Genève, maître de recherches à l'Inserm et une personnalité importante de l'Organisation mondiale de la santé. Les pompiers découvraient en janvier 1993, dans sa maison en flammes, les corps carbonisés de ses deux enfants, sa femme et ses parents ayant été assassinés à la carabine à 80 kilomètres de là. En réalité, il n'était pas médecin et n'avait jamais exercé aucune responsabilité officielle. Il passait ses journées à rouler en voiture, à lire dans les parkings, à marcher dans les forêts jurassiennes et surtout à « emprunter » des sommes importantes, à droite et à gauche, dans le but de prouver la réalité de ses mises en scène imaginaires.

Par conséquent, l'idée d'un double Moi, bien que intuitivement appréhendée (pensons un instant au *Portrait de Dorian Gray* d'Oscar Wilde), a été énergiquement refoulée, combattue, en raison des craintes qu'elle inspire d'une possession satanique, d'une déchirure schizophrénique ou d'un clivage pervers.

L'hypothèse d'un psychisme à deux volets, enfantin et adulte, reliés et interdépendants, constitue une réalité psychologique indéniable, au-delà des inquiétudes qu'elle serait susceptible d'éveiller, relatives à l'étranger et à l'intrus en soi. Elle ne représente ni un phénomène pathologique, ni un fonctionnement régressif, à l'origine des tourments de l'individu ou de la restriction du champ de sa liberté.

Bien au contraire, la reconnaissance d'un psychisme

à deux compartiments, bidimensionnel, ainsi que la compréhension de ce qui se tresse et se joue entre l'adulte et son enfant intérieur, éclairé par le passé familial, comporte des vertus bénéfiques et libératrices. Elle contribue, en premier lieu, à apaiser le sujet en l'aidant à réaliser que sa souffrance n'est point consécutive à un manque réel dans l'Ici et Maintenant, réparable concrètement, mais qu'elle constitue l'expression des craintes de son enfant intérieur et qu'elle est donc porteuse d'un sens. Elle protège aussi le sujet contre les tentatives extérieures de manipulation venues de sa famille, de ses collègues et amis, mais aussi de la publicité et de la propagande médiatique. Celles-ci, s'adressant exclusivement à ses émotions, à sa sensibilité d'enfant, à ses peurs et espérances, réussissent à court-circuiter sa lucidité, ses capacités adultes de discernement et son intelligence.

Demandons-nous maintenant pour quelles raisons et dans quel dessein l'enfant intérieur se comporte chez certains adultes en persécuteur, les empêchant d'être authentiquement eux-mêmes, de vivre et de s'épanouir dans la paix, en compagnie de ceux qu'ils chérissent.

Encore une fois, si l'adulte ne réussit pas à réaliser son bonheur, s'il s'épuise dans des conflits intérieurs, c'est parce qu'il est immature, insuffisamment adulte par conséquent, malgré son âge, en raison de son envahissement par son enfant intérieur, lequel confisque sa libido. Mais pourquoi celui-ci agit-il d'une façon si négative et destructrice ? Cela se produit lorsque le sujet n'a pas vécu pleinement son enfance, avec tout ce que cette période comporte de légèreté et d'insouciance, en son propre nom, dans sa fonction et place, en son lieu et temps. Il reste puéril, infantile, parfois tout au long de son existence, figé, riveté à son passé, pourtant en apparence révolu, parce qu'il s'est trouvé placé trop précocement dans une position d'« adulte ». Il n'a donc pas eu la chance, étant petit, de déguster vraiment sa petitesse, d'être suffisamment bébé, petit garçon ou petite fille. Bousculé par l'angoisse et la culpabilité, il a dû s'évader de son enfance pour s'ériger en gardien et thérapeute de ses parents. C'est le cas lorsque, par exemple, le sujet a vécu une histoire familiale difficile. Il a subi la maltraitance ou a assisté en spectateur passif et impuissant à la souffrance de ses parents : divorce, maladie, chômage, dépression, etc. Il s'agit là d'une enfance non consommée, avortée, sautée, inaccomplie, inachevée, manquée, ratée, blanche. Comment se dégager dès lors d'une période et d'un statut qui n'ont pas été suffisamment vécus pour pouvoir être intégrés et archivés, symboliquement dépassés ? Comment se séparer, en faisant son deuil, de la petite fille ou du petit garçon que l'on n'a pas pu être pour pouvoir continuer sa croissance ?

Cette enfance blanche, c'est-à-dire non vécue, comme un bulletin de vote blanc sur lequel rien n'est inscrit, comme une nuit blanche sans sommeil, comme enfin un mariage blanc, non consommé charnellement, ne disparaîtra pas pour autant, pulvérisée dans le néant. Bien au contraire, au lieu de s'absorber naturellement, de s'intégrer au psychisme et d'en devenir le fondement ainsi que le réservoir d'énergie vitale, elle se clive, s'isole, se déconnecte pour s'en aller, s'exiler quelque part dans l'invisibilité des catacombes labyrinthiques de l'inconscient.

Cependant, elle ressurgira un jour, tôt ou tard, venant hanter la « maison-soi » tel un fantôme errant, malfaisant parce que malheureux. Il ne s'agit évidemment pas ici, comme dans la littérature fantastique, d'un revenant, d'un être ayant existé antérieurement. Le fantôme sert simplement d'image pour signifier le retour du refoulé inconscient, c'est-à-dire de ce qui n'a pu être vécu et métabolisé en son temps. Il revient, après parfois une longue période d'hibernation, sous la forme de symptômes gênants, obsédants mais incompréhensibles pour le sujet, sans lien causal intelligible avec sa réalité présente.

Ce n'est donc, encore une fois, pas l'adulte qui souffre, mais, à travers lui, son enfant intérieur, séquestré par le fantôme. Ainsi, plus le sujet s'est vu empêché dans son Ailleurs et Avant de vivre sainement sa vie d'enfant, plus il sera plus tard poursuivi, ligoté par le retour du refoulé exigeant la satisfaction de ses demandes, demeurées en suspens.

Voilà pourquoi, par exemple, tant de personnes âgées « retombent », comme on dit, en enfance, devenant capricieuses, égoïstes, anxieuses, impatientes. Il est certain que plus on vieillit et plus, en découvrant son enfant intérieur, on se rapproche de son enfance, notamment lorsque celle-ci a été difficile et donc n'a pas été vécue pleinement, en son lieu et temps, mais a été avortée, manquée, sautée, blanche. Il est inconcevable de devenir véritablement adulte si l'on n'a pas été d'abord enfant puis adolescent. La vieillesse ne modifie pas profondément le sujet. Elle amplifie certains des traits de sa personnalité depuis toujours existants.

Partant de là, d'une façon générale, tout affect qui n'a pu être ressenti, se dérobant ainsi à la mise en mots et à l'élaboration consciente, se transforme en fantôme rôdant dans les allées de la « maison-soi ». Il en va ainsi de l'ensemble des émotions, de la dépression, de la culpabilité que l'individu, par crainte de « devenir fou », s'évertue à refouler, à rejeter dans l'invisibilité de l'inconscient, aidé parfois par l'arsenal des médicaments chimiques.

En revanche, toute souffrance reconnue, assumée, se métabolise, se digère, perdant ainsi naturellement de son intensité et de sa nuisance. Mieux encore, elle se transforme en engrais, en nourriture affective, en ange gardien boostant l'énergie vitale. Dans ce sens, les rituels symboliques, d'essence laïque ou religieuse, qui se raréfient malheureusement à notre époque, avaient pour but d'encourager l'individu à exprimer ses affects à la suite d'une perte ou lors du passage d'un âge de la vie à un autre. Ils aidaient à accomplir son travail de deuil. Il est intéressant de remarquer également que, dans la littérature fantastique, le fantôme désigne une créature surnaturelle habitée par l'esprit d'un mort qui serait resté prisonnier sur terre ou qui reviendrait de l'au-delà pour se venger, aider ses proches ou errer éternellement en punition de ses fautes. Toutes ces légendes de spectres et de revenants, connues dans la plupart des cultures, toutes ces fables macabres ou fantastiques témoignent, en dernier ressort, certes non

pas d'une réalité objective, mais d'une vérité psychologique symbolique, à savoir le retour du refoulé inconscient sous forme de fantôme. Toute vie inaccomplie,
inachevée, avortée, tout contentieux non réglé, dont le
deuil n'a pu se réaliser, resté en suspens, réapparaît,
après une période d'incubation, sous forme de
fantôme.

C'est la raison pour laquelle, dans nombre de folk-
lores, les revenants se recrutent parmi les âmes tour-
mentées et errantes, demeurées sans sépulture, celles
des assassinés, des suicidés ou de jeunes femmes
mortes en couches. Triste image, certes, mais on ne
peut plus parlante, définissant le fantôme comme la
conséquence d'un ratage, le contrecoup de l'interruption prématurée d'une vie qui n'est pas advenue, qui
n'a pu se dérouler jusqu'à son terme naturel, tels un
bouton fané sans avoir éclos, une graine non germée.

En médecine, le « membre fantôme » désigne le
membre qui, bien que chirurgicalement amputé,
continue à faire partie fantasmatiquement du schéma
corporel. Dans une bibliothèque, le « livre fantôme »
désigne le carton placé dans un rayon à la place habituelle d'un ouvrage pour signifier son indisponibilité
momentanée.

Dès lors, l'adulte souffre d'immaturité et d'infantilisme, dans tous les secteurs de son identité plurielle,
l'amour, le travail, les relations sociales et la famille.
Il se montre fragile, émotif, susceptible, ambivalent,
impulsif, coléreux et allergique à la frustration. Il dra-
matise anxieusement ou idéalise à l'excès, naïvement,
les péripéties de sa vie, sans pouvoir, grâce à la dis-

tance, réfléchir et relativiser. Il se montre infantile, nullement pour avoir été « gâté-pourri », gavé, fixé à une enfance dorée, mais bien au contraire parce qu'il en a été privé, précocement adultifié.

Cette enfance mal morte du fait de n'avoir pas été vécue se transforme donc en fantôme venant hanter l'adulte, dans le seul dessein de se faire reconnaître et entendre. Curieusement, ces sujets sont capables de se comporter dans certaines circonstances, notamment lorsqu'il est question de secourir les autres ou d'affronter les épreuves réelles, avec une lucidité et un courage exemplaires. Cependant, lorsqu'il s'agit de leur vie affective, ils se montrent étonnamment immatures, aveugles, sensitifs, susceptibles, inquiets et fragiles. Ici, c'est l'enfant qui les domine, qui ressent et agit en eux, au détriment de leur Moi adulte.

Ce qui empêche l'enfant d'habiter pleinement son enfance pour pouvoir poursuivre sainement sa croissance est dû à l'émergence d'une dépression infantile précoce (DIP). Celle-ci se produit lorsque le petit humain, impressionnable, subit une carence narcissique importante, une privation significative d'amour et de sécurité durant cette période si décisive de son existence où la chaleur et l'enveloppement constituent sa nourriture affective privilégiée. Il peut se déprimer, en premier lieu, parce qu'il s'est trouvé personnellement victime de désamour, d'abandon et de maltraitance. À d'autres moments, il a dû assister en témoin impuissant aux souffrances de ses parents, frappés par la maladie, le décès, le chômage, la perte d'un être cher, etc. Dans ces conditions, ses géniteurs, bien que physiquement présents, deviennent psychologiquement absents, voire inexistants, absorbés par leurs soucis et difficultés. L'enfant est convaincu chaque fois, en dépit des évidences, qu'il est coupable de tout ce qui arrive de négatif à lui-même et à ses proches, qu'il est donc mauvais, nocif et, par conséquent, indigne d'être aimé.

Parfois, en l'absence même de tout traumatisme repérable, alors qu'il a été élevé « dans du coton », préservé de toute frustration et de toute agression, l'enfant peut néanmoins souffrir de carence narcissique s'il n'a pas été désiré simplement pour lui-même, pour la petite fille ou le petit garçon qu'il était, dans la gratuité du désir, mais plutôt pour ce qu'il représentait. Il a été conçu, par exemple, pour remplacer, voire réincarner, un petit frère ou une petite sœur disparu(e), dont il porte le prénom. Ou encore il a été programmé pour rafistoler le couple bancal de ses parents, les marier, les rallier ensemble, etc. Ainsi, n'étant pas dans sa vraie fonction et place, il se voit chargé d'une mission de thérapeute afin de satisfaire le besoin narcissique de réconfort et d'apaisement de ses géniteurs. Il peut se trouver enfin concerné, sans en avoir conscience, par un contentieux transgénérationnel. Il existe, parallèlement à l'hérédité biologique – la taille, la couleur de la peau, des yeux et des cheveux, peut-être l'intelligence –, une hérédité psychologique. Celle-ci consiste à recevoir, à capter du côté de ses ascendants ce qui est demeuré précisément inconscient chez eux, non dit, refoulé, secret, interdit d'accès à la parole, à la représentation et à l'élaboration consciente, ou, d'une façon générale, tout ce dont le deuil n'a pu être accompli : conflit, trouble, accident, mésaventure, etc. Pour ce motif, la digestion, la métabolisation, le recyclage de ces événements afin de les transformer en engrais, en sève et en tremplin pour nourrir et élever le psychisme deviennent compromis. Tout ce qui n'a pas été normalement vécu, qui a subi brutalement un avortement, un arrêt, se transforme en fantôme errant et persécuteur au lieu de servir d'ange gardien protecteur.

Il s'agit peut-être là d'un mode de fonctionnement, voire d'une loi universelle, transcendant le domaine spécifique de l'appareil psychique et de l'inconscient pour venir caractériser la vie dans son entièreté, aussi bien l'écosystème naturel que la société.

Toute dictature, politique ou intellectuelle, se voit un jour ou l'autre, David triomphant de Goliath, pourfendue et renversée par le retour sauvage, imprévu et incontrôlé du refoulé, de toutes les idées minoritaires longtemps craintes et donc énergiquement combattues, méprisées.

L'antibiothérapie aveugle et massive de ces deux dernières décennies s'est traduite par l'apparition de nouvelles souches microbiennes mutantes, inconnues jusque-là, bien plus « méchantes » que le virus intestinal ou grippal originaire, transformé alors en fantôme vengeur et exterminateur.

De même, la bataille sans merci livrée depuis au moins une cinquantaine d'années pour éliminer la saleté, d'une part, et les parasites végétaux, d'autre part, au moyen de l'utilisation irréfléchie et monstrueuse des poisons chimiques, pesticides et détergents divers, se paie de nos jours par le retour du refoulé, à savoir une gigantesque pollution planétaire détruisant l'environnement et la vie.

S'atteler aujourd'hui à la tâche prioritaire consistant à réhabiliter le « négatif », le « mauvais », à savoir ces émotions qui nous déplaisent, l'angoisse, la culpabilité et la déprime, apprendre à tolérer les idées politiques qui nous contrarient, assumer un minimum la souffrance et la maladie, accepter enfin de vivre, un tant soit peu, avec la salissure, toutes ces démarches s'avèrent paradoxalement prometteuses de bonheur en interdisant la mutation sournoise du « mal » en fantôme.

Le combat n'aboutit, en définitive, qu'à épuiser l'énergie vitale en métamorphosant, en raison du refoulement, le lézard en crocodile et l'orvet en vipère !

Guérir son enfant intérieur signifie le rechercher, le reconnaître, l'écouter pour pacifier ses liens avec lui.

SYLVIE

L'histoire de Sylvie, qui paraît peut-être, par certains côtés, ordinaire, sans péripéties, maltraitances ni traumatismes particuliers, montre néanmoins avec force l'emprise inconsciente du fantôme sur l'enfant intérieur, empêchant l'adulte d'être libre, lui-même et donc heureux.

Sylvie est une jeune femme de 37 ans, mariée depuis quinze ans à un homme de 41 ans. Elle se présente d'emblée comme une anorexique, avouant sa « hantise » de grossir. Elle travaille comme infirmière dans une maison de retraite. Elle a mis au monde deux enfants, un garçon qui a aujourd'hui 10 ans et une fillette qui a 5 ans. Son mari est fonctionnaire. Ses parents, retraités, habitent à proximité. Ils se rendent plusieurs fois par semaine chez elle pour garder ses enfants et faire son ménage.

Outre son anorexie, Sylvie déclare souffrir de solitude, d'isolement, d'une mauvaise image d'elle-même, d'un manque de confiance, de son « inutilité », de son « incompétence » et de sa nullité en ce qui concerne ses fonctions d'épouse et de mère, qu'elle prétend avoir beaucoup de mal à assumer. Elle se plaint aussi de sa crainte, voire de sa certitude constante, de ne pas être aimée, de ne pas plaire. Elle clôt enfin sa liste de doléances en y ajoutant son manque d'envie sexuelle.

Il est vrai que l'anorexie et la frigidité, toutes deux symptomatiques d'un état dépressif, se trouvent fréquemment associées. Chez la femme, les deux zones érogènes que sont la bouche et le vagin se crispent et se ferment parallèlement à la vie et à toute jouissance. La pénétration d'un élément, d'un corps étranger, est ressentie alors comme une intrusion angoissante.

Je suis d'emblée étonné par un tableau si négatif et autodépréciateur. Je trouve pour ma part ma patiente plutôt féminine et jolie, exerçant un métier intéressant et utile, entourée et aimée par un mari qualifié de « très gentil, compréhensif et attentionné », s'efforçant constamment de lui faire plaisir, sans parler de ses parents, qui s'ingénient à l'épauler dans la gestion de son quotidien. Il s'agit donc d'un mal-être intérieur, dépourvu de tout fondement réel, actuel.

Je comprends cependant que ma patiente, exagérément surprotégée, puisse se trouver inutile et incompétente. Ses parents ne lui offrent en effet pas l'occasion, en la préservant de tout manque et de toute souffrance, de s'assumer, de prendre en charge sa vie de femme et de mère pour s'ériger en artisan et en responsable de son destin. L'enfant n'éprouve pas uniquement le désir d'être passivement nourri d'amour et d'attention. Il lui est indispensable également de pouvoir aimer, donner de l'affection de façon active, de se sentir utile en rendant certains petits et grands services. La satisfaction de la pulsion de donner de l'amour s'avère aussi constructive que le souhait narcissique d'en recevoir. La non-réalisation de cette aspiration fondamentale se traduit chez Sylvie par un manque de confiance en soi, ainsi que par la certitude d'être « nulle » et « bonne à rien » !

Son anorexie a débuté à l'âge de 16 ans. « J'avais, comme aujourd'hui, l'obsession de maigrir. Déjà, à 13 ans, je ne me trouvais pas jolie. J'avais un corps de femme, mais le reste ne suivait pas. Ayant un an d'avance sur mes copines, j'étais la plus grande de ma classe. Je me trouvais ronde, grosse, même, surtout de la poitrine et des hanches. J'avais peur qu'on se moque de moi. Je faisais tout pour gommer mes formes, évitant les habits moulants, préférant porter des vêtements amples, parfois trop grands pour ma taille. Après le bac, j'ai quitté la maison pour entreprendre mes études d'infirmière. Un mois après, il a fallu me faire hospitaliser. Je n'étais vraiment pas bien, crevée, triste, repliée sur moi. Mes parents ont dû me ramasser à la petite cuillère, comme de la purée. »

J'avoue que je n'ai pas pu m'empêcher de rire en entendant cette dernière phrase, prononcée par une anorexique en grève de la faim ! Sylvie a ri avec moi. Je me suis demandé cependant si ma patiente n'était pas plutôt dévorée, au sens symbolique, cannibalisée par ses parents. Était-ce pour cela qu'elle ne ressentait plus la sensation de faim ?

Dans le même contexte, Sylvie se plaint, puisqu'elle n'ose jamais dire « non » ni fixer de limites aux autres, de « se faire dévorer par tout le monde, comme une mouche prise dans une toile d'araignée ». Ses parents ont eu beaucoup de difficultés pour la concevoir. Ils étaient très inquiets durant toute la grossesse, craignant une fausse couche, puis, plus tard, la mort subite de leur nourrisson. Sylvie est d'ailleurs leur enfant unique, résultat d'années de traitements et d'impatience. Sa mère est également la seule et dernière fille d'une fratrie de quatre enfants. « Elle est restée très soudée avec ma grand-mère, très proche d'elle jusqu'à son décès, il y a deux ans, qu'elle n'a pas encore réussi à digérer. » Je trouve très significatif le recours incessant de ma patiente anorexique, quand elle évoque certains événements ou certaines difficultés psychologiques, aux métaphores alimentaires, axées sur l'oralité. Sylvie m'apprend ensuite que son père aussi est un enfant unique. Il n'a jamais pu non plus quitter véritablement ses parents, immigrés polonais établis en France dans les années 1930. Il a toujours vécu à proximité de sa mère, son père étant décédé assez jeune, quand il avait 11 ans.

Étrangement, alors même que Sylvie avait été fortement désirée et attendue, elle a été confiée de 0 à 6 ans à sa grand-mère maternelle, officiellement pour des motifs d'horaires de travail trop compliqués. Puis, du jour au lendemain, passant d'un extrême à l'autre, elle a été « récupérée », surprotégée, gâtée par sa mère, qui cherchait manifestement à rattraper le temps perdu. Il n'est évidemment pas facile pour Sylvie, soumise à cette « douche écossaise », c'est-à-dire à de fortes quantités d'affects opposés, de réussir à trouver son équilibre. Nous voyons par conséquent se répéter dans cette famille le même thème transgénérationnel, relatif à la difficulté de chacun de devenir soi, adulte, en rompant son lien matriciel de fusion et de dépendance avec ses ascendants. Ni la mère de Sylvie ni son père n'ont réussi à tourner la page de leur enfance, à couper le cordon ombilical qui reliait chacun à sa « maman ».

Au fond, les parents de Sylvie ne se sont jamais bien entendus : « Ils sont ensemble, c'est tout. Maman disait souvent que papa l'énervait et que, si elle ne m'avait pas eue, elle l'aurait déjà quitté depuis belle lurette ! » Au fond, l'anorexie mentale n'a, contrairement aux apparences, rien à voir avec la nourriture ou le poids. Elle ne constitue cependant jamais un choix librement réfléchi et décidé. Contrairement à une idée très répandue, les jeunes filles ne deviennent pas anorexiques par identification aux mannequins, par volonté de se conformer aux modèles culturels en vogue, idolâtrant la maigreur squelettique comme critère de beauté féminine. L'anorexie mentale a été médicalement identifiée en 1874, au moment précisément où les canons de la beauté privilégiaient les femmes bien enveloppées. Elle existait également au XVIIe siècle, au temps du peintre flamand Rubens, pour qui la plénitude personnelle passait surtout par l'épanouissement et la générosité des formes féminines. Sa *Toilette de Vénus*, en 1613, en constitue une belle illustration.

L'anorexie mentale met sans cesse symboliquement en scène l'interdit que la jeune femme s'impose de grandir, de devenir adulte, psychologiquement autonome, dans un cœur et un corps de femme traversé par le désir et l'excitation sexuelle. Celle-ci craint inconsciemment que, en se séparant d'eux, ses parents se croient abandonnés, dépriment et se déchirent, ayant besoin d'elle, de sa présence et de sa dépendance pour se sentir utiles et donner ainsi un sens à leur existence. Alors elle préfère demeurer petite, retrouvant son corps d'enfant sans forme et impubère, pour sauvegarder le lien fictif qui unit son père à sa mère. Voilà pourquoi l'anorexie mentale débute précisément dès que l'adolescente, biologiquement mûre, sort de son statut d'enfant, s'apprêtant à devenir femme, c'est-à-dire à aimer quelqu'un autre que ses parents, et s'envolant ainsi de ses propres ailes hors du nid familial.

« J'ai peur de m'éloigner de papa et maman et qu'ils soient malheureux, se disputent et se quittent à cause de moi. Ma mère, c'est vrai, me bouffe quelquefois, en me traitant comme si j'étais restée une petite fille, mais je n'ose rien lui dire. Je ne veux pas lui faire de la peine. Elle a tellement souffert pour m'avoir. Elle s'est tant sacrifiée pour moi. »

Sylvie est persuadée inconsciemment que, si elle est heureuse, ce ne peut être qu'au détriment de ses parents, comme si elle les trahissait et les abandonnait. Elle remplit ainsi vis-à-vis d'eux une fonction de gardienne, de parent, d'enfant thérapeute, de mère, d'infirmière, répétant exactement le rôle joué naguère par chacun de ses parents à l'égard des leurs. D'une certaine façon, ce n'est pas Sylvie qui est dépendante, mais ce sont ses parents au contraire qui ont besoin de l'immaturité de leur fille pour se croire bons, utiles et nécessaires.

La fameuse angoisse d'abandon que beaucoup de sujets appréhendent par anticipation a en réalité deux contenus. Le premier, subi et ressenti consciemment, est relatif à la peur d'être rejeté en tant que victime sans défense. Le second, bien plus nocif et perturbant, puisque ne pouvant être éprouvé et verbalisé consciemment, renvoie à la culpabilité d'abandonner la matrice, ses géniteurs, de se séparer de ceux qu'on chérit en les rendant malheureux, désœuvrés et inutiles, comme s'ils « comptaient sur nous », comme s'ils n'avaient nul autre projet existentiel que de s'occuper de leurs petits.

Sylvie se montre donc aujourd'hui infantile et immature, dominée par le fantôme, c'est-à-dire le retour du refoulé, celui de son enfance avortée, sautée, car elle a été placée prématurément dans une place et fonction de thérapeute, garante du lien entre ses parents. Elle a du mal à s'épanouir en tant que mère et femme dans la mesure où elle n'a pu vivre sainement son enfance, en son lieu et temps. D'abord parce que, placée à sa naissance comme un colis chez sa grand-mère, elle a été privée brutalement de la fusion et de l'enveloppement maternel indispensables à sa croissance. Ensuite parce que sa mère, ayant besoin d'elle comme sa seule raison de vivre et comme garante de l'union avec son mari, n'a pu l'aimer simplement, dans la gratuité du désir. Cela explique aussi pourquoi ma patiente, sous l'emprise de son enfant intérieur coupable et thérapeute, ne parvient pas à entretenir avec son époux des liens de femme à homme, d'adulte à adulte, inscrits dans l'horizontalité de la même génération, portés par l'amour et la sexualité. Curieusement, elle parle de son mari comme s'il s'agissait d'un petit garçon qu'elle devrait materner, et non pas comme d'un amant, d'un homme viril à désirer. Il aurait, d'après elle, beaucoup souffert quand il était petit. « Je suis sa première femme, il était très timide quand je l'ai rencontré. Avec moi, il a toujours été très gentil, doux et compréhensif, mais... il y a un mais... je ne suis pas attirée par lui. »

Sylvie se comporte donc aussi envers son mari comme une gentille infirmière – métier qu'elle exerce, d'ailleurs –, thérapeute, reproduisant exactement le même schéma qu'avec sa mère. Il s'agit dans ce « couple » non pas d'une relation de désir, d'alliance et de complicité entre deux adultes, psychiquement auto- nomes, attirés l'un par l'autre, mais d'une rencontre programmée entre deux fantômes, les deux enfants intérieurs séquestrant le Moi des adultes dans un passé nullement révolu malgré les apparences.

VINCENT

Vincent est un homme de 51 ans. Lors de sa première consultation, il me lance, à peine assis : « Je ne suis pas malheureux du tout. Je ne viens pas vous voir de mon propre chef, c'est mon épouse qui m'y contraint. »

Il m'expose ensuite son problème... ou plus exactement celui de sa femme. Celle-ci a 45 ans. Ils sont mariés depuis vingt-deux ans et ont quatre enfants, « beaux, gentils et intelligents ». « Seulement voilà, poursuit Vincent, je ne suis pas trop bien avec elle. Elle n'est pas frigide. Quand on fait l'amour, ça se passe plutôt bien, mais elle n'est pas trop portée là-dessus, pas très sexy. Moi j'ai de gros besoins. Alors j'ai tendance à aller voir ailleurs et ça ne lui plaît pas. J'aime bouger, sortir, exister, rayonner, alors qu'elle est terre à terre, sobre et casanière. Elle me qualifie d'éternel insatisfait. Sur le plan financier, aucun souci. Auparavant j'étais cadre dans une grosse entreprise. Récemment, j'ai créé ma boîte pour être mon propre patron. Mon problème, je le connais, c'est que je ne veux rendre de comptes à personne. Je n'accepte pas qu'on m'oblige à choisir. Je veux le beurre, l'argent du beurre et la crémière ! J'ai beaucoup de mal avec les limites, les contraintes, toutes les contraintes. Sur la route, je roule vite. Je ne respecte pas les limitations de vitesse. Ça m'emmerde. J'ai besoin de pas mal d'espace et de beaucoup de liberté. Je déteste les carcans. Les règles m'étouffent. Je ne veux pas être raisonnable. J'aime faire la fête, sortir avec les copains. Je ne veux pas être bloqué toute la journée. Ça me fait peur. J'ai envie d'être autonome, de ne dépendre de personne, d'être dégagé, libre, pas coincé, pas enfermé. Je trompe ma femme depuis longtemps. J'aime passer d'une femme à une autre. Je les préfère quand elles sont vivantes, dynamiques. La mienne ne s'éclate pas assez. Au fond, je ne suis amoureux de personne. J'ai besoin de briller, de conquérir. D'ailleurs, dès que l'une d'elles est amoureuse de moi, je coupe. J'apprécie les changements, la nouveauté. Je ne ressens pas le besoin de créer une nouvelle vie avec une autre. Je butine.

« Professionnellement, c'est pareil. J'ai besoin de m'activer, de m'occuper, de m'éclater, de me battre, de gagner. Ça m'excite. Chez moi aussi, j'ai besoin d'agir, de bouger, de bricoler, de faire du sport, de réaliser des choses. J'ai besoin de reconnaissance, de réputation. Je veux briller, réussir. Ma femme se doutait bien que je n'étais pas un saint. Mais elle a de plus en plus de soupçons et commence à faire des drames. Elle croit que c'est contre elle, mais non, je le fais pour moi. Elle menace de me quitter si je ne change pas. C'est pour cela que je viens vous voir. »

Je ne peux pas m'empêcher, en écoutant Vincent, de me remémorer le mythe d'Ouranos, dieu grec du ciel, célèbre pour l'effervescence chaotique de ses indéfinies sécrétions spermatiques : Cronos, son fils, lui coupa les testicules d'un coup de faucille. La déesse Aphrodite, d'une grande beauté (le mot « aphrodisiaque » vient de là), représente le fruit de la semence ensanglantée d'Ouranos répandue sur l'océan après sa castration, d'où la légende de sa naissance à partir de l'écume de la mer.

Mais comment pouvons-nous comprendre cette obsession donjuanesque de Vincent, son refus de cadre et de limites, son besoin vital, incoercible, de liberté, de conquête de femmes « vivantes et dynamiques », sa quête de brillance et de réussite, en un mot sa « soif de vivre » ?

Écoutons son histoire : « Je suis le quatrième enfant d'une fratrie de cinq, deux filles et trois garçons. J'ai perdu mon père, âgé de 37 ans, quand j'avais 3 ans à la suite d'une appendicectomie, opération plutôt banale qui s'est compliquée. Je n'ai gardé aucune image, aucun souvenir de lui. J'ai donc toujours vécu sans lui. Il ne m'a jamais réellement manqué, sauf vers l'âge de 15 ans peut-être, quand je croisais mes copains accompagnés de leur père. On n'en a jamais vraiment parlé. Après son décès, notre vie de famille a été atomisée. J'ai été placé avec mon petit frère chez ma marraine pendant six mois. Notre mère nous a récupérés ensuite. Une tante vieille fille nous rendait quelquefois visite pour la seconder. »

Ainsi, le jeune garçon se trouva non seulement orphelin de père, mais aussi, bien sûr, de mère, celle-ci étant psychologiquement absente, déprimée, seule désormais à élever ses cinq enfants et à s'occuper de la ferme familiale. Plus tard, entre 11 et 16 ans, Vincent fut placé chez son oncle et sa tante, tous deux célibataires. Il ne regagna, en fin de compte, plus jamais vraiment le domicile maternel, passant les deux dernières années de sa scolarité en internat avant de s'inscrire, après son baccalauréat, en faculté.

Alors comment comprendre le donjuanisme de mon patient ? Quels liens avec son histoire et son enfance ? Quel rapport avec le fantôme ? Toute démesure reflète un manque. Elle révèle le dysfonctionnement du thermostat libidinal, la difficulté pour l'énergie vitale, affectée par la DIP, de circuler librement, protégée des excès mais au sein de limites, dans le jardin de l'identité plurielle. Au fond, contrairement à ce qu'il croit, Vincent ne jouit, malgré son volontarisme, d'aucune vraie liberté, de nulle autonomie psychique. Il se trouve totalement manipulé par son enfant intérieur, inféodé au fantôme. Bien qu'adulte en apparence, il s'agite dans un infantilisme capricieux, son enfance n'ayant pas été vécue normalement, mais sautée et transmuée pour cette raison en revenant.

Dès lors, son hyperactivité aussi bien que sa luxuriance sexuelle, loin de refléter sa virilité et l'abondance de ses désirs, confirment son besoin addictif et vital de se protéger contre la DIP. Il cherche à se rassurer, à se convaincre, à travers sa vitalité et ses explosions spermatiques ouranossiennes, qu'il n'est point contaminé par la mort de son père, en sursis, mais bel et bien vivant, lui, dans un corps entier et réel, vigoureux, voire indestructible. Certains utilisent les drogues

dures et illicites pour se shooter, d'autres les médicaments psychiatriques, d'autres encore le sport, la
télé, les vacances, l'ordinateur ou la nourriture,
d'autres enfin, comme Vincent, le sexe, en tant que
narcotique, sédatif, antidépresseur, anxiolytique. Voici
pourquoi mon patient se sent si irrésistiblement
aimanté par les femmes « vivantes », en fait vivifiantes,
réanimatrices, maternantes, susceptibles de soulager
les angoisses de mort du petit garçon qu'il abrite en
lui.

De surcroît, n'ayant pu accomplir le deuil de son
père, Vincent incarne fantomatiquement celui-ci pour
le faire palpiter en lui, pour le conserver, encore et
toujours, en vie. Vincent vit donc pour deux, deux
en un, doublement. Il refuse de laisser son père
mourir, partir, le quitter, se séparer de lui. Et toutes
« ces femmes » (Vincent ne les appelle jamais par leur
prénom, signifiant par là qu'il s'agit d'objets utili-
taires, interchangeables, et non de personnes), que
représentent-elles sinon des substituts maternels
aimants et enveloppants destinés à compenser l'absence de sa vraie mère durant ces années d'enfance
blanche ? Son pénis fonctionne au fond ici, non pas
comme un organe sexuel, mais comme un cordon
ombilical par lequel Vincent cherche à se connecter
pour s'approvisionner, faisant le plein d'amour
maternel.

En apparence, rien ne se ressemble dans les histoires
de Sylvie et de Vincent. Sylvie est une femme frigide
mais fidèle, pratiquement éteinte sur le plan sexuel,

alors que Vincent est en flammes, « coureur de jupons », adultère, volage. Quatrième d'une fratrie de cinq, il s'est retrouvé SDF après le décès de son père, exilé de son chez-soi, baladé de gauche à droite, alors que Sylvie a grandi, en tant qu'unique princesse, dans du coton, surprotégée au sein d'un foyer chaleureux et stable, à l'abri de toute frustration.

Il s'agit pourtant, dans les deux récits, d'une même structure, du même roman, d'une histoire semblable. Sylvie et Vincent se comportent l'un comme l'autre aujourd'hui, à l'âge « adulte », et quoique pour des motifs différents, en petite fille et en petit garçon immatures, poursuivis, ligaturés par le fantôme de leur enfance manquée. Ni l'un ni l'autre ne peuvent disposer librement, faute d'autonomie psychique, de leur énergie libidinale d'une manière heureuse, c'est-à-dire à l'abri des excès, du tout ou rien. Il existe néanmoins entre eux une différence, invisible mais de taille : elle renvoie à la façon dont chacun se situe face à la culpabilité et tente de la gérer.

Sylvie, qui n'a pourtant jamais rien fait de mal, se voit attaquée par une culpabilité intense qu'elle s'épuise à apaiser en se punissant, en se privant des plaisirs de la nourriture et de la sexualité, dans le but de protéger le couple de ses parents. Non seulement elle s'interdit toute agressivité, n'osant pas s'opposer par peur de blesser ou de déplaire, mais de plus elle fait plaisir et soigne le monde entier, en gentille infirmière ; comme si c'était sa faute si ses parents l'avaient « eue » difficilement, ou n'avaient pas pu « avoir » d'autres enfants, ou si sa mère l'avait confiée dès sa naissance à sa propre mère. Il s'agit certes ici d'une culpabilité inconsciente, frappant non pas le fautif, mais la victime innocente ayant subi la maltraitance en toute impuissance. Cette culpabilité se révèle, bien entendu, beaucoup plus corrosive que celle, consciente, consécutive à la transgression des règles et des interdits, dans la mesure où elle est susceptible d'être pardonnée après avoir fait l'objet d'un châtiment.

Vincent, en ce qui le concerne, ne semble éprouver consciemment aucune culpabilité, alors même qu'il déroge au contrat moral de fidélité envers son épouse et lui porte préjudice. Il ne se reproche rien. Il se croit tout permis, d'une certaine façon, se comportant d'une manière égoïste, cynique, tel un enfant gâté, alors qu'en réalité il a connu une enfance fruste et frustrante. Il ne se remet nullement en question. Il ne formule, par conséquent, aucune demande d'aide pour comprendre et évoluer. Il se résout à consulter dans l'unique but d'apaiser la colère de son épouse. De surcroît, il a tendance à projeter sans vergogne la culpabilité de ses agissements sur elle, sa victime, en l'accusant d'être insuffisamment branchée sur le sexe !

Méfions-nous cependant des apparences. L'absence manifeste de culpabilité chez Vincent n'est certainement pas synonyme de son inexistence, mais bien l'indice de son déni, de son refoulement, de son désaveu, en raison précisément d'un poids massif, insupportable, écrasant. Plus un affect est brûlant, plus il se trouve étouffé, éteint paradoxalement, tu, muselé, pour protéger contre l'implosion psychique. Lors du décès de son père, Vincent était en plein dans la problématique

œdipienne, cherchant à fusionner avec sa mère et souhaitant la disparition de son rival de père. Celui-ci est
malheureusement décédé à un bien mauvais moment.
Seulement, l'inconscient méconnaît le hasard. Rien
n'est fortuit pour lui. Il transforme une simple coïncidence en un rapport de cause à effet évident. Vincent
était donc « coupable » de la disparition de son père,
bien que n'y étant pour rien, évidemment, en tant que
victime innocente souffrante. À cette culpabilité infantile parricide s'est ajoutée celle constamment ravivée
par les paroles de sa mère, rabâchant qu'elle s'était
totalement sacrifiée pour ses enfants, en supportant
d'importantes frustrations, en refusant surtout de se
remarier, malgré l'insistance de ses multiples prétendants.

La dernière conquête de Vincent, une femme d'une
quarantaine d'années rencontrée par Internet, mère de
trois enfants, avait perdu l'année précédente son époux
d'un cancer foudroyant. J'ai trouvé ce phénomène
extraordinaire. Vincent n'était donc pas, au fond, si
obsédé que cela par le sexe. Il se comportait à l'égard
des femmes comme un petit garçon avec sa mère, elle
aussi veuve. D'une part il recherchait à travers cette
liaison une fusion mère-enfant qu'il n'avait pas eu l'occasion de vivre naguère en raison de la disparition brutale de son père. D'autre part il s'érigeait en thérapeute
de sa mère pour la rendre à nouveau psychologiquement disponible et aimante. Enfin il s'évertuait à apaiser sa culpabilité d'innocent, celle qui le faisait se
croire à l'origine de la détresse maternelle. Le fantôme
renvoie ainsi au retour persécutif de ce qui a été

refoulé, qui n'a pu être vécu normalement en son lieu et temps.

Toutes ces « fautes » sont refoulées chez Vincent, comme ses autres émotions, en fin de compte – la douleur d'avoir perdu son père hier, son amour et sa dépendance à l'égard de son épouse aujourd'hui, sentiments qu'il refuse de reconnaître et d'éprouver, comme pour éviter d'en souffrir démesurément. Étrangement, par-delà ce qui est donné à voir, le poids de la culpabilité paraît chez Sylvie bien moins écrasant que chez Vincent, puisque celle-ci est capable de la ressentir et de l'exprimer, contrairement à celui-là, qui se trouve dans l'impossibilité de l'éprouver et de la dire. On ne se résout en effet à affronter que les épreuves qu'on est en mesure d'endosser. Au-delà d'un certain seuil de douleur physique ou de souffrance morale, le sujet s'anesthésie, devient apathique, indifférent. Il disjoncte, tombe en panne, telle une centrale électrique lors d'un violent orage sous l'effet du survoltage. C'est pourquoi l'absence du ressenti de culpabilité chez les délinquants au moment du passage à l'acte ou après (ils sont en général embarrassés par les conséquences matérielles et juridiques de leurs actes, mais ne se considèrent pas comme franchement coupables) ne signifie pas qu'ils en sont dépourvus pour autant. Bien au contraire, c'est l'excès de culpabilité inconsciente qui les pousse à la transgression, dans l'espoir secret de provoquer un châtiment grâce à l'intervention de la Loi et ainsi de soulager une tension intenable.

En résumé, lorsque le sujet se trouve envahi par son enfant intérieur, hanté par le fantôme de son enfance blanche, il cesse d'être lui-même et de se comporter en adulte, psychiquement autonome, acteur de sa vie, intégré dans le présent, émancipé de son passé, protégé des angoisses et de la dépression. Il n'a plus accès à son désir, constamment occupé qu'il est à soulager ses besoins restés si longtemps insatisfaits. Une femme se lie ainsi inconsciemment à son mari non pas en tant qu'adulte, traversée par le désir d'aimer et celui d'être aimée par lui, à travers la relation sexuelle, mais en tant que petite fille en quête d'une bonne mère, chaleureuse et sécurisante, qui lui a manqué naguère. Elle risque de se situer aussi face à lui comme une mère, thérapeute, forcément dominatrice et infantilisante, pour le consoler à son tour de la mère dont il a été privé dans son Ailleurs et Avant.

De même, l'homme peut s'épuiser à réussir ses études et son métier avec brillance et excellence, conquérant la gloire, le pouvoir et l'argent pour attirer l'amour et la reconnaissance de sa « maman », pour qu'elle soit fière de lui enfin et qu'elle cesse de regretter d'être « tombée enceinte » à 16 ans au cours d'un malheureux bal du samedi soir. Ce qui caractérise ces sujets « adultes » mais demeurés affectivement immatures, c'est la difficulté pour leur libido de circuler d'une façon fluide à travers les différentes aires de l'identité plurielle. Certains pans, comme la sexualité chez Vincent, se trouvent inflationnés, hyper-développés, au détriment des autres, comme la paternité par exemple, restée chez lui anémiée, rachitique. Vincent ne parle en effet pas souvent de ses enfants. Il ne semble pas s'en soucier outre mesure, comme s'il n'en avait pas, d'une certaine façon. La biologie seule ne suffit pas à fonder et à légitimer la filiation. La libido de Vincent sombre alors dans l'excès et la démesure, ballottée, tel un bateau privé de capitaine dans la tempête, d'un extrême à l'autre, entre l'inhibition dépressive et la débauche, la surabondance, le déchaînement pulsionnel.

Certains, comme Sylvie, se replient sur eux-mêmes dans un mouvement centripète, se ferment, s'inhibent, se bloquent, se freinent, se privent des petits bonheurs quotidiens comme s'ils boudaient la vie. Se croyant constamment coupables, quoi qu'ils disent ou fassent, ils se torturent et gaspillent leur énergie vitale à se punir, à se sacrifier pour les autres, qu'ils préfèrent à eux-mêmes pour plaire et obtenir l'absolution. D'autres, comme Vincent, en raison précisément de l'existence d'une culpabilité encore plus forte mais non ressentie car énergiquement refoulée, cherchent à lutter contre la DIP à travers l'hyperactivité, vivant intensément, consommant les objets, la nourriture ou le sexe de manière addictive, voire cannibale, sans se donner de limites. Ils iront parfois jusqu'à bafouer les principes moraux les plus élémentaires en commettant des délits sans s'interroger sur les conséquences préjudiciables de leurs actes. Faute d'empathie, ils seront de même incapables d'imaginer la peine qu'ils pourraient causer à leur victime et à leur entourage.

Il arrive aussi qu'un même sujet oscille périodiquement d'un extrême à l'autre, de l'extinction à l'effervescence, de l'excitation joyeuse à la tristesse mélancolique, sans parvenir à trouver la stabilité ni l'équilibre.

J'ai connu ainsi des femmes qui, après une période de régime draconien frisant l'anorexie, sombraient dans une fringale boulimique incontrôlable. D'autres peuvent basculer de la frigidité à la gloutonnerie sexuelle ou de l'avarice à la prodigalité, dépensant alors de façon inconsidérée et déraisonnable. Cependant, ce genre de flottements ne signifie nullement que le sujet se porte mieux ou moins bien. Ce qui sépare un excès d'un autre ne dépasse pas l'épaisseur d'un cheveu. Tous ces contraires représentent au fond l'envers et l'endroit de la même médaille, c'est-à-dire du même dysfonctionnement du thermostat libidinal. Le dénominateur commun de tous ces dérèglements réside dans l'immaturité de l'adulte et son manque d'autonomie psychique en raison de l'envahissement de son enfant intérieur par le fantôme. Une enfance non vécue, non intégrée, se transforme en fantôme persécuteur au lieu de devenir l'allié protecteur.

Ainsi, toutes les souffrances, tous les désordres psychiques, du plus banal au plus grave, s'originent dans un manque d'alliance, dans un état de déséquilibre, de conflit et d'ambivalence entre les deux Moi, celui d'hier et celui d'aujourd'hui, celui de l'enfant et celui de l'adulte. Cette guerre civile peut se traduire de multiples façons, par une pléthore de symptômes d'apparences hétéroclites et hétérogènes : la dépression, les troubles sexuels, les toxicomanies, les crises de panique, les violences conjugales, les solitudes, les codépendances sado-masochistes, etc. Toutes ces manifestations renvoient invariablement à la même problématique du fantôme vassalisant l'adulte. Dès lors, il serait utile de concevoir une nouvelle nosographie, c'est-à-dire une autre façon d'approcher, d'analyser et de comprendre le psychisme et ses perturbations, par référence aux rapports de force complexes entre ces deux je, ces deux Moi, eu égard à leurs liens d'alliance ou de friction.

Pourquoi et comment l'enfant intérieur, sous l'emprise du fantôme, maintient-il l'adulte dans le passé, pourtant manifestement révolu, dans un état d'immaturité et de dépendance infantile, l'empêchant d'être lui-même et de s'épanouir aujourd'hui ?

Pourquoi l'adulte se voit-il traversé, souvent sans motif sérieux, par des crises de panique, des craintes irrationnelles de désamour et d'abandon ? Qu'est-ce qui l'empêche de vivre en couple des liens d'amour et de sexualité sous le primat de la gratuité du désir, sans avoir besoin d'utiliser le partenaire comme objet, voire comme prothèse, dont le fantasme de la perte torture et panique ? Pourquoi se trouve-t-il emporté par des émotions incontrôlées, colères, passions, ou des actions impulsives et capricieuses, sans pouvoir appeler au secours la pensée ni la raison ?

Cette démarche nouvelle, fondée sur la recherche du sens et de l'origine inconsciente des souffrances actuelles de l'adulte, révélatrices des tourments de son enfant intérieur prisonnier du fantôme, s'oppose fondamentalement à l'obsession diagnostique de la psychiatrie moderne. Il est vrai que, de nos jours, celle-ci, s'appuyant sur les vieilles notions de névrose et de psychose, apparaît souvent comme très arbitraire, imprécise, dénuée de rigueur, voire fantaisiste, divergente et même contradictoire d'un praticien à l'autre. Elle présente de plus l'inconvénient majeur de chosifier le psychisme, de le réduire à une machinerie neurochimique sans âme, sujette à des « maladies » à combattre sur le modèle médical organiciste – TOC, troubles bipolaires, crises de panique, insomnies, dépressions –, totalement clivées de leur composante aussi bien historique que relationnelle. Elle s'accompagne enfin et surtout d'une orientation fortement prescriptrice, qui se traduit aujourd'hui par le danger gravissime d'une surconsommation de médicaments psychiatriques, anesthésiant le sujet au lieu de l'aider à se réveiller, polluant son corps et son esprit au lieu de les purifier, pour le plus grand bonheur des multinationales pharmaceutiques. Ces rafistolages psychologiques par gommage des symptômes visibles à l'aide de substances chimiques, qui ne traitent pas les causes profondes, éloignent en fin de compte le sujet de son intériorité, l'empêchant de réfléchir et de travailler sur lui-même, faisant taire sa vérité, occultant le sens de son mal-être. Ils posent, de plus, une délicate question éthique dans la mesure où ils risquent d'influer sur, voire de modifier subrepticement, notre façon de sentir, de voir, de penser et d'agir, en dépossédant le sujet de sa subjectivité, de sa saine et féconde inquiétude, garante de son humanité. Ne contribuent-ils pas à brouiller les frontières nécessaires entre la santé et le bonheur, entre la souffrance pathologique et le tragique normal de la vie, présenté comme inutile et même nocif, magiquement volatilisable grâce à la fameuse « pilule du bonheur » ?

Ajoutons à cela qu'il a maintes fois été démontré qu'un certain nombre d'accidents de la route sont dus aux effets des tranquillisants qui, mélangés notamment à l'alcool, émoussent les réflexes du conducteur. Leur mésusage est également désigné comme responsable de nombre de passages à l'acte suicidaires, en grande majorité chez les femmes, ainsi que de crises de violence impulsive. Ne parlons pas ici de la résurgence, ces dernières années, des réseaux de trafic illégal de substances chimiques utilisées comme drogue pour entretenir une nouvelle toxicomanie, prise en charge par le contribuable à son insu. Un important réseau de détournement de Subutex, avec des ramifications européennes et impliquant des trafiquants, des médecins et des pharmaciens, a été récemment découvert. Face à ce fléau – n'oublions pas que les Français consomment trois fois plus de ces médicaments que tous les pays européens –, l'inertie des responsables de la santé publique paraît véritablement choquante et incompréhensible.

Que penser de la diabolisation des drogues illicites, qui contraste étrangement avec le silence, complaisant ou impuissant, face à la surconsommation de médicaments psychiatriques utilisés comme drogues légales et pris en charge par la collectivité ? Curieusement, alors que le tabagisme est combattu sans merci, l'addiction aux psychotropes fait l'objet d'une acceptation générale et bénéficie d'une totale gratuité !

Le mésusage de ces produits, de façon répandue,

banalisée, massive et prolongée, à des âges de plus en plus précoces, doit légitimement interpeller les consciences. La société n'a-t-elle pas tendance à se dédouaner un peu trop facilement de ses responsabilités, manques et contradictions en favorisant à l'excès la réponse chimique, à des fins normatives, comme seule solution au mal-être qui affecte ses membres ? Ainsi les perversions diverses, la délinquance juvénile, le tabagisme et l'alcoolisme, ou encore les « enfants hyperactifs » camisolés par la Ritaline.

Peut-être, après tout, que nos dirigeants ont intérêt à ce que le peuple continue allègrement de se droguer, quelles qu'en soient les retombées sur les finances, mais surtout sur la santé publique. Cette camisole chimique, puissante et invisible, réussit sans doute à tenir la masse en laisse, endormie, anesthésiée, ensuquée, neutralisant sa capacité de réfléchir et d'interroger, torpillant ses velléités de se révolter contre le désordre établi et le ronron consensuel.

Alors, comment devenir soi, adulte, comment s'élever, mûrir ?

D'après mon expérience de thérapeute et compte tenu de mon cheminement personnel, l'outil privilégié pour grandir consiste à repérer, dans les divers domaines de son quotidien, amour, travail, famille, etc., par-delà le paravent ou le masque « adulte », les agissements, mais aussi le message de l'enfant intérieur. Qui s'agite, qui se débat, qui parle en moi ? Une souffrance psychique intérieure ne se réduit pas à, n'est pas motivée ni ne s'explique par un manque réel, extérieur, concrètement réparable. Il est donc indispensable de

découvrir l'enfant intérieur méconnu, inouï et prisonnier, pour ce motif, du fantôme, son double ou son
ombre persécutrice. La détection et la prise de
conscience de cet autre soi-même jusque-là reclus
dans la clandestinité de l'inconscient permettent de
s'ouvrir, de se détendre pour l'accueillir et l'écouter, au
lieu de se crisper et de le fuir à travers les multiples
addictions, la pharmacopée ou mille et un exercices
et régimes. Tous ces artifices, malgré le soulagement
passager qu'ils procurent, échouent finalement à
atteindre ou à délacer le nœud originaire. L'acharnement contre son intériorité finit toujours par épuiser
le Moi en accentuant paradoxalement le mal-être
combattu. Plus on remplit son vide, plus il s'élargit. Il
est impossible de se guérir par la violence ou la force.
Le fantôme n'est pas soluble dans l'alcool. Il ne s'éva-
pore pas dans la fumée du cannabis. Il ne se volatise
pas dans le sport, le footing ou le vélo, ni même dans
la boulimie, alimentaire ou sexuelle. Il paraît enfin tout
à fait réfractaire aux conseils prodigués par un certain
psychologisme commercial faisant croire qu'il suffit
de... positiver, de se déculpabiliser, de se relaxer, etc.
Tous ces gadgets, conçus et entretenus précisément par
la pensée magique infantile, ne feront, en tant que
mécanismes de défense et de refoulement supplémentaires, qu'éloigner davantage le sujet du dénouement
de son mal-être, alors qu'ils promettent une résolution
rapide et salutaire. Évidemment, cela ne signifie pas
que je sois circonspect ou pessimiste quant aux
chances de transformation et de progrès individuels.
Mon propos est au contraire fortement imprégné

d'espérance et d'optimisme. Je suis convaincu en effet qu'aucune souffrance n'est inutile ni définitive, telle une malédiction irréversible. Seulement, il ne faut pas s'épuiser à combler un manque, un contentieux psychologique, inscrit dans une histoire et porteur d'un sens et d'un message, à l'aide de procédés inadaptés, empruntés au monde des réalités extérieures (lutter – fuir – se blinder – etc.).

Ainsi, retrouver son enfant intérieur, le réintégrer dans la mosaïque multicolore de l'identité plurielle en instaurant avec lui un dialogue silencieux, permet de devenir enfin adulte, autonome, libéré du fantôme, afin de réussir le jonglage acrobatique avec les deux principes opposés de plaisir et de réalité.

Devenir adulte ne signifie évidemment pas, loin de là, se débarrasser de l'enfant en soi. Quoi de plus monstrueux, sec et rigide, médiocre et insipide, qu'un individu coupé de son émotionalité, de son autre Moi, des premières pages de son histoire, de sa source, du réservoir de son énergie vitale ?

Retrouver son enfant intérieur n'est possible que si le sujet accepte, en évitant de tomber dans le piège des évidences, de la facilité et de l'empressement, de revisiter son passé individuel et transgénérationnel, de s'en souvenir pour être en paix avec lui, d'autant plus s'il a été douloureux et compliqué. Une histoire n'est jamais, au fond, seulement belle ou vilaine, sombre ou lumineuse. L'essentiel consiste à la connaître et à la reconnaître pour se la réapproprier.

Ce pèlerinage dans le passé, nullement gommé puisque fantomatiquement omniprésent et handica-

pant, passe aussi par la possibilité de retrouver ses
émotions enfouies, débarrassées de la peur et du jugement, pour accéder aux souffrances de l'enfant intérieur, tues et refoulées. Ce n'est pas parce que le sujet
décide d'oublier, d'effacer ses peurs et chagrins
d'enfant en faisant silence sur eux, que ceux-ci dispa-
raissent magiquement, cessant définitivement d'exercer leurs nuisances.

Ressentir et exprimer le refoulé produit spontanément des effets bénéfiques. Cela fortifie le Moi adulte,
qui peut alors, sans inquiétude, rencontrer son enfant
intérieur, jusque-là égaré, otage, fantôme clandestin et
errant, pour en faire son inséparable allié, son ange
gardien, son compagnon bienveillant et dévoué, sa
source de créativité et de bonheur. C'est à cette condition seulement que le sujet pourra devenir vraiment
adulte, c'est-à-dire lui-même, capable de parler en son
nom propre et de sa place, sans craindre de décevoir,
de déplaire et d'être abandonné. Il sera désormais
confiant dans ses capacités tout en étant conscient de
ses limites, grâce à une image saine de lui, c'est-à-dire
ni uniquement bonne, ni exclusivement mauvaise, ni
orgueilleuse, ni dépréciative. Il sera en outre apte à
supporter un minimum de souffrance, occasionnée par
les contrariétés inévitables de l'existence, les frustrations, les attentes, les chocs, les solitudes et les changements, sans se sentir chaque fois ébranlé dans ses
fondements. Par conséquent, il ne sera plus soumis au
besoin vital de se soulager d'une manière impulsive,
capricieuse et impatiente, infantile en somme, par le
recours à toutes sortes d'addictions, exutoires substitu-

tifs, réminiscences des tétées consolatrices aux seins de maman. Il pourra, enfin, assuré d'être entier et vivant, jouir du présent en s'acceptant comme il est, sans honte, avec son sexe et son âge, à distance de la nostalgie et de l'utopie, protégé des extrêmes, de l'extinction ou de l'exaltation, sans rêver tout le temps d'être quelqu'un d'autre, ailleurs ou avec un autre. C'est l'enfant intérieur détenu par le fantôme qui pousse l'« adulte » à vouloir toujours plus et mieux, à rêver constamment à la perfection et à la plénitude, l'empêchant ainsi d'aimer celui qu'il est et d'être satisfait de ce qu'il possède dans l'Ici et Maintenant.

En résumé, ce qui démontre clairement que le sujet a cessé d'être l'otage de son passé, qu'il s'est dégagé de l'emprise occulte du fantôme et qu'il est parvenu à devenir mature, est relatif à sa capacité de ne plus se laisser noyer dans le flot de l'affectivité. Il peut ainsi se montrer réaliste, apte à ressentir et à exprimer ses sentiments, mais également capable d'intimité, de distance et de retenue, de réflexion et de raison, à l'abri de la sensiblerie, persécutoire ou séductrice, puérile. La découverte du fantôme opprimant l'enfant en soi, ce différent si semblable, cet étranger si prochain, permet au sujet de recouvrer la paix, dans le respect et l'amour, pour pouvoir s'épanouir en entrant dans une relation adulte d'échange et de réciprocité avec autrui. Il est impossible d'aimer quiconque si l'on ne s'aime pas soi-même. Les véritables barrières ne se situent pas toujours au-dehors, entre les personnes, mais souvent à l'intérieur de chacun. Plus on est près de soi, plus on se rapproche des autres.

Dernière question, enfin : la culture moderne encourage-t-elle l'individu à devenir adulte, soi ? L'invite-t-elle à un minimum de sagesse ? L'aide-t-elle à réfléchir, à patienter et à se contrôler face à l'impulsivité pulsionnelle l'entraînant dans les deux culs-de-sac, pervers et dépressif ? Cherche-t-elle, au contraire, à titiller la pensée magique infantile, à exploiter les rêves et les craintes de l'enfant intérieur, afin de mieux manipuler l'adulte en faisant de lui un conformiste et un docile consommateur ?

En tout cas, la reconnaissance de l'enfant en soi, à côté du Moi adulte, prisonnier des fantômes de son passé, protège le sujet de nombre d'intrusions et de manipulations extérieures. L'idéologie actuelle, en apparence tolérante, voire libertaire, cherche en effet, en s'adressant insidieusement au petit garçon ou à la petite fille hypersensible qu'il abrite, à lui faire croire qu'il peut, sans limite et sans culpabilité, tout être, devenir et avoir. Elle l'encourage à prendre du plaisir comme il le souhaite, en faisant « ce qui lui plaît », écartant toute souffrance et toute contrariété : changer de sexe, de corps, de partenaire, d'orientation sexuelle, pour accommoder la réalité à ses rêves.

Toutes les techniques de manipulation s'inspirent exactement du même principe : contourner la pensée de l'adulte en s'adressant directement à ses émotions enfantines et en les embrasant avec de grands mots, tellement surchargés de sens qu'ils finissent paradoxalement par ne plus signifier grand-chose ! Ce bonheur magique obtenu grâce à la technique, à la consommation addictive de personnes et d'objets jetables après utilisation, loin de libérer le sujet, le dépossède au fond de lui-même en accentuant l'emprise inconsciente du fantôme sur lui. Elle cherche, en excitant ses peurs et ses rêves à travers la publicité et la propagande médiatique, à lui inculquer une idéologie foncièrement infantile, naïve et simpliste en raison de sa forte imprégnation émotionnelle – paix, amour, liberté, égalité, justice et sécurité –, renouant avec la quiétude édénique de la matrice maternelle.

Ces valeurs sont évidemment belles et lumineuses en tant que telles, en soi. Cependant, lorsqu'elles règnent de façon unilatérale, clivées de leurs contraires, sans pouvoir être pondérées ni relativisées, elles risquent de devenir nocives. Le fantasme angélique, enfantin, d'une vie psychique et relationnelle dénuée de conflit, de souffrances, d'angoisse, d'agressivité et de malentendus, procède en effet d'une mentalité religieuse et rétrograde, de type maternel. Il s'avère, de plus, dangereusement infantilisant, malgré son vernis laïc et progressiste.

2

DÉPRESSIONS

Daniel

Daniel est un fonctionnaire de 55 ans. Il a sombré il y a six mois, à la suite d'une rupture sentimentale, dans un état dépressif critique. Il s'est senti « complètement démoli, en petits morceaux, n'ayant plus envie de rien, ni surtout de vivre ».

Il fréquentait depuis dix ans une collègue de travail, de quinze ans plus jeune, par ailleurs mariée et mère d'une fille de 15 ans. « Elle m'a déclaré, très délicatement il est vrai, que c'était fini entre nous parce qu'elle venait de retrouver un amour de jeunesse. C'était un horrible choc pour moi. Nous nous voyions tous les jours sauf le week-end et les vacances. Nous déjeunions ensemble. Ensuite, nous allions prendre le café chez moi, à proximité immédiate de notre travail. Certains collègues s'en doutaient plus ou moins. Nous faisions très attention et nous montrions discrets. Son mari n'a jamais eu aucun soupçon. Elle était ma dernière chance dans la vie. Plus rien ne m'intéresse maintenant. Mon seul plaisir en me rendant au travail tous les lundis matin, c'était de pouvoir la retrouver. Nous n'avons jamais passé une nuit ensemble. J'acceptais ce trio sans trop en souffrir, sans jalousie excessive. Elle disait qu'elle n'était pas très heureuse dans son couple, mais qu'elle n'avait pas envie de tout casser pour autant en venant vivre avec moi. Elle avait surtout peur de perturber sa fille. Elle craignait aussi les jugements négatifs des autres en raison de notre différence d'âge. Cette rupture est insupportable pour moi, surtout en sachant qu'elle est partie avec un autre homme, dont elle a toujours été amoureuse. Je me sens terriblement seul. Je vois le vide partout. Certaines fois, j'ai envie de me flinguer. J'ai besoin de son amour, de son corps, de son regard, de son odeur. Je ne vivais que pour la revoir. Maintenant je dois la chasser de ma tête. J'angoisse. Je panique à l'idée de l'apercevoir, de la croiser dans les couloirs. Pourtant, je n'arrive pas à lui en vouloir. Je m'en veux plutôt à moi-même, me reprochant de n'avoir pas été assez bien pour elle. J'ai honte en plus de ne pas réussir à assumer, de ne pas me montrer plus fort que ça. »

Que se passe-t-il ?

Au fond, ce n'est pas vraiment Daniel, l'adulte de 55 ans, qui se trouve en détresse aujourd'hui à la suite de la rupture sentimentale avec sa bien-aimée Sabine, qui mène un peu perversement une double vie. Celle-ci a en effet clivé en les reportant sur deux personnes différentes ses deux aspects de mère et d'amante. En réalité, le traumatisme intervient ici comme facteur déclencheur, crevant un abcès ancien, enfonçant, comme on dit, le couteau dans une vieille plaie narcissique, non cicatrisée, autrement dit la DIP (dépression infantile précoce) touchant l'enfant intérieur.

La dépression renvoie à deux séries de phénomènes qu'il convient de soigneusement distinguer. En premier lieu, nul n'étant totalement épargné par le tragique de l'existence, tout individu pourrait se trouver un jour ou l'autre, au cours de sa vie, victime de certaines épreuves et contrariétés. Cependant, malgré son impact parfois vif et violent, aucun événement, si malheureux soit-il, comme la perte d'un être cher ou un licenciement, ne peut suffire, à lui seul, à terrasser le sujet, créant chez lui une dépression de toutes pièces. La libido, bien qu'écorchée, égratignée, parvient peu à peu, après une période nécessaire de deuil, à cicatriser pour pouvoir circuler à nouveau dans les allées du jardin de l'intériorité. Il s'agit là d'une dépressivité saine, normale, naturelle, motivée par un choc repérable, ébranlant partiellement et provisoirement l'adulte, mais sans que son identité s'écroule, émiettée. La libido sort toujours victorieuse dans le combat l'opposant à la destructivité. On pourrait parler également de dépressivité lorsque le sujet se sépare, en la sacrifiant symboliquement, d'une phase de sa vie afin de se projeter dans la voie de devenir soi, dans un *à-venir* plus évolué : quitter ses parents, différencier son désir des siens, devenir à son tour père ou mère... Le vécu de cette dépressivité, appelée familièrement « déprime », représente un signe positif de santé et de bon fonctionnement psychique. À l'inverse, son absence ou son refus devient le symptôme inquiétant d'un malaise foncier, rigidement camouflé. La dépressivité n'est donc, en définitive, nullement synonyme de « maladie », mais elle est le contrecoup normal de tous ces deuils, petits ou grands, inhérents à la vie, dont l'accomplissement, loin d'entraver la croissance et l'épanouissement psychiques, les favorise au contraire.

En second lieu, cependant, il peut arriver que le sujet, venant de subir une épreuve, décroche de la vie et de la société. Il se coupe alors des autres, plongeant dans le puits sans fond du désespoir, démuni de toute *en-vie* ou force de remonter, même après une longue parenthèse. Son élan vital se fige. En perdant quelque chose ou quelqu'un, au lieu de rebondir positivement, il perd tout et lui-même avec. Il s'agit dans ce cas d'une véritable dépression. Toutefois, celle-ci n'est pas occasionnée par le choc subi dans le présent. Attestant la présence du fantôme, elle est en réalité révélatrice de la DIP, en sommeil jusqu'ici et réveillée, révélée, démasquée, dévoilée par le facteur déclencheur. Celui-ci ne constitue d'ailleurs pas une donnée décisive, obligatoirement présente dans tous les tableaux dépressifs. Il ne renvoie pas toujours non plus à une épreuve douloureuse, mais parfois à des faits plutôt dérisoires, voire, si étrange que cela puisse paraître, à des événements positifs et joyeux – une naissance ou une promotion professionnelle.

Malheureusement, à l'heure actuelle, ces deux phénomènes de dépressivité et de dépression, le premier touchant l'adulte et le second l'enfant intérieur, se trouvent souvent confondus, y compris par certains professionnels. Cette regrettable confusion pousse d'une part à pathologiser le tragique de la vie en considérant toute douleur morale comme illégitime et anormale, et d'autre part à tenter d'étouffer dans l'œuf, par le recours à la chimie et aux drogues, avec ou sans toxiques, licites ou illicites, l'indispensable processus de deuil.

La souffrance psychologique se voit en effet « tabouisée » dans nos cultures modernes, obsédées par la « forme », le « pep », le « punch » ou la « pêche ». Plus personne ne se donne, même temporairement, le droit d'être triste et malheureux.

Un nombre grandissant d'émissions de radio et de télévision se chargent, découvrant là l'occasion bénie de faire grimper l'« audimat », d'amuser le public avec un humour de bas étage, flirtant sans cesse avec la vulgarité. Cette joyeuseté factice est révélatrice au fond d'un état de déprime généralisée qu'elle s'évertue maladroitement et sans succès à dissimuler.

L'augmentation vertigineuse de la consommation médicamenteuse, notamment de somnifères et de psychotropes – consommation trois fois plus élevée en France qu'en Angleterre ou en Allemagne –, confirme cette dérive inquiétante. Toutes ces substances chimiques – ces drogues en dernier ressort, au même titre que l'alcool et l'héroïne –, après avoir procuré un soulagement artificiel et passager, ne feront qu'intensifier la souffrance psychique, comme dans un cercle vicieux. Plus on lutte contre le fantôme, plus on s'épuise en le rendant de plus en plus vigoureux et agressif. Cet amalgame entre l'origine et le facteur déclencheur encourage malencontreusement le déprimé à croire que son mal-être n'est pas de nature psychologique et n'a aucun lien avec son passé personnel, qu'il provient d'un manque réel, d'une frustration extérieure qu'il serait possible de combler en pratiquant telle méthode, en consommant tel produit ou en modifiant tel aspect concret de son existence – logement, travail, compagnon, etc.

C'est exactement ce qui constitue le défaut majeur des thérapies comportementalistes, fondées sur le conditionnement et l'autosuggestion, confondant le facteur déclencheur et l'origine psychique, le Moi adulte et celui de l'enfant intérieur, le symptôme visible et sa signification symbolique inconsciente.

Pour en revenir à Daniel, ce n'est donc pas vraiment lui, adulte, qui se déprime aujourd'hui, mais le petit garçon qui se cache en lui et qui, emprisonné par le fantôme, l'empêche de s'épanouir. Mais pourquoi ? Que s'est-il passé ? Penchons-nous sur le récit de sa vie amoureuse et sexuelle avant d'enquêter dans son roman familial pour trouver des réponses.

Avant Sabine, mon patient a connu une autre femme, qu'il a fréquentée pendant cinq ans, mais sans vivre non plus avec elle. Il s'agissait d'une dame divorcée avec deux enfants. « J'étais puceau jusque-là, à 40 ans. J'avais déjà flirté quelquefois, mais je n'avais pas encore fait l'amour, à cause de ma timidité certainement. J'avais peur aussi que les gens me jugent mal si je n'avais pas de copine, comme les jeunes de mon âge. Cette femme m'a annoncé froidement, au lendemain du décès de ma mère, qu'elle s'ennuyait avec moi, qu'elle voulait vivre sa vie, reprendre sa liberté. Elle ne souhaitait plus qu'on soit amants, mais simplement amis. C'était un coup dur, mais je n'ai pas pensé à me foutre en l'air à l'époque. Maintenant, à 55 ans, j'ai l'impression que ma vie amoureuse et sexuelle est derrière moi, terminée ! Le lendemain, j'ai appelé le bureau pour leur annoncer mon arrêt de travail. Je suis tombé par hasard sur Sabine. Je lui ai déclaré, sans arrière-pensée, que j'étais arrêté pour dépression à la suite d'une rupture sentimentale. Une heure plus tard, elle arrivait chez moi, m'apportant à manger. J'ai pleuré devant elle en lui racontant ma déception. Elle m'a consolé avec de gentilles paroles. Elle est revenue le lendemain et m'a pris dans ses bras. Nous sommes devenus amants. Elle m'a beaucoup aidé à oublier mon ex-amie. »

Naturellement, je suis triste pour Daniel, par-delà le masque de ma neutralité bienveillante. Pourquoi cet homme intelligent, beau, sympathique, ayant réussi socialement, se comporte-t-il de manière si peu adulte, se montre-t-il si immature, si dépendant sur le plan sentimental ? Non seulement il n'a pu devenir père en fécondant une femme, l'érigeant ainsi en mère de ses enfants, mais il n'a jamais vécu avec une compagne pour partager avec elle concrètement le quotidien, ses soucis et ses joies. Il n'a pu entretenir avec ses deux maîtresses-mères, ayant appartenu naguère ou appartenant encore à d'autres hommes, que des relations épisodiques ou clandestines. Pourquoi enfin ressent-il de manière si tragique le départ de Sabine, qu'il considère comme vitale, à l'image d'un nourrisson gémissant à la perte de sa mère ? L'existence tout entière de Daniel vient de s'écrouler tel un château de cartes.

Voilà : Daniel rencontre de sérieuses difficultés pour se montrer adulte sur le plan amoureux, se comporte de manière dépendante et immature, parce qu'il se trouve sous l'emprise du fantôme, celui de son enfance manquée, sautée, blanche. Allons chercher un peu de lumière dans son Ailleurs et Avant, individuel et trans-générationnel.

Daniel est le dernier-né d'une fratrie de trois enfants, né après une fille et un garçon. Sa mère a fait une fausse couche avant de le concevoir. Ses parents ne s'entendaient pas bien, mais ils n'ont pas voulu divorcer pour autant.

« Mon père était un jouisseur. Il passait la majeure partie de son temps, le soir après son travail, dans les bistrots. Il n'était pas vraiment alcoolique, mais il aimait bien boire et s'amuser avec ses copains. Il était souvent absent de la maison. Il s'est peu occupé de nous, pour ce motif. Je suppose qu'il avait des relations extraconjugales, ce qui faisait beaucoup souffrir ma mère. Par contre, celle-ci consacrait tout son temps à ses enfants. Elle s'est totalement sacrifiée pour nous. En tant que petit dernier, j'étais son chouchou et son confident. Elle avait été très malheureuse étant petite, car elle avait perdu son père à 6 ans dans les tranchées. Elle m'a montré les lettres qu'il avait envoyées à ma grand-mère, veuve à 28 ans avec trois petits enfants. Elle a souffert aussi plus tard du décès de sa sœur, dont elle a toujours conservé le portrait dans son collier de baptême. Chaque fois qu'elle l'évoquait, elle ne pouvait s'empêcher de pleurer. Elle était très mère poule avec moi, hyperprotectrice, exagérément peut-être, mais ça me convenait. C'était confortable, je ne prenais pas de responsabilités. Elle me disait souvent que je comptais double pour elle : pour moi-même et pour le bébé qu'elle avait perdu avant que je naisse. Petit, j'étais comme une mer étale. Je ne faisais pas de vagues. J'étais gentil avec tout le monde. Je passais inaperçu. On ne me remarquait pas. Je faisais ce que je pouvais pour n'embêter personne, surtout pas ma mère. Ensuite, devenu plus vieux, c'est ma sœur qui a pris le relais. C'est elle qui me maternait. La première fois que j'ai quitté mes parents pour prendre un logement, évidemment non loin de chez eux, j'avais 31 ans. C'est ma sœur qui me l'a trouvé. C'est aussi elle qui m'a présenté une petite annonce quand je cherchais du travail, pas loin de chez mes parents, bien sûr, où je continuais à dîner tous les soirs. Je les emmenais aussi chaque année en vacances, pendant un mois. »

Il est tout à fait clair que Daniel a souffert de la DIP en raison d'une carence narcissique. Il était certes aimé, couvé, hyperprotégé, mais pas pour lui-même, simplement en tant que petit garçon, dans la gratuité du désir. Sa mère, déprimée, donc psychologiquement absente, avait un besoin vital de son fils comme prothèse, comme antidépresseur, pour continuer à se sentir vivante, bonne et utile.

Dans ces conditions, Daniel, sorti de sa fonction et de sa place d'enfant, empêché de vivre sainement son enfance, s'est érigé en enfant thérapeute, en parent de sa mère, malheureuse du fait de la perte de son père lorsqu'il avait 6 ans, puis d'une fille, morte de maladie, enfin d'une fausse couche et des infidélités de son mari.

Les fausses couches, phénomène somme toute assez

fréquent dans la vie des femmes, sont biologiquement considérées comme banales, sans gravité, sans conséquences pour les conceptions futures. Elles représentent cependant, sur le plan psychologique, un traumatisme pénible en raison de l'échec de la fécondation, titillant la culpabilité et éveillant parfois la crainte d'une infécondité. Lorsque le deuil de la fausse couche, plus précisément de cet enfant mort avant d'être né, n'a pu s'accomplir sainement, surtout lorsque les géniteurs, comme pour dénier leur douleur, s'acharnent à vouloir « en faire » un autre tout de suite, coûte que coûte, sans avoir au préalable digéré l'épreuve, la graine avortée se transforme en fantôme. Celui-ci viendra hanter le futur locataire de l'utérus, l'heureux successeur survivant, pour s'incarner en lui en le choisissant comme sépulture. C'est la raison pour laquelle la totalité des symptômes de la dépression renvoient à l'effondrement de l'élan vital, à une hibernation, une congélation, une mort psychique. Tout se passe comme si le déprimé portait un mort ou la mort en lui.

Il est intéressant de rappeler ici les trois grandes séries de symptômes définissant la dépression : la chute de l'humeur, le blocage et la souffrance morale. La chute de l'humeur se caractérise par l'ennui, la tristesse, le pessimisme, l'envie de rien, ainsi que par la perte d'estime et de confiance en soi. Le blocage se traduit par l'isolement, le repli sur soi, l'effondrement de l'élan vital, de la volonté, le désinvestissement de la réalité et du travail, une fatigue psychologique aussi bien que physique. Curieusement, tous les orifices corporels, ayant principalement pour fonction de relier le sujet à la vie et aux plaisirs, se bouchent aussi, d'où l'anorexie, l'aménorrhée, l'impuissance et la frigidité. Enfin, du fait de la souffrance morale, le déprimé, conscient de son état, est miné par une culpabilité imaginaire et considère négativement toute sa vie comme un échec total et sans espoir, tentant parfois d'y mettre fin.

Tous ces symptômes reflètent, par conséquent, une délibidinalisation de l'âme, une dévitalisation, une extinction de la libido, d'une certaine façon une mort psychique.

Ainsi, confronté aux infortunes de sa mère, Daniel s'était donné inconsciemment pour mission de la protéger, de ne jamais la quitter, pour la rendre heureuse. Plus un enfant est petit, plus il s'inquiète pour ses parents et plus il est sensible aux épreuves qu'ils affrontent consciemment. Il entreprend surtout d'éponger ce qui les tourmente intérieurement, à l'insu d'eux-mêmes.

C'est en raison de cette inversion générationnelle que Daniel ne s'est pas autorisé à affirmer sa virilité, à devenir père, à consommer sa paternité, restée blanche, à l'image de son enfance, également non consommée. Il a renoncé à féconder une femme, à transmettre à son tour la vie qui lui avait été léguée. C'est également le motif pour lequel Daniel se lie avec des femmes déjà mères qui ont, quelque part, besoin de lui, de son soutien et de sa gentillesse, mais sans véritablement le désirer en tant qu'homme ni avoir l'envie de construire un couple ou une famille avec lui. Daniel se connecte inconsciemment, en tant qu'enfant thérapeute, aux petites filles que ces femmes abritent en elles, aussi bien ses deux amantes que sa mère, sans réussir à correspondre et à dialoguer, dans le présent, avec les personnes adultes qu'elles sont.

Voilà pourquoi son enfance non vécue, blanche, s'est transmuée en fantôme, empêchant son énergie vitale de circuler de manière libre et fluide à travers les différentes aires de son identité plurielle : travail, engagement citoyen, amour, paternité, etc.

Dans cette perspective, ce qui ferait maintenant le plus grand bien à Daniel, ce n'est point, contrairement à ce qu'il croit, de retrouver Sabine, ni une autre, béquille interchangeable, prothèse supplétive, substitut maternel, mais de se retrouver lui-même, de renaître homme adulte, psychologiquement différencié de sa mère, en prenant conscience du fantôme de son enfance blanche, qui bloque sa croissance. Ce qui prouve clairement la maturité d'une personne, c'est sa capacité de rentrer, avec des objets ou des êtres, dans des liens portés préférentiellement par le désir gratuit et non par le besoin addictif. L'adulte devrait être capable de se contrôler, d'attendre, de reporter son désir ailleurs, voire de renoncer, sans que cela devienne un drame. Par contre, l'enfant, prisonnier du besoin vital, exige d'être satisfait tout de suite.

Daniel doit donc retrouver le petit garçon qu'il abrite au lieu de le fuir, et l'écouter pour qu'il le guérisse. Je trouve extraordinaire qu'en fin de compte la séparation de chacun avec ses parents, plus exactement avec leur enfant intérieur, ne puisse se réaliser que grâce à une prise de distance, un travail de deuil intérieur, symbolique. Le décès de nos parents, ou même la décision d'une rupture radicale et définitive avec eux de leur vivant, par exemple en s'exilant à des milliers de kilomètres, ne peut pas favoriser le moins du monde cette nécessaire distanciation des intériorités, des désirs, des destins et des identités. Bien au contraire, tout divorce, toute interruption de la relation ne fera que grossir paradoxalement la fusion inconsciente en revigorant le fantôme.

En définitive, la guérison ne peut surgir, telle une source vive et jaillissante, que des profondeurs de l'être, lorsque le sujet aura retrouvé l'enfant en lui pour le délivrer du fantôme. Toute démarche se voulant thérapeutique, mais ignorant cette problématique inconsciente, risque de s'avérer infructueuse.

Un promoteur de la psychologie positive prodigue certains conseils « simples et faciles à mettre en pratique » afin d'aider les déprimés à surmonter leur mal-être : « cesser de faire plusieurs choses en même temps, couper son téléphone deux heures par jour afin de ménager des moments de concentration et des plages de repos, pratiquer le jogging 30 minutes, 3 fois par semaine, et tenir un journal pour y inscrire 5 expériences positives de la journée ».

Ces suggestions plutôt simplistes ne serviront évidemment à rien. La pratique du sport, par ailleurs tout à fait indispensable pour une bonne hygiène de vie, ne peut devenir une méthode thérapeutique. J'ai eu parmi mes patients un homme hyperactif, « accro » au sport, qui s'épuisait à courir comme un fou plus d'une heure tous les jours, aggravant paradoxalement de la sorte son problème. Quant au conseil d'inscrire cinq expériences positives quotidiennes dans son journal, il prouve la méconnaissance par son auteur de la nature et de la signification de la dépression. En effet, le déprimé, séquestré par le fantôme, souffre précisément de se trouver totalement coupé des plaisirs simples et naturels de la vie, qu'il considère comme un échec total, avec un regard sombre et négatif, irréversible. Quelle que soit sa réalité aux yeux des autres, même s'il est riche, beau, en bonne santé et jeune, et quoi qu'il dise ou fasse, il se perçoit comme un minable !

ROMUALD

Contrairement à ce qui s'est passé pour Daniel, la dépression de Romuald n'a pas débuté à la suite d'une épreuve pénible et insupportable, mais d'une nouvelle positive et joyeuse que beaucoup de personnes pourraient lui envier : une promotion professionnelle. Il n'est pas rare non plus de rencontrer des hommes et des femmes qui dépriment, parfois gravement, après la naissance d'un enfant, souvent le premier, événement pourtant attendu et désiré ardemment. Cela démontre précisément la présence et les agissements du fantôme envahissant le territoire de l'adulte. Tout se passe comme si le petit garçon ou la petite fille, domicilié(e) chez le géniteur ou la parturiente, se voyait absorbé(e) par une crainte irrationnelle, infantile précisément, d'être délaissé(e) par le conjoint en raison de l'arrivée du nouveau-né, assimilé dans l'inconscient à une petite sœur ou à un petit frère rival(e), naguère fortement jalousé(e).

Devenir père ou mère fait remonter à la surface l'enfance, consommée et donc dépassée si l'on a été véritablement enfant, enveloppé et aimé par ses parents, ou au contraire blanche si l'on a souffert de maltraitances ou été adultifié précocement. Dans le premier cas, le sujet sera capable d'accéder naturellement à son nouveau statut de père ou de mère, intégrant en lui le petit garçon ou la petite fille qu'il était et qui joue désormais pour lui le rôle positif de l'ange gardien. À l'inverse, il lui sera difficile d'épouser sa nouvelle fonction de parent s'il n'a pas été simplement fils ou fille auparavant. Toute enfance avortée se transforme en fantôme persécutant. Dans ces conditions, il est compliqué d'élaborer et d'assumer son identité plurielle d'une manière harmonieuse : se placer vis-à-vis de sa femme en tant qu'homme, mais aussi fils, père, ami, associé, ou se situer à l'égard de son époux en tant que femme, mais aussi fille, amie, amante, mère, etc., sans nulle antinomie entre ces diverses émanations.

Romuald, 42 ans, a été promu il y a six mois chef d'équipe dans l'atelier de confection où il travaille depuis dix ans. Il vit, depuis dix ans également, avec une jeune femme de 36 ans, sans enfant. Mon patient, avant même de détailler les divers symptômes de sa dépression ainsi que les circonstances de son apparition, déclare avec émotion : « Nous sommes tous les deux, moi et ma copine, depuis le début de notre relation, tout à fait en accord là-dessus. Nous avons décidé de ne pas avoir d'enfant, c'est un choix. Nous n'en voulons pas ! »

Cette détermination froide, exprimée brutalement et hors contexte, me surprend beaucoup et me glace, je l'avoue ! Qui parle en Romuald ? Qui décide à travers lui ?

« J'étais très content quand j'ai eu mon avancement. Je ne m'y attendais pas. C'était une bonne surprise. Mais, peu après, j'ai eu peur. Je craignais de ne pas le mériter, de mal faire mon nouveau travail, de ne pas être à la hauteur. Pourtant, j'avais toujours été apprécié dans l'entreprise. Il y a un an encore, j'étais dynamique. Je m'entendais bien avec les collègues et mon patron. Il avait même été dit que j'étais le meilleur employé. Je faisais tout pour ça. Toutefois, après ma promotion, j'angoissais de plus en plus fort. La nuit, je dormais mal, ressassant l'idée de ne pas mériter cela, de ne pas être à la hauteur. Je me disais aussi qu'on m'avait sans doute nommé chef par erreur, ou peut-être pour se moquer de moi ou me tester. J'essayais de me raisonner en me persuadant que je devais me réjouir du changement, que j'étais mieux payé et que mon travail était plus intéressant que celui que j'exécutais auparavant. Mais je n'ai pas réussi à me calmer, j'étais toujours hanté par cette angoisse de ne pas mériter et par la peur de ne pas y arriver. Trois mois plus tard, n'en pouvant plus, j'ai demandé à rétrograder pour retrouver mon ancien poste. Mais, malheureusement, mon moral ne s'est pas du tout amélioré pour autant, même après trois semaines de belles vacances en Tunisie. »

Au fond, il existe non pas un, mais deux Romuald, l'adulte et le petit garçon. Le premier, ancré dans la réalité présente, intelligent, capable de réflexion et de raisonnement, est heureux d'avoir acquis, grâce à son travail et à sa persévérance, un avancement se traduisant par une augmentation de salaire et un statut plus intéressant. Mais le second, le petit garçon, pris, captif, otage du passé, panique, confondant la responsabilité et la culpabilité, les fonctions de chef d'équipe et de chef de famille. Il craint d'usurper sa place, de mal agir, de ne pas y arriver, comme il le rumine sans cesse. Par qui ou par quoi Romuald a-t-il été si traumatisé, dans son Ailleurs et Avant, pour se trouver à ce point bloqué ?

Il s'agit certainement d'une souffrance provenant du passé, dans la mesure où elle apparaît foncièrement injustifiée, irrationnelle, sans rapport avec la réalité, immotivée, incompréhensible et, par conséquent, rétive à toute consolation. Le bonheur peut-il rendre à ce point malheureux ?

Romuald est l'aîné d'une fratrie de trois. Il a une sœur de 41 ans, plus jeune que lui de onze mois exactement, et un frère de 35 ans, « mongolien » – à l'époque de sa naissance, c'est ainsi qu'on qualifiait les enfants trisomiques. Tout porte à croire que Romuald, pour être si envahi à l'âge adulte par le fantôme de son enfance blanche, a dû souffrir d'une carence narcissique importante dans son Ailleurs et Avant.

En effet, alors qu'il n'était encore qu'un nourrisson de 2 mois, sa mère est « tombée » à nouveau enceinte, c'est-à-dire a été appelée, accaparée par un autre dans son ventre, pour une autre fonction. Romuald a dû souffrir de cette interruption prématurée de sa relation fusionnelle, de cet avortement de la « grossesse extra-utérine », sa mère ne pouvant se dédoubler, être en même temps au four et au moulin. Il était certes trop petit pour se rendre compte de ce lâchage, de ce délaissement originel. Cependant, plus un enfant est petit, c'est-à-dire moins il réalise consciemment ce qui trouble l'âme de ses proches, plus il ressent profondément leurs émois secrets, sans disposer de protection, de mots pour les digérer ou s'en défendre. Pire encore, Romuald s'est trouvé une seconde fois abandonné à la suite de la naissance de son petit frère « mongolien », et là par ses deux parents. Ceux-ci, bien que omniprésents, n'étaient plus là, ils étaient psychologiquement absents, traumatisés, blessés par le destin, déçus et de surcroît coupables.

Toute l'enfance et l'adolescence de Romuald, ainsi que, plus tard, son existence « adulte », ont été bouleversées par ces deux abandons psychologiques, en particulier par le second, consécutif à la naissance de son frère « anormal ». L'apparition de la DIP du fait de ces privations narcissiques a empêché Romuald de vivre sainement son enfance. Il s'est érigé, expulsé de la place qui lui revenait de droit, en enfant coupable et donc thérapeute. Tout s'est passé en effet comme si la trisomie de son petit frère, la dépression de ses parents et l'abandon affectif qui s'en est suivi étaient de son fait et de sa faute, et comme s'il avait, par conséquent, le devoir de restaurer, de rétablir la situation : « J'ai cru longtemps, étant petit, que, si mon frère était anormal, c'était parce que je n'avais pas été gentil avec lui et que mes parents me punissaient en ne s'occupant plus de moi. Ils l'aimaient encore plus qu'un enfant normal, plus que ma sœur et moi. Ils ont décidé de déménager pour trouver un établissement adapté à son état. Moi, j'ai perdu tous mes copains, mais je ne disais rien pour ne pas les rendre encore plus malheureux. Toute la vie familiale tournait autour de lui.

« Curieusement, nous n'en parlions jamais à la maison. C'était sous-entendu. Je me rendais bien compte que nous n'étions pas comme tout le monde, qu'on ne vivait pas comme les autres, mais on ne disait rien, on n'en discutait pas. Moi, j'étais toujours inquiet pour mes parents et mon frère. Mais je n'arrivais pas à trouver ce que j'avais fait de mal, ni comment je devais me comporter pour pouvoir les aider. »

Voilà pourquoi aujourd'hui, à 42 ans, Romuald est resté prisonnier du fantôme de son enfance blanche. Sa promotion professionnelle, au lieu de le rendre heureux, le déprime étrangement, dans la mesure où il se croit indigne d'une telle récompense et craint de ne pas être à la hauteur, exactement comme lorsqu'il était petit, même s'il n'a jamais été enfant. C'est le même scénario, bien que les deux situations n'aient en apparence rien à voir. Le deuil nécessaire n'a pas pu s'accomplir. Le drame familial n'a pas été digéré, par manque d'élaboration et de paroles, il n'a pas pu être dépassé, c'est-à-dire non pas effacé ou oublié, mais intégré, psychologiquement archivé, se transformant en engrais pour revitaliser le psychisme.

C'est la raison pour laquelle Romuald a décidé si froidement de s'éteindre, de ne pas engendrer, de ne jamais avoir d'héritier, puisque, se croyant mauvais, fautif de l'anomalie de son frère, il ne pourrait semer que de mauvaises graines. D'ailleurs, n'oublions pas qu'il est entré dans l'entreprise qui l'emploie au moment où il se mettait en ménage avec sa compagne, il y a une dizaine d'années. Ces deux événements semblent confondus dans l'esprit de mon patient. Changer de statut professionnel en devenant « chef d'équipe » implique-t-il pour lui une modification au niveau de son couple, transformant le duo en triangle ? Est-ce cela qu'il craint, de devenir « chef de famille » comme son père et d'avoir un enfant « mongolien » comme son frère ?

Dans cette perspective, ce n'est donc point Romuald, sujet adulte, qui déprime aujourd'hui, mais bien son double, son enfant intérieur affecté naguère par la culpabilité et la DIP. C'est le petit garçon en lui qui souffre d'un manque de confiance, se croyant fautif de tout ce qui s'est produit de négatif. Cette culpabilité de l'innocent, puisqu'il n'a rien commis de répréhensible, constitue le symptôme premier de la DIP, consécutive d'une part aux abandons subis et d'autre part à l'incapacité d'y remédier. La culpabilité inconsciente, toxique et destructurante pour l'âme, n'est jamais motivée par le dépassement d'une limite externe ou la transgression d'un interdit, d'une règle. Elle provient de la confrontation du Moi à son impouvoir, à sa limite interne, à la castration symbolique.

Dès lors, le manque de confiance en soi ne renvoie pas, contrairement à certaines croyances, à une insuffisance réelle, extérieure. La mauvaise image de soi ne provient pas du constat d'une imperfection physique, d'une infériorité intellectuelle, d'une situation matérielle et sociale défavorisée. Ainsi, la jeune fille anorexique se trouvera invariablement malheureuse, grosse et moche, quels que soient ses formes et son poids.

Quand on s'aime, on s'accepte tel qu'on est, on ne se juge plus, on se trouve bien. Le manque de confiance en soi représente au fond le reflet, le doublet de la confiance que nos parents n'ont pu placer en nous. Il renvoie donc à la culpabilité de se croire mauvais et à la DIP consécutive à la carence narcissique. Celle-ci peut se manifester de deux façons, qui paraissent totalement opposées, mais qui sont, au niveau inconscient, synonymes, similaires : la timidité exagérée et la prétention, orgueilleuse et exhibitionniste. Ce qui différencie un extrême d'un autre est tout à fait minime. Et puis, le tambour ne résonne-t-il pas fort parce qu'il est creux ?

Avoir confiance en soi signifie donc croire spontanément, sans artifice et gratuitement, dans sa bonté profonde, son innocence, son innocuité, tout en ayant évidemment conscience de ses limites, en restant à distance des excès, comme la présomption et le complexe d'infériorité.

Dès lors, il ne sert à rien de s'épuiser à rafistoler son image négative et sa pénurie narcissique en recourant à certaines recettes fondées sur le conditionnement et l'autosuggestion, du type : « accepter son imperfection », « ne pas dramatiser en grossissant ses problèmes », « se débarrasser de la culpabilité », « s'affirmer sans peur dans la vie quotidienne », « se libérer de l'emprise des autres en apprenant à leur dire non », « vivre dans le moment présent », etc. Ce genre de conseils, certes inspirés par le bon sens, mais plus faciles à donner qu'à mettre en pratique, ne seront d'aucune utilité. Ceux qui sont capables de les appliquer n'ont pas besoin de ces recommandations, ayant naturellement confiance en eux-mêmes. À l'inverse, ceux qui sont privés de cette confiance ne parviendront pas à les appliquer. Chacun est parfaitement capable de reconnaître qu'il ne réagit pas adéquatement dans certaines circonstances, que, emporté parfois malgré lui par un flot émotionnel, il a du mal à réfléchir et à se contrôler. Chacun est aussi conscient, la perfection n'étant « pas de ce monde », qu'il n'est pas tout-puissant et parfait, et qu'il lui est donc impossible de tout réussir ou de tout prendre, les fruits du jardin plus celui de l'arbre de la connaissance ! Enfin, chacun avouera aisément qu'il a tort de se torturer l'esprit pour des broutilles, qu'il y a bien plus malheureux que lui sur terre, etc., « mais c'est plus fort que moi, je n'y arrive pas », répète-t-il, comme pour s'excuser.

Je me demande surtout si ces autopersuasions n'aboutissent pas à l'inverse du résultat escompté. Elles contribuent en effet paradoxalement à empirer, après un moment de sursaut et d'excitation passager, le malaise qu'elles promettent d'évacuer. Elles sabotent insidieusement le peu de confiance qui reste au sujet, celui-ci se reprochant son incapacité à atteindre, malgré ses efforts, cette assurance idéale qu'on lui présente comme étant à portée de main. Elles risquent d'accentuer la mauvaise image, négative, délibidinalisée, dépréciée, que le sujet a de lui-même, embrasant ses sentiments d'incapacité, de nullité et surtout de culpabilité, le persuadant que tout le monde réussit à s'en sortir et à retrouver la forme et le bonheur grâce à ces recettes faciles, sauf lui !

Il s'avère donc essentiel de repérer, en premier lieu, le fantôme intérieur égaré et errant, seul susceptible d'autoriser le sujet à se relibidinaliser pour se trouver bon, naturellement et sans justification. Devenir adulte, émancipé du fantôme, permet de s'aimer, de se respecter tel qu'on est, quels que soient son âge, son sexe, la beauté ou la laideur de son corps, sa position sociale, sa fortune et même son état de santé, sans se comparer aux autres.

Il est vrai que la pensée actuelle montre une certaine réticence à intégrer des notions telles que la culpabilité de l'innocent, l'enfant inquiet et thérapeute de ses parents ou l'adulte prisonnier du fantôme de son enfance blanche. Elle cherche à véhiculer l'idée que tout problème a une cause et peut trouver facilement une solution extérieure, concrète, grâce à la volonté et à l'action, notamment à la faveur de la consommation.

Sandrine, jeune femme de 41 ans, souffre aussi depuis plus d'un an d'une sévère dépression. Aucun des antidépresseurs prescrits n'a réussi à la faire « sortir du tunnel » pour se réconcilier avec la vie. Depuis le début de sa dépression, elle a perdu 15 kilos. Je ressens un étrange sentiment, mélange de peur et de pitié, en la recevant pour la première fois. On dirait une cancéreuse en chimiothérapie.

« Ma dépression s'est déclenchée, explique-t-elle, à la suite de la découverte de l'infidélité de mon mari. Mon univers s'est écroulé le jour où il m'a annoncé qu'il fréquentait une autre femme, plus jeune que moi, rencontrée sur Internet. Cependant, il m'a fait comprendre assez rapidement qu'il n'avait pas du tout l'intention de divorcer pour aller vivre avec sa maîtresse. Il souhaite, sans rien avoir à me reprocher, garder les deux femmes, elle et moi, un ménage à trois en somme. Ma rivale n'exige pas non plus de lui qu'il me quitte. Elle veut le fréquenter épisodiquement comme amant, mais pas du tout à temps plein comme compagnon. Je comprends de moins en moins ce qui se passe.

Tout en souffrant beaucoup de cette situation, je n'ai jamais osé demander à mon mari d'assainir nos relations, de choisir clairement avec laquelle de nous il souhaite continuer sa vie. Depuis l'an dernier, je suis sidérée, pétrifiée, déchirée entre deux voies opposées. Il y a comme deux personnes en moi, l'une soumise et l'autre en colère, révoltée. D'un côté, je m'inquiète pour lui, comme si je le sentais en danger avec cette fille et que je devais le protéger. Je serais très malheureuse aussi si nos filles devaient quitter leur maison, se croyant obligées de choisir de vivre avec l'un de nous. D'un autre côté, je ne veux pas qu'il s'en aille, tellement je crains de me trouver seule. Depuis que nous vivons ensemble, j'ai toujours peur qu'il me laisse tomber. Je n'ai jamais osé m'affirmer, m'imposer, lui dire non, lui fixer des limites. J'ai toujours subi sa volonté, ce qu'on allait manger, les vacances, les sorties, même les programmes de télé. J'allais jusqu'à lui jurer que je détestais les cadeaux, les bijoux et les fleurs, parce que je savais que tout cela le barbait. Je lui mentais pour lui faire plaisir, alors qu'en réalité j'adore qu'on m'offre des choses, ce qui prouve qu'on m'aime et qu'on a pensé à moi. Bref, je n'osais pas lui montrer que j'existais par peur de le perdre. Récemment, j'ai accepté de l'accompagner dans les musées, parce qu'il avait décidé de se cultiver en peinture pour pouvoir en discuter avec sa maîtresse. »

De surcroît, Sandrine, à l'image de toutes les personnes maltraitées, femmes battues ou violées, se croit sans cesse coupable de l'agression qu'elle subit. « Si mon mari est allé voir ailleurs, c'est parce que je n'étais pas assez bien pour lui et que je ne le rendais pas heureux. »

Alors, quel est le sens de la dépression de Sandrine ? Pourquoi se soumet-elle si masochistement à son despote, pour qui elle s'inquiète et qu'elle cherche même à protéger, hantée qu'elle est par l'idée fixe d'être abandonnée ?

Étrangement, un nombre grandissant de patients, des jeunes et des moins jeunes – entre autres un homme de 78 ans –, me relatent leurs aventures sur les sites de rencontres. L'« amour en ligne », la « drague électronique » représentent ces dernières années dans nos sociétés un phénomène en pleine expansion. Le site leader sur le marché a réalisé en un an un chiffre d'affaires de 80 millions d'euros. Il a pratiquement doublé le nombre de ses abonnés d'une année sur l'autre. L'idée est de proposer aux internautes de multiplier des liaisons à la carte, rapides et faciles, sans bouger de chez eux, de façon anonyme. Hormis quelques rares romantiques qui chercheraient l'« âme sœur », dans l'espoir de « trouver chaussure à leur pied » et de former un couple, les autres, qualifiés de « chasseurs », considèrent ces sites comme un « supermarché de la drague », un « fast-food sexuel », un lieu de « shopping ».

Je m'interroge, en dehors de toute considération moralisatrice, en tant que thérapeute qui cherche à comprendre et non pas en tant que prêtre qui juge et condamne, sur le sens et l'enjeu de ces pratiques. J'ai trouvé qu'elles attestaient chez certains patients, à la recherche extrême et dionysiaque des sensations excitantes et sans cesse renouvelées de l'existence, la présence d'un état dépressif ancien masqué contre lequel ils utilisaient le sexe comme antidépresseur et anxiolytique.

Je me demande également si ce phénomène ne reflète pas, tout en contribuant à l'amplifier, la dégradation constante des liens entre les deux sexes, caractérisée par l'instabilité, l'impermanence, l'accroissement du célibat et de l'isolement, ainsi que par l'émergence d'un nouveau type d'ambivalence, sans précédent dans l'histoire du couple, consistant à ne vouloir « ni être seul, ni être ensemble ».

Peut-on sélectionner un partenaire dans son fauteuil comme on choisirait un quelconque produit de consommation, un fer à repasser ou un four à micro-ondes, en se référant à certains critères futiles tels que la taille, le poids, l'âge, ou à des affinités superficielles (fumeur ou non-fumeur, gauche ou droite, préférant habiter en ville ou à la campagne) ? Pourquoi les hommes et les femmes modernes, pourtant libres, dégagés du carcan des tabous d'autrefois que l'on qualifiait de répressif, ne parviennent-ils plus à se rencontrer normalement et à nouer des liens au sein des lieux naturels de vie, dans la rue, au travail, au café, chez des amis, en discothèque, à la piscine, sur la plage ou à la campagne ?

Je crains que ce genre de zapping sexuel, en raison précisément de l'illusion qu'il donne de la possibilité d'une jouissance rapide et facile, affranchie de toute limite et débarrassée de toute culpabilité, ne précipite la pulsion dans le cul-de-sac des deux excès nocifs :

la perversion et la dépression. En effet, seul le tiers symbolique, malencontreusement décrié et évacué lors de ces « rencontres », serait susceptible de servir de médiateur et de garant à la relation en l'inscrivant dans un cadre et des limites.

En premier lieu, le tiers symbolique, en se plaçant dans l'entre-deux de la pulsion et du Moi, évite à celui-ci de se laisser dévorer par le loup instinctuel – certaines passions invivables et destructrices en raison de leur intensité. Il introduit ainsi un peu de distance entre l'homme et la femme pour rendre le rapport possible, à l'abri des fusions et des confusions, de l'indifférenciation sexuelle. Le tiers symbolique, en inscrivant la pulsion à l'intérieur de limites et d'un cadre, empêche que la relation entre l'homme et la femme ne se réduise à un vulgaire coït hygiénique, à un simple emboîtement entre mâle et femelle, pénis et vagin. Il s'évertue à faire évoluer le lien vers la rencontre entre deux personnes humaines différentes, mais chacune, dotée de sa personnalité et de son histoire, singulière, en exemplaire unique, non interchangeable, irremplaçable. L'absence du tiers symbolique transforme le duo homme-femme en une orgie, une boulimie cannibale, anthropophage, une addiction au même titre que l'alcoolisme ou l'héroïnomanie, mais qui ne réussit pas pour autant à apaiser la dépression sous-jacente, celle de l'enfant intérieur, même si l'on augmente à l'infini les doses et consomme sans aucune modération. Plus on boit l'eau salée de la mer, plus on attise sa soif !

Lorsque l'énergie vitale, affectée par la culpabilité de l'innocent et la DIP, ne parvient plus à circuler librement et de manière fluide à travers les artères de l'identité plurielle, elle s'emballe, ballottée d'un extrême à l'autre, de l'extinction dépressive à l'exultation perverse et vice versa – les deux faces de la même médaille. Les sites de rencontres se voient ainsi peuplés par des sujets qui se croient adultes, libres et conscients, cherchant à jouir de la vie et du présent. À ce titre, ils constituent d'immenses scènes virtuelles de danse où les fantômes errants de nos enfances blanches, sans corps, sans nom et sans visage, s'adonnent à leur funambulesque bal masqué permanent !

Mais revenons-en à Sandrine. Elle est la seule fille d'une fratrie de trois. Ses deux frères sont respectivement de quatre et de deux ans plus vieux qu'elle. « Mes parents, surtout ma mère, étaient très heureux d'avoir une petite fille après leurs deux garçons. Ma mère me disait souvent que j'étais son rayon de soleil et qu'elle avait quelquefois peur de me perdre. Elle m'a raconté à plusieurs reprises son enfance malheureuse. Elle-même n'a pas connu ses parents génétiques. Dès que son père a su qu'il venait de mettre ma grand-mère enceinte, il l'a "laissée tomber", disparaissant du jour au lendemain sans laisser de traces. Ma grand-mère, mineure à l'époque, a décidé d'accoucher sous X et de ne plus jamais revoir sa fille, ma mère. Celle-ci a donc été confiée d'abord à la Ddass, plus tard à une famille d'accueil où elle a grandi sans problèmes particuliers, tout en connaissant très tôt la vérité sur ses origines. »

Ironie du sort, la mère de Sandrine a failli connaître le même destin, puisqu'elle est « tombée » enceinte de son premier fils mineure, de surcroît sans être mariée.

Les parents du jeune homme auraient insisté auprès de lui pour qu'il abandonne sa copine après l'avoir fait avorter dans une clinique en Angleterre. Cependant, leur fils n'a pas voulu contraindre son amie à ce geste, totalement opposé à ses principes moraux et religieux. Il a néanmoins décidé de ne plus la revoir, sous la pression de ses parents. Quelques mois plus tard, il est cependant revenu vers la mère de Sandrine et a décidé de l'épouser, tourmenté par la culpabilité, mais sans éprouver véritablement d'amour pour elle. D'ailleurs, d'après Sandrine, les choses n'ont guère évolué depuis leur mariage. « Mes parents vivent ensemble depuis quarante-six ans, mais sans chaleur ni complicité, par devoir, comme des amis ou comme deux associés d'une même entreprise. Ma mère s'occupait, il est vrai, beaucoup de moi, un peu trop peut-être. Elle m'étouffait parfois. Je ne manquais matériellement de rien. J'étais même probablement plus gâtée que mes frères. Cependant, elle n'était pas douce et câline avec moi. Elle me dictait ce que je devais faire et comment me comporter, ne me laissant pratiquement aucune marge de liberté. Je n'avais pas le droit d'écouter la musique que j'aimais, ni de pratiquer le sport que je préférais. Elle était religieuse, très pratiquante, avec des principes rigides. Je devais lui obéir sans broncher. Bien sûr, elle n'a pas été maltraitante, elle ne m'a jamais frappée ni franchement engueulée. Il suffisait qu'elle se montre malheureuse, contrariée, pour que j'obéisse à sa volonté. Je ne voulais pas la chagriner, la décevoir. À 20 ans, quand je lui ai annoncé timidement que je connaissais un garçon, elle m'a ordonné de le quitter, sinon, m'a-t-elle dit, elle en mourrait. Mon père n'a pas réagi. »

Sandrine répète ainsi avec son mari, comme une petite fille soumise, exactement le scénario qu'elle a jadis vécu et intériorisé avec sa mère. Plus exactement, elle agit avec son époux non pas comme une femme adulte, dans l'horizontalité de la même génération, avec des droits et des devoirs semblables, mais comme une mère chargée de le protéger et comme une petite fille tremblante à l'idée d'être abandonnée, n'ayant pas été enfant en son temps, dans sa place et sa fonction. Elle a manqué d'enfance, a été contrainte de jouer un rôle de thérapeute, de soignant à l'égard de sa mère née sous X et abandonnée dès sa naissance, puis délaissée une autre fois, plus tard, par l'homme qui avait semé sa graine en elle. C'est bien cette enfance blanche qui s'est muée en fantôme interdisant à ma patiente, depuis longtemps déjà, d'être elle-même, adulte, psychiquement différenciée de sa mère. C'est le fantôme qui l'encombre et l'empêche de s'affirmer, d'exprimer ses désirs, d'interdire surtout à son mari pervers de la manipuler en titillant son talon d'Achille, la culpabilité.

Sandrine a été carencée narcissiquement, bien qu'elle ait été « trop aimée », dans la mesure où elle n'a pas été traitée simplement comme une petite fille, dans la gratuité du désir, mais comme une mère bis fantasmatique, idéalisée, appelée à apaiser l'énorme besoin d'amour de sa mère dans le contexte d'une inversion générationnelle. Certains parents immatures réclament en effet de leurs enfants qu'ils jouent à leur égard le rôle d'un père ou d'une mère aimant(e) qui leur a manqué dans leur propre enfance.

La dépression de Sandrine m'évoque un rite pratiqué dans l'Antiquité grecque. Les Athéniens de l'époque classique avaient l'habitude de recourir au sacrifice humain pour lutter contre les maux qui les frappaient. Ils entreposaient et entretenaient dans leur cave des esclaves achetés au marché. Dès qu'une calamité se présentait, famine, stérilité, épidémie, sécheresse, ils menaient en procession à travers les rues de la ville deux esclaves, un homme et une femme. La population crachait sur eux, supposés endosser la responsabilité de tous les maux qui l'accablaient. Ces victimes émissaires se voyaient ensuite chassées hors des limites de la cité, emportant les maux avec elles pour purifier et guérir la communauté tout entière. Cependant, comme il vaut mieux prévenir (prophylaxie) que guérir (thérapeutique), les Athéniens instituèrent ce rituel sacrificiel apotropaïque – c'est-à-dire qui détourne les maux – en l'incorporant dans leur calendrier festif. Ainsi, hormis les périodes de crise, ils procédaient une fois l'an, le 6 mai, calamité ou pas, à cette cérémonie sacrificatoire, purificatoire, apotropaïque, dans le dessein de rétablir le cours normal de la vie.

Et savez-vous comment on dénommait ces victimes émissaires ? *Pharmacos*, ce qui veut dire « homme remède » (de la même famille que « pharmacie »). On les appelait aussi *catharma*, c'est-à-dire « homme purificateur » (de la même famille que « catharsis », purification), puisqu'ils étaient censés aspirer, éponger, pomper le mal, la négativité, la mort, la souillure collective.

Ces sacrifices humains ont bien sûr – et heureusement – depuis longtemps disparu. Mais notre inconscient collectif, dépositaire en chaque individu de la mentalité archaïque, continue à fonctionner de manière identique. Cela veut dire que l'enfant intérieur coupable, et donc thérapeute, parce que carencé narcissique, branché à l'inconscient de ses parents, agit à leur égard tel un *pharmacos*, épongeant leur dépression. Je dirais, pour être plus précis, que l'enfant se connecte en profondeur non pas seulement à la personne adulte de ses parents, mais, par-delà les masques et l'éducation donnée consciemment, à ce qu'ils sont véritablement au fond d'eux, c'est-à-dire à la petite fille et au petit garçon qu'ils abritent.

Cela reviendrait à dire, pour mieux évaluer le sens et l'importance de la souffrance de Sandrine, amaigrie comme une cancéreuse, qu'elle souffre en réalité d'une double dépression. Elle est d'une part affectée personnellement par une DIP ancienne que la perversion de son époux ne fait que démasquer, mais elle est d'autre part porteuse, héritière au niveau transgénérationnel, de la dépression de sa mère ayant souffert par deux fois d'abandon. Sandrine, mère de sa mère, a épongé en *pharmacos* toutes ces dépressions.

Justement, qu'est devenue la grand-mère de Sandrine après avoir accouché sous X, en prenant la décision de ne plus jamais revoir sa fille ? Peu importe qu'elle soit vivante ou morte aujourd'hui. Pour l'inconscient, elle n'a pas disparu. Elle s'est muée en un fantôme qui hante sa fille, l'empêchant d'être elle-même, affranchie du passé. Ce qui perturbe l'âme enfantine, ce n'est pas le tragique de l'existence, somme toute inévitable et même quelque part maturant, mais le retour du refoulé, des deuils non accomplis, des pages blanches qu'il a été impossible de tourner.

La prise de conscience des thématiques de l'abandon et du fantôme dans son histoire individuelle et trans-générationnelle relative à sa mère et à sa grand-mère a permis à Sandrine de réaliser qu'elle ne souffrait pas seulement de ce qui lui arrivait Ici et Maintenant, c'est-à-dire qu'elle ne portait pas uniquement sa propre croix, mais également celles de ses ascendantes. Elle a compris qu'il existait deux personnes en elle, l'adulte et l'enfant. La première la poussait à se protéger elle-même plutôt qu'à materner les autres, sa mère jadis et son mari infidèle aujourd'hui. À l'inverse, le fantôme, la petite fille en elle privée d'enfance, l'enchaînait masochistement à son passé, lui interdisant de se révolter. Elle fut ainsi capable d'intimer à son mari : « C'est elle ou moi, tu choisis maintenant. » Celui-ci s'exécuta sans broncher !

« Je suis contente, déclara Sandrine, que mon mari soit revenu. Mais je crois que plus rien désormais ne sera comme avant. Je ne sais pas si je l'aime encore autant. » Dans ces conditions, le traitement chimique – Sandrine y a été soumise pendant plus d'un an –, même s'il peut s'avérer utile lors des crises paroxysmiques, ne suffit pas à endiguer la détresse du sujet, qualifié arbitrairement de « malade ». Il ne réussit au mieux qu'à voiler, en les rendant provisoirement invisibles, certains symptômes, c'est-à-dire à les refouler une nouvelle fois sous une épaisse chape de ciment, mais sans véritablement les guérir. Enfin, il empêche le sujet de travailler sur lui, d'interroger son histoire pour repérer le fantôme, son enfant intérieur, dépossédé de son enfance et occupé à éponger, tel un *pharmacos*, la dépression de son entourage.

Je suis d'ailleurs profondément convaincu, et l'exemple de Sandrine le montre, que ce n'est pas vraiment le sujet qui guérit sa dépression, mais que c'est celle-ci qui vient l'aider de l'intérieur, en lui apportant le message qui l'incite à devenir enfin lui-même, adulte, à cesser d'obéir et de se sacrifier aux autres.

J'ai eu un jour à m'occuper, concernant la problématique abandonnique, du cas d'une jolie jeune femme, Pascale, qui avait consenti à pratiquer l'échangisme et à se prostituer épisodiquement sous la pression de son mari, sans se révolter, pour satisfaire la soif d'argent de celui-ci, ainsi que ses pulsions perverses sado-masochistes. L'examen de son histoire faisait ressortir clairement un père fantoche, j'allais dire fantôme, ainsi qu'une mère immature, davantage préoccupée par son besoin de séduire, pour se sentir vivante et aimée, que par le désir maternel naturel de s'occuper de ses quatre filles. Elle avait plus d'une fois répété que celles-ci étaient nées « pour la simple raison qu'à l'époque il n'existait pas de pilule ». Ainsi, ma patiente, carencée narcissique et privée d'enfance, s'était érigée très tôt dans une fonction de thérapeute maternante. Elle avait de surcroît été victime d'attouchements sexuels de la part de deux des amants de sa mère. Elle n'avait pas osé les dénoncer à l'époque, par crainte que celle-ci ne la traite de menteuse ou ne croie que c'était elle la provocatrice.

Ainsi, en se prostituant, elle ne cherchait nullement à assouvir une sexualité débordée-débordante. Elle était de toute façon frigide. Elle se comportait d'une manière perverse parce que, en raison de l'égoïsme des mâles, elle avait été pervertie par les amants de sa mère et par son mari. Elle se soumettait docilement, sans pouvoir leur fixer de limites, par crainte d'être abandonnée. L'attitude perverse constituait en réalité un mécanisme de défense contre la DIP et contre la culpabilité inconsciente de la petite fille en elle, spoliée de son enfance.

Les profils de Sandrine et de Pascale sont bien plus répandus qu'on ne voudrait le croire, et d'une façon générale beaucoup d'hommes et de femmes se taisent en menant une existence d'esclave, soucieux d'éviter toutes les situations susceptibles d'éveiller leurs craintes infantiles d'abandon. Ils s'épuisent pour ce motif à donner aux autres une bonne image d'eux-mêmes, à paraître sympathiques, irréprochables, serviables, affables, pour conjurer la peur de se voir mal juger, de décevoir, de déplaire. N'osant plus être soi, ils taisent la vérité de leurs désirs et de leurs pensées dans le dessein constant de se faire accepter. Paradoxalement, cette avidité affective n'aboutit souvent qu'au résultat inverse, le rejet. Plus on mendie l'amour et la reconnaissance, plus on risque de s'en trouver frustré. Qui demande trop n'obtiendra rien ! Il n'est guère évident, en effet, d'aimer quelqu'un qui, ne s'aimant pas lui-même, doute constamment de l'affection qu'on pourrait lui prodiguer ou la repousse en s'en jugeant indigne. C'est également la raison pour laquelle ces personnes se conduisent dans leur milieu professionnel d'une façon complaisante, proche de la servilité. Cette attitude phobique, peureuse, loin de les protéger, les expose au contraire, tel un paratonnerre, à l'agressivité ambiante, dans la mesure où, se faisant repérer rapidement comme des boucs émissaires, elles deviennent la proie idéale pour les désobligeances et les harcèlements. Enfin, elles risquent de se laisser pénétrer au niveau social, sans en avoir conscience, par la pression constante, quoique invisible et sournoise, de la propagande idéologique et de la publicité. Celles-ci, on l'a dit, s'adressent ingénieusement à l'enfant intérieur en court-circuitant la dimension de jugement et de réflexion de l'adulte. Elles manipulent ses émotions, titillant son besoin d'amour et ses angoisses d'exclusion. Elles lui prescrivent ainsi des modèles préfabriqués de besoins et d'actions dont l'observance l'immuniserait contre tout risque d'isolement, afin qu'il se croie comme tout le monde, adapté aux normes : le même corps, les mêmes habits, la même maison et les mêmes ambitions.

3
PANIQUES

Paulette

Paulette a 50 ans. Elle souffre depuis plusieurs mois de crises de panique se traduisant par deux séries de symptômes, physiques et psychologiques. Elle a tardé à demander de l'aide, croyant comme beaucoup de personnes qu'elle pourrait s'en sortir toute seule.

« Je sens des fois monter de vives angoisses en moi, la terreur qu'il va m'arriver quelque chose d'affreux, que je vais tomber dans les pommes, péter les plombs, mourir, devenir folle. »

Paulette se trouve, sans nul motif apparent, dit-elle, dans un état second, incapable de se raisonner. La crise s'accompagne de douleurs abominables, de vertiges et de fortes nausées. Tous les tests de laboratoire pratiqués, foie, vésicule, etc., se sont révélés négatifs.

« La semaine dernière, je me trouvais tellement mal que j'avais peur, poussée par une force étrange, de commettre l'irréparable, de me défenestrer du 6e étage pour mettre fin à mon insupportable cauchemar. »

Paulette prétend qu'en dehors de ses crises, ou plus exactement entre celles-ci, elle souffre d'asthme et d'eczéma. Elle a remarqué que l'attaque de panique

survenait lorsque, à la suite d'un traitement aux corti-
coïdes, l'asthme et l'eczéma disparaissaient. Cela ne
m'étonne nullement. Ce phénomène, dénommé « balancement psychosomatique », est repéré et expliqué
depuis longtemps et par de nombreux chercheurs. Chez
certaines personnes fantasmatiquement bloquées ou
plutôt pauvres, la difficulté de ressentir consciemment,
de nommer et d'exprimer verbalement leurs émotions,
colères, angoisses, désirs, conflits, aboutit à l'apparition
de symptômes psychosomatiques. Ceux-ci remplissent
essentiellement une fonction de défense, un rôle de
garde-frontière. Ils dressent un barrage puissant contre
l'éruption émotionnelle risquant de déstabiliser le Moi.
Cependant, ils agissent aussi comme une soupape de
sécurité : en laissant transparaître *a minima* la détresse
intérieure sous forme de maladies physiques, ils sau-
vent, un tant soit peu, le psychisme de l'implosion.
Ainsi, c'est le corps qui parle, dans son langage silencieux infraverbal et ineffable. Ces symptômes psychosomatiques représentent des mots morts qui n'ont pas
pu éclore ni s'énoncer.

Toutes ces manifestations visibles, voyantes même,
présentent, malgré les désagréments qu'elles entraî-
nent, de nombreux avantages, appelés bénéfices
secondaires. En tant que « maladies permises », elles se
voient déculpabilisées, donc tolérées par le sujet et son
entourage. Devenues l'objet d'inquiétude et de soins,
elles remplissent un rôle de médiation facilitant les
liens. À l'inverse, les manifestations psychiques pures,
souvent difficiles à ressentir et à formuler de façon
claire, se trouvent repoussées, d'une part par le sujet

lui-même, se croyant anormal, coupable, voire fou incurable, et d'autre part par sa famille, ballottée entre la peur, l'apitoiement et le rejet. Au fond, si le symptôme physique contribue à resserrer des liens de compassion et de solidarité entre l'être souffrant et ses proches, unis dans un même combat contre l'ennemi extérieur qu'est la maladie, la douleur morale, elle, désunit plutôt et brise la concorde familiale, d'autant plus fragile qu'elle est factice, servant de révélateur aux conflits sous-jacents et aux non-dits.

Quand je la reçois, je trouve justement Paulette très bloquée sur le plan de l'expression de ses affects. J'ai du mal à m'intéresser à son discours, à l'écouter avec attention, à être présent à ses côtés. Elle me paraît froide, inexpressive, impassible, de marbre, récitant sur un ton monocorde, un peu ennuyeux, les tsunamis et cyclones de son intériorité censurée. Il me semble normal, inévitable, dans ces conditions, qu'elle soit épisodiquement traversée de façon violente par des crises de panique, unique soupape de sécurité la protégeant de la désintégration.

Le mot « panique » provient du mythe de Pan. Dieu grec inventeur de la flûte portant son nom, il était le protecteur des troupeaux et des bergers, des pâturages et des bois. Il représentait chez les philosophes et poètes de l'époque l'une des grandes divinités de la nature. Longtemps confiné dans les montagnes d'Arcadie, il s'amusait à causer aux voyageurs de subites frayeurs, appelées précisément « terreurs paniques ».

Quel serait dès lors le sens de ces frayeurs chez Paulette, plus exactement chez son enfant intérieur, puisque l'adulte ne fait que servir de scène d'expression au fantôme, à la petite fille oubliée et malheureuse ?

Précision importante : il convient de redoubler de vigilance pour ne pas confondre l'attaque de panique avec la dépression, même si la première se manifeste entre autres par une humeur terne et la seconde par une certaine anxiété. Dans la dépression, l'énergie libidinale est en hibernation. Le sujet se sent crevé, vide et privé de toute envie. Ses batteries sont à plat, comme il le dit si bien. La crise de panique, elle, ressemble à une mer déchaînée sous la tempête, avec de grosses vagues. Le sujet souffre terriblement et se trouve dans un état d'agitation désordonné, se croyant exposé au péril.

Paulette vit avec son nouveau compagnon depuis son divorce l'année précédente. Elle s'est résolue à quitter son mari, devenu alcoolique et violent en paroles, après vingt-deux ans de vie commune. « Il appréciait le vin, plus que moi et ses filles. Je ne pouvais plus supporter ses odeurs d'alcool. Ça puait la mort. J'avais peur qu'il me frappe ces derniers temps. J'ai tardé à demander le divorce, espérant toujours qu'il allait se ressaisir. »

Paulette a trois filles de 20, 16 et 14 ans. Elle est elle-même la dernière d'une fratrie de cinq. « J'ai pourtant eu l'impression d'avoir été élevée en enfant unique. Les autres, plus âgés que moi, étaient absents toute la semaine. Soit ils avaient quitté la maison, soit ils étaient placés en internat. Petite, j'étais hyper-sensible. Je pleurais pour un rien, surtout face à la violence et à l'injustice. Le week-end, j'étais plutôt malheureuse, quand mes frères et sœurs rentraient de l'internat. Ils avaient plein de choses à raconter. Plus personne ne faisait attention à moi ni ne m'écoutait. Je pleurais en silence, affligée de ne pas compter, de ne pas exister, de passer inaperçue, d'être devenue transparente et invisible.

« Jusqu'à l'âge de 30 ans, je revoyais ces scènes en cauchemar. Je me réveillais en sanglots avec une angoisse de mort épouvantable. Mes parents s'entendaient plutôt bien. Ma mère était douce avec nous, mais c'est elle qui prenait toutes les décisions. Mon père, évitant les conflits, n'intervenait pas trop. J'étais proche de ma mère. Par contre, avec mon père, je n'avais pas beaucoup de contacts. Il était timide et renfermé sur lui-même. Il ne parlait pas beaucoup, ne plaisantait jamais.

« Ça y est, en vous parlant, là, je sens tout de suite l'angoisse monter en moi. Je ne comprends pas ! Depuis l'an dernier, date de mon divorce, je ne souffre d'aucun problème particulier. Avec mon compagnon, tout se passe bien. Les années précédentes, j'avais bien plus de raisons de craquer.

« Oui, mon père était un homme très angoissé. Il se plaignait tout le temps. Il avait peur en permanence d'attraper des maladies et de mourir. Il était hypocondriaque. J'étais moi aussi inquiète pour lui. Je pensais souvent qu'il ne deviendrait pas très vieux. Il touchait une maigre pension parce qu'il avait cotisé le minimum, étant persuadé qu'il ne profiterait pas de la retraite. Ma mère aussi en était certaine. Elle était donc très préoccupée, quand elle était enceinte de moi, à 41 ans, par le fait que mon père, de onze ans plus vieux qu'elle, ne vivrait pas assez longtemps pour m'élever. Finalement il a vécu jusqu'à 89 ans. Ma mère, pourtant d'une nature bien moins inquiète que lui, ne pensait pas non plus faire de vieux os, comme elle le disait. Elle refusait pour cette raison d'installer le chauffage central chez elle, convaincue qu'elle n'en bénéficierait jamais. Elle a aujourd'hui 92 ans.

« Mes grands-parents paternels ont eu six enfants. Ils en ont perdu cinq, dont ma tante Paulette, à 20 ans, de la tuberculose. Mon père lui était particulièrement attaché. Il voulait appeler la première de ses filles Paulette en souvenir d'elle. Mais ma mère préférait Catherine. Comme ils n'arrivaient pas à se mettre d'accord, ils ont placé les deux prénoms dans un chapeau et ils ont tiré au sort. C'est celui de Catherine qui est sorti. Ma seconde sœur, Blandine, fut nommée par sa marraine. Alors, lorsque je suis née, étant la dernière, ma mère a dû céder. J'ai eu droit à Paulette.

« Je n'ai jamais aimé ce prénom. Les consonnes ne me plaisaient pas. Je trouvais que ça faisait mémé. Je me sentais à part avec ce prénom, pas belle, différente de mes copines Martine, Isabelle ou Sylvie. D'ailleurs, je n'avais pas beaucoup d'amis. Les jeunes de mon village fréquentaient l'école publique, alors que moi j'allais à l'école privée religieuse en ville. Je me trouvais ainsi souvent seule, isolée, avec le sentiment de ne pas exister. Je croyais que je ne dépasserais pas l'âge de 20 ans, comme ma tante Paulette. À 19 ans, j'ai écrit mon testament en m'inscrivant à l'Association crématiste pour qu'on m'incinère dès que je serais décédée, dans un futur très proche. Je refusais d'être enterrée pour ne pas être dévorée par les vers. J'avais surtout peur d'étouffer. J'ai lu qu'il arrivait parfois que les personnes enterrées, pas encore complètement mortes, reviennent à elles-mêmes. Elles paniquent, se débattent dans le cercueil avant de finir par s'éteindre, étouffées. C'est horrible, mais c'est vrai, confirmé par des griffures sur le couvercle de certains cercueils. »

Comme on le voit, le thème privilégié chez ma patiente est celui de la mort. Paulette, de surcroît, a perdu sa sœur aînée en même temps que sa jeune nièce de 17 ans dans un accident de la circulation. « Quand on m'a annoncé ces morts, je me trouvais enceinte d'un mois de ma dernière fille. Je ne désirais pas cette grossesse. Je ne souhaitais plus d'enfant. Mes deux précédentes grossesses s'étaient plutôt mal passées : besoin incoercible de cracher tout le temps, nausées affreuses et aigreurs d'estomac. J'avais décidé de me faire avorter. Cependant, quand j'ai appris le décès de ma sœur et de ma jeune nièce, j'ai changé d'avis. J'ai appelé ma troisième fille Pauline.

« J'étais vraiment bouleversée d'apprendre cette nouvelle. J'avais froid. Depuis, j'ai construit un mur autour de moi, qui empêche mes sentiments de s'exprimer, afin de ne rien éprouver et de ne pas souffrir. Je n'ai versé que quelques larmes à leur enterrement. Depuis, je n'ai plus jamais pleuré. Ça ne sort plus. »

D'une certaine façon, chez Paulette, le thermostat émotionnel s'est déréglé, est tombé en panne. Il oscille pour cette raison entre les extrêmes, sans amortisseur, sans la modération du juste milieu. Ainsi, ma patiente se trouve dédoublée, coupée en deux personnes, étrangères l'une à l'autre : la première hyper-émotive, d'une sensibilité à fleur de peau, et la seconde figée, impassible, de marbre, inexpressive, morte. Son insensibilité de façade est destinée au fond à exorciser le fantôme, à l'éloigner en colmatant l'irruption volcanique de l'immense frayeur de la petite fille en elle. Cependant, cette stratégie défensive, ce combat contre le fantôme, bien qu'épaulé par l'« arsenal » chimiothérapique, c'est-à-dire par de puissants anxiolytiques tels que le Xanax et le Laroxyl, n'a paradoxalement réussi qu'à épuiser chaque jour davantage ma patiente, tout en revigorant le fantôme.

En réalité, Paulette ne pourra trouver la paix qu'en allant à la rencontre de son enfant intérieur, à la recherche du sens de sa terreur. Celle-ci renvoie, je l'ai dit, à la thématique de la mort, récurrente dans son histoire aussi bien individuelle que transgénérationnelle. Paulette, depuis toute petite, manque de confiance en elle, c'est-à-dire de la certitude intime et ineffable d'être vivante et entière parmi les autres, dans un corps réel. Elle craint constamment de ne pas exister, de ne pas compter, de passer inaperçue, d'être transparente ou invisible. Durant trente ans, elle s'est réveillée la nuit en sanglots, tirée de son sommeil par le même cauchemar dans lequel personne ne se rendait compte de sa présence, ne faisait attention à ses paroles. Elle était aussi persuadée qu'elle ne dépasserait pas l'âge de 20 ans. Autrement dit, ses crises de panique signifient qu'elle craint la mort, qu'elle lutte désespérément contre elle, sans véritablement être assurée d'être simplement elle-même, vivante. Pourtant, elle n'a jamais souffert de discrimination ni de maltraitance. Ses parents s'entendaient bien et s'occupaient bien d'elle, la « chouchoutant » même, en tant que petite dernière. Enfin, dans son existence actuelle, elle ne souffre non plus d'aucun manque particulier. Toutefois, Paulette n'est pas en paix avec elle-même. Alors, d'où provient cette étrange inquiétude ? De trois effluents émanant de la même source.

N'oublions pas, en premier lieu, que ma patiente porte le prénom d'une défunte, sa tante, la sœur chérie de son père, partie précocement à l'âge de 20 ans. C'est peut-être finalement le fantôme de cette jeune fille qui a choisi Paulette comme sépulture, tombe, caveau, venant s'ensevelir en elle. Ainsi, elle ne sait plus qui elle est, si elle est vivante ou morte. Elle ignore désormais, étant identifiée à, confondue avec l'autre Paulette, si elle existe ou si elle a disparu, si elle vit pour elle-même ou si elle doit réincarner son double fantomatique, le remplacer. Il est intéressant de noter ici la similitude symbolique entre les troubles psychosomatiques dont souffre Paulette, notamment l'asthme, et la maladie dont a succombé sa jeune tante, la tuberculose. « Moi, tout ce qui touche à la respiration me fait peur, explique-t-elle. Quand j'ai attrapé la coqueluche, j'étais prise de quintes de toux. Je tombais par terre et ne pouvais plus me relever seule ni remarcher. Et puis l'agression que je redoute le plus, c'est la strangulation. Je l'imagine parfois. Ça me fait trembler de peur. » C'est sans doute aussi pour ce motif que Paulette, porteuse en elle d'un corps étranger indigeste, souffre tant de problèmes de nausée, de digestion et de crachats, cherchant à vomir et à expulser la dépouille de sa tante, dont le deuil n'a pu s'accomplir normalement.

Ces substitutions et confusions d'identité entre les deux Paulette ont été rendues possibles par le fait que le père de ma patiente, déniant la disparition de sa jeune sœur chérie, a cherché à la faire revivre, à la réincarner à travers sa dernière fille. Ce qui empêche la vie de se dérouler sainement, ce qui entrave la libre et fluide circulation de l'énergie vitale, n'est donc jamais relatif à la réalité des événements, au tragique de l'existence, mais au déni, à la lutte contre la souffrance, interdisant à celle-ci de s'exprimer pour pouvoir être intégrée, dépassée, voire de se transformer en une force positive et reconstituante.

Tout ce qui a été refoulé, loin de se volatiliser à jamais dans l'invisibilité de l'inconscient, se transforme en fantôme, en revenant errant et persécuteur.

L'histoire de Paulette m'évoque celle, émouvante, brève et tragique, du peintre néerlandais Vincent Van Gogh. Lui aussi portait le prénom d'un disparu, son frère Vincent mort-né un an jour pour jour avant sa propre naissance et que le peintre avait pour mission inconsciente de réincarner. Il portait également le prénom de son grand-père, détesté par son propre père. Lourd héritage ! Il accompagnait le dimanche ses parents endeuillés au cimetière, sur la tombe du petit Vincent. Van Gogh lisait en fait ses propres nom et prénom gravés sur la pierre tombale : « Ici gît Vincent Van Gogh », sans doute en proie aux mêmes doutes et aux mêmes interrogations troublantes que Paulette. Qui est là ? Qui est mort ? Qui est vivant ? Et moi, qui suis-je ? C'est probablement pour ce motif que toute l'œuvre du peintre, qui fut interné en asile psychiatrique à l'âge de 36 ans à Saint-Rémy-de-Provence et se suicida l'année suivante, en 1890, à Auvers-sur-Oise, était orientée vers la recherche d'un maximum d'intensité, de richesse et de vibration chromatique, qu'il s'agisse de ses natures mortes, de ses bouquets, de ses paysages ou de ses portraits. Il cherchait ainsi à vivre intensément, parfois dans un état d'agitation excitée, dans l'espoir de fuir, de se décontaminer de la mort et de la DIP, mais aussi d'exister pour deux, doublement, pour lui-même et pour son frère Vincent, transformé en fantôme et dont il était devenu la sépulture.

Exactement comme Van Gogh, Salvador Dalí, l'illustre peintre, graveur et écrivain espagnol, porte le prénom de son frère mort d'une méningite, lui-même portant le prénom de son grand-père. Enfant de consolation, il se rendait également sur la tombe de feu le petit Salvador. Il a écrit, en 1942, dans sa biographie *La Vie secrète de Salvador Dalí* :

> Ce n'est pas par hasard s'il se nommait Salvador, comme mon père et moi. C'est par la paranoïa, c'est-à-dire l'exaltation orgueilleuse de moi-même, que je réussis à me sauver de la néantisation, du doute systématique sur moi [...]. J'ai vaincu la mort par l'orgueil et le narcissisme.

Les angoisses de mort de Paulette s'expliquent, en second lieu, par le fait qu'elle contient en elle son père anxieux, hypocondriaque, hanté par l'obsession d'attraper toutes les maladies, convaincu de ne pouvoir atteindre l'âge de la retraite. N'oublions pas qu'il était le seul survivant d'une fratrie de six. Il a certainement été contaminé par toutes ces disparitions, notamment par celle de sa jeune sœur préférée, Paulette.

Cette circonstance peut contribuer à éclairer autrement la signification inconsciente de son hypocondrie. Il n'était pas assuré, franchement et en toute confiance, d'être vivant, lui non plus, mais se sentait en sursis, provisoirement survivant, attendant son tour, imminent, comme à la roulette russe. Il a dû sans doute se croire coupable aussi, coupable de survivre à ses frères et sœurs, fauchés par la fameuse faux égalisatrice de la mort.

Paulette a aspiré, gobé, lorsqu'elle était petite, toutes ces inquiétudes paternelles. La petite fille en elle se trouve donc porteuse aujourd'hui de ces souffrances qu'elle a, tel un *pharmacos* ou un *catharma*, épongées. L'hérédité psychologique ne s'opère pas par le truchement des gènes. L'enfant, branché directement sur l'inconscient de ses parents, hérite des difficultés qui n'ont pas été résolues, digérées par eux, mais sont demeurées au contraire en suspens, sautées. Il fait ainsi siens les deuils inaccomplis, les souffrances non assumées par ses géniteurs, pour leur propre compte, en leur lieu et temps. Dans cette optique, le rôle effectif de l'éducation délivrée, à travers des actes et des paroles conscients, quoique non négligeable, s'avère secondaire.

Enfin, troisième effluent de la source, Paulette, ou plus exactement son enfant intérieur, se bat au cours de ses crises de panique avec l'ange de la mort, dans la mesure où elle s'est trouvée elle-même contaminée lors de la disparition brutale de sa sœur et de sa jeune nièce, alors qu'elle était enceinte de sa dernière fille. Évidemment, la pensée rationnelle, scientifique et outrancièrement médicalisée se montre réfractaire, insensible et même hostile à cette notion de contagiosité psychologique, invisible et immatérielle.

À l'inverse, nombre de cultures, attentives et tracassées par ces risques de contamination, qualifiant de ce fait le cadavre d'« impur », procèdent à la destruction par le feu des vêtements ayant appartenu au défunt. Le rituel de purification s'impose avec d'autant plus d'urgence, d'ailleurs, lorsque le sujet a disparu non pas naturellement, de la maladie ou de vieillesse, mais de façon précoce ou inopinée, contre nature : accident, suicide ou meurtre, susceptible de transmuer le défunt en fantôme.

Au moment précis où l'accident de la route mortel avait lieu, Paulette projetait d'interrompre volontairement sa troisième grossesse, difficilement supportable pour elle en raison de ses crachats et de ses nausées. Elle a finalement décidé, peut-être pour exorciser l'impitoyable dieu Thanatos, pour se cramponner à la vie, de conserver précieusement cette graine de vie dans son ventre. Elle a ensuite, curieusement, appelé sa fille Pauline, prénom issu du sien, lui-même hérité de sa jeune tante disparue, mais cette fois modifié, modernisé, rajeuni, n'évoquant pas les « mémés » !

Les crises de panique de Paulette, celles de sa petite fille intérieure, envahie par le fantôme, s'expliquent en définitive par la permanence d'une thématique de mort dans son histoire, individuelle et transgénérationnelle. Tout se passe comme si elle se débattait pour se débarasser de tous ces cadavres ayant élu sépulture en elle. Il ne s'agit peut-être pas exclusivement de la crainte d'une mort réelle, physique, de l'arrêt de la vie biologique, mais plutôt d'un effroi psychique, celui de ne pas être soi-même, de ne pas exister gratuitement dans le cœur des autres, de ne pas être désiré simplement. Il est inconcevable en effet pour l'être humain, aussi longtemps qu'il vit, d'imaginer sa mort. Ironie du destin, dès qu'il en fera l'expérience concrète, il lui deviendra impossible d'en témoigner.

Je trouve extraordinaire que le trouble panique soit apparu chez Paulette en l'absence de tout motif réel, alors qu'il n'existait aucun nuage dans son ciel psychologique. Ses enfants se développaient normalement, son divorce se trouvait derrière elle, son nouvel amant la rendait heureuse, rien ne la préoccupait non plus sur le plan professionnel. Beaucoup de personnes, croyant « avoir tout pour être heureuses », culpabilisent, s'en veulent, éprouvent de la honte à ne pas avoir le moral, à s'ennuyer, à se plaindre, à s'inquiéter et à stresser pour n'importe quoi, alors que d'autres manquent de tout !

Il s'agit là d'un phénomène tout à fait compréhensible et assez fréquent. En effet, lorsque le sujet est occupé, préoccupé, aux prises avec des contrariétés réelles, autrement dit diverti par des problèmes de l'existence en apparence extérieurs à lui, cela le protège du face-à-face avec son intériorité et le met à l'abri de ses démons. En revanche, plus tard, lorsque tout rentrera dans l'ordre, aura été réglé, résolu, il risquera fort de retrouver son mal-être, un moment écarté, escamoté, tenu en laisse. Son inquiétude fondamentale, celle de l'enfant en lui, réapparaîtra dès lors sans retenue, enflammée par le fantôme.

C'est ce qui est arrivé à Paulette. Peut-être est-elle de surcroît intuitivement préoccupée, sans s'en rendre compte consciemment, par une autre échéance, physique et psychologique, engageant son être tout entier : la ménopause. Celle-ci constitue un phénomène important et troublant dans la vie d'une femme. Elle représente aussi une crise, une petite mort symbolique, un deuil, le sacrifice de sa partie féconde, de son corps jeune, sensuel, excitant, beau, désirable. Elle offre cependant l'occasion d'éprouver enfin, en raccourci et en concentré, tous les vieux deuils laissés inachevés, en suspens depuis l'enfance. Elle invite à accepter, sans plus livrer de combat inutile, l'inacceptable de l'existence, seule possibilité de se réconcilier avec son passé pour pouvoir vivre sereinement le présent.

GUILLAUME

Guillaume est un beau jeune homme de 21 ans, au corps athlétique et de grande taille. Il a réussi son bac il y a deux ans et a alors décidé de partir à Londres pendant un an dans une école de langue. C'était la première fois qu'il s'éloignait de sa famille pour une si longue période et dans un pays étranger.

« La première semaine s'est bien passée. J'étais attiré par le spectacle auquel j'avais la chance de pouvoir assister, la nouvelle vie que j'abordais. Dès la deuxième semaine, j'ai commencé à me trouver moins bien. Je sentais une étrange angoisse monter en moi, sans comprendre pourquoi. J'ai intensifié mes activités sportives, le vélo, la natation, la course, espérant me débarrasser par la fatigue de mes angoisses. J'avais peur, mais de rien en particulier. Tout se déroulait super bien dans la réalité, pourtant je me sentais de plus en plus mal. Je suis tombé aussi physiquement malade, une grippe qui ne partait pas, des douleurs au ventre et aux jambes, du mal à respirer, etc. De surcroît, malgré mon épuisement, je n'arrivais plus à passer de nuits reposantes, comme quand j'étais chez moi. Je n'avais plus de force, ni physique, ni morale. Enfin, sans aucune raison précise, j'étais envahi par des idées noires, des ruminations morbides. Je voulais mourir, me tuer, pour me délivrer de mes angoisses. Je croyais que tout le monde était heureux sauf moi. Je voyais mon avenir compromis.

« Mon père, s'imaginant que c'était simplement un mauvais passage du fait que je quittais mes parents pour la première fois, me recommanda de rentrer chez moi pour une ou deux semaines de vacances. Je n'ai pas hésité une seconde. En arrivant, j'ai consulté notre médecin de famille, qui m'a prescrit du repos et des vitamines. Mes parents ont insisté ensuite pour que je rencontre un psychiatre. Celui-ci m'a donné des anti-dépresseurs, en me conseillant de ne pas repartir à Londres. Mon état s'est assez rapidement, en une dizaine de jours, amélioré. Je me suis remis à pratiquer le sport. J'ai renoué avec ma petite amie, que j'avais quittée juste avant de partir à Londres. J'ai trouvé enfin un emploi de vendeur dans un magasin d'articles de sport. Tout s'est remis à bien marcher pendant trois ou quatre mois. Mon patron, manifestement satisfait de mes services, m'a proposé alors d'intégrer une école de vente à Bordeaux. J'ai accepté sans tergiverser. J'ai réussi à m'inscrire dans cette école et à réserver mon logement sans l'aide de personne. Ma nouvelle vie me plaisait beaucoup au début. Mais, à nouveau, rien n'allait plus au bout d'une quinzaine de jours. Je n'étais pas spécialement triste, mais angoissé, paniqué, oppressé. Je n'arrivais plus à dormir. J'ai dû, encore une fois, tout arrêter au bout de trois semaines et rentrer à la maison en catastrophe. J'avais perdu mon temps, mais aussi beaucoup d'argent. De plus, mon patron, déçu par ce fiasco, refusa de me réemployer. Mes parents, inquiets, ne comprenaient pas ce qui m'arrivait. Mon psychiatre se contenta d'augmenter mon traitement en y ajoutant d'autres cachets contre, m'at-il dit, le "trouble bipolaire", sans donner d'autres explications.

« Au bout d'une semaine, je me trouvais bien mieux à nouveau. Je n'avais plus d'angoisses. Presque tout était redevenu normal. Deux mois plus tard, mon père m'a montré une annonce proposant la préparation d'un BTS de chef de chantier dans une école du bâtiment, pas très loin de chez nous. J'ai tout de suite accepté, d'abord parce que je détestais rester inactif, mais surtout pour apprendre enfin un métier et construire mon avenir. J'étais motivé. Cette fois, on m'avait retenu un logement dans un internat pour que je ne me retrouve pas seul le soir après les cours.

« Malgré ces précautions, mon projet a encore dégringolé, pire que les fois précédentes, en l'absence de tout incident. J'étais vraiment paniqué. Je ne mangeais plus. Je me sentais en danger, m'attendant au pire. J'avais peur aussi qu'il arrive des choses horribles aux autres, à mes parents en premier, qu'une bombe explose dans l'internat, etc. Je ne dormais plus. Une nuit, j'ai frappé aux portes de l'étage, réveillant les résidents pour les mettre en garde contre un attentat terroriste. J'ai pensé un instant mettre fin à mon horrible cauchemar en me jetant sous une voiture. Finalement, j'ai eu la bonne idée de sauter plutôt dans un train pour retourner chez moi, chez mes parents, je veux dire, à qui j'avais menti pendant tout le mois, affirmant que j'allais "super bien", pour ne pas les inquiéter. En arrivant à 6 h 30 du matin, je me suis précipité en pleurs dans la chambre de mes parents : "Maman, maman, tu es là ? Ça va ?" Après, je me suis écroulé ! Mes parents, désemparés, m'ont conduit d'urgence chez mon psychiatre. Curieusement, je n'ai pas pu lui raconter grand-chose. J'étais épuisé, certes, mais l'attaque de panique avait disparu. Je me trouvais même plutôt bien, en sécurité, entouré de mes parents. La tempête s'était apaisée. Je sentais le calme revenir en moi, peu à peu. »

Étrange histoire ! Quel est le sens de ces crises de panique chez Guillaume ? Il paraît évident à tout observateur extérieur, non impliqué affectivement dans la situation, qu'à 21 ans mon patient se comporte d'une manière instable et immature, voire infantile, rejouant chaque fois exactement le même scénario. Nul besoin de s'appeler Sigmund Freud ni Hercule Poirot pour deviner cela. Il est vrai qu'il existe une profonde ressemblance entre ces deux personnages devenus légendaires, chacun menant à sa manière son enquête pour éclaircir les mystères. L'un comme l'autre, ils tentent de reconstruire patiemment le puzzle en reliant les uns aux autres certains morceaux de l'événement *a priori* étrangers et étranges, sans lien évident. Ils s'efforcent notamment de se dégager de l'évidence des apparences pour se diriger vers l'invisible, le sens caché, latent.

En effet, chaque fois que Guillaume, appelé à s'envoler de ses propres ailes hors du nid familial, se sépare de ses parents, il se décompose et décompense, surpris par le dieu Pan. En revanche, dès qu'il réussit à réintégrer la matrice, tous les nuages désertent le ciel de son âme. Le psychiatre avait prescrit, on s'en souvient, un stabilisateur de l'humeur en diagnostiquant le « trouble bipolaire ». Or ce mot, loin de dévoiler quoi que ce soit quant à la signification et à l'origine probables de la souffrance de Guillaume, contribue au contraire à les brouiller, tout en alourdissant la chimiothérapie.

L'expression « trouble bipolaire » fait florès aujourd'hui. Il s'agit d'un diagnostic en vogue ces dernières années, de plus en plus fréquemment évoqué, allant jusqu'à concerner environ 15 % des consultations. Bien entendu, l'existence d'un tel phénomène, appelé autrefois cyclothymie ou psychose maniaco-dépressive et caractérisé par l'alternance de hauts et de bas, d'épisodes d'abattement dépressif et d'excitation euphorique, ne fait cliniquement aucun doute. Cependant, nombre de praticiens, influencés d'une part par la bible de la psychiatrie outre-Atlantique, le fameux DSM IV, et d'autre part par les multinationales pharmaceutiques monopolisant leur formation post-universitaire, ont tendance à étendre considérablement le champ de ce concept. Ils considèrent désormais comme pathologiques et donc chimiquement traitables, en leur attribuant souvent une brumeuse origine génétique et héréditaire, l'ensemble des fluctuations de l'humeur – non seulement, comme naguère, les plus aiguës d'entre elles, mais aussi toutes les variations naturelles et anodines de notre « moral », un jour ensoleillé et le lendemain grisâtre.

Contrairement à cette idéologie homogénéisante, sournoisement normative et surtout financièrement intéressée, la bipolarité de l'humeur, avec ses fameux hauts et bas, atteste la présence d'un psychisme on ne peut plus sain, à condition évidemment qu'il s'écarte des excès trop fréquents et de forte amplitude. La vie psychique ne peut nullement se comparer à une machinerie bien huilée, à une mécanique lubrifiée, sans âme. Elle ne fonctionne jamais, y compris lorsqu'elle marche correctement, de façon linéaire, rectiligne. Une personne en bonne santé mentale, « bien dans sa peau et dans ses baskets », n'est pas forcément la même à tout instant, équilibrée, étale, figée, telle une carte postale. Elle n'est véritablement saine que si, grâce à un minimum de souplesse, elle devient capable de ressentir et d'exprimer toute une palette multicolore, le nuancier de l'arc-en-ciel émotionnel. À l'image du rythme des saisons ou de la couleur du ciel, elle se laisse ainsi traverser par la joie, mais aussi la tristesse, l'agacement ou la tendresse, l'espérance ou le découragement, la confiance ou la crainte, sans se censurer, sans obligation non plus de se justifier. À l'inverse, le sujet mal en point, forcément rigide, se veut constamment, par-delà son masque de normalité, en forme, conforme et conformiste, intégré, stable, inaltérable, tristement plat, quoi qu'il advienne. Cette tentative pour pathologiser les phénomènes naturels de la vie obéit de toute évidence à une logique d'hyperconsommation. Autrement dit, le refus des oscillations de l'humeur et des aléas de l'existence telle qu'elle se présente, l'acharnement insidieux à les présenter comme une maladie chronique, à soigner sans délai par le recours addictif à la chimie, servent finalement à satisfaire la cupidité des marchands de chimères.

La panique représente au fond le retour sauvage d'une peur infantile refoulée, écartée. L'être méritant le qualificatif d'« adulte » doit pouvoir éprouver, sans danger, les variations normales de son humeur, ses hauts et ses bas. Seul le pervers réussit à ne pas ressentir d'émotions pénibles, ainsi que le cadavre !

Mon jeune patient ne souffre donc pas de maladie bipolaire. De toute façon, il n'est pas « malade », affecté par une quelconque pathologie, comme les atteintes organiques susceptibles de toucher le foie ou la vessie. Aucun poison, microbe ou virus ne s'est subrepticement infiltré dans son âme, profitant d'un instant d'inconscience ou d'étourderie. Sa souffrance contient une signification psychologique inconsciente interpellant le fonctionnement de son écosystème familial, ainsi que les modalités de la circulation de l'énergie vitale, fluide ou visqueuse, qui nourrit chacun de ses membres. Toutes les crises de panique de Guillaume témoignent en réalité de la souffrance de son enfant intérieur, de sa DIP, source de la brutalité du fantôme, squattant son enfance avortée, sautée, blanche.

« À ma naissance, ma mère a été atteinte d'une très forte dépression post-partum, apparemment sans aucune raison. Elle ne m'avait encore jamais dévoilé cet épisode. Elle vient juste de m'avouer qu'elle avait, le lendemain de son accouchement, l'idée obsédante de se jeter par la fenêtre en me serrant très fort dans ses bras. Elle a dû être hospitalisée pendant plus de quatre mois. J'ai été confié à mes grands-parents paternels. Elle venait me rendre visite de temps à autre, mais sans pouvoir réellement s'occuper de moi. J'ai été repris à l'âge de six mois. Un an et demi plus tard, ma mère accouchait de mon petit frère. Elle a fait encore une autre dépression, bien moins sévère cette fois, sans avoir l'idée de se tuer. Ensuite, tout est rentré dans l'ordre. Elle n'a plus jamais rechuté. J'ignorais complètement ces événements jusque-là. »

Ces révélations éclairent en effet différemment le sens et la racine des crises d'angoisse de Guillaume. La toute première fois qu'il s'est décidé à sortir de l'utérus maternel, de son premier chez-soi, la toute première fois qu'il a quitté sa mère, cela a abouti à un séisme, l'univers a manqué de s'écrouler. La mère et l'enfant ont failli tous les deux disparaître définitivement. Sa mère a été hospitalisée, et Guillaume expatrié, limogé, exilé, privé de l'odeur, de la chaleur, des seins, de la peau et de l'enveloppement maternels. Une simple coïncidence, un mauvais concours de circonstances, a été interprété comme une relation de cause à effet engageant la culpabilité de Guillaume, comme si c'était sa faute si sa mère cherchait à le tuer en se suicidant. Dès lors, Guillaume, victime innocente et inoffensive, traumatisé par ce début tragique, s'interdit, aussi longtemps que le choc n'a pas pu se résorber ni la blessure se cicatriser, de s'éloigner de sa mère afin de ne plus jamais rééditer ce drame originel. Il s'agit là d'un traumatisme hautement perturbateur dans la mesure où tous les opposés fondamentaux, donner la vie ou la mort, aimer ou haïr, naître ou mourir, se trouvent totalement confondus, synchrones, concomitants, simultanés, d'autant plus qu'ils ont été tus, constamment gardés secrets, faisant le lit du fantôme.

En d'autres termes, si Guillaume se montre à ce point enfantin à 21 ans, incapable de concrétiser son autonomie psychique, de devenir soi, adulte, différencié et détaché de la matrice en se séparant de sa maman, c'est d'une part parce qu'il a manqué d'amour maternel, et d'autre part parce qu'il demeure très inquiet pour sa mère déprimée, qu'il est convaincu, dans ses fantasmes, d'avoir esquintée, détériorée.

Il est certain, en premier lieu, que plus un enfant a souffert de carence narcissique, a été privé de sa dose de fusion, de façon précoce et massive, plus il risquera par la suite de se montrer collant, vorace et insatiable, avide d'affection. Seul l'amour, le vrai, fondé sur le désir mutuel gratuit de donner et de recevoir, affranchi du besoin vital parasitaire de se sentir exister, aide à se dépendre des ligatures matricielles. À l'inverse, la pénurie de l'attachement fusionnel naturel primitif maintient le sujet prisonnier du fantôme qui rôde, en quête désespérée d'affection. Il n'est nullement évident d'accomplir le deuil d'une étape qui n'a pas été vécue pleinement, de s'en détacher pour l'utiliser ensuite comme socle, support de l'*à-venir*. Voilà pourquoi tout manque se transforme en fantôme persécuteur.

Voilà pourquoi également la carence narcissique primaire, en raison de l'absence psychologique ou réelle de la mère, pervertit le désir gratuit et le mue en besoin, dénaturant le bon vin en vinaigre. Autrement dit, mon patient s'interdit de devenir adulte, psychiquement autonome, parce que son besoin de dépendance enfantine n'a pas été satisfait en toute sécurité. Seul celui qui a été véritablement petit, en son lieu et temps, peut prétendre à devenir grand. Détail significatif, Guillaume est un ardent consommateur de lait, dont il est « accro », comme il dit. Il en boit tous les jours, même pour se désaltérer, à la place de l'eau et des jus de fruits. Par contre, de boissons alcoolisées réservées aux adultes, vin ou bière, il ne consomme pratiquement jamais. Ainsi, il retourne sans cesse chez lui, ou chez ses parents, deux lieux confondus dans son esprit et interchangeables, pour réclamer son dû, recevoir enfin la sève, le lait, l'élixir indispensable pour croître et s'envoler de ses propres ailes. Il revient aussi pour conjurer sa culpabilité d'avoir abandonné sa mère, sa crainte qu'elle ne se trouve en danger s'il la quitte.

De nombreux psychologues auraient spontanément recours au concept de la régression pour interpréter le cas de Guillaume. Cette notion, signifiant littéralement « marche en arrière », traduit le repli, le recul, le retour du sujet adulte, confronté à certaines difficultés, à des stades antérieurs, à des étapes révolues de son développement. Ce mécanisme s'accompagnerait du reflux de la libido, de la retraite de l'énergie vitale vers les phases enfantines anciennes.

Je préfère pour ma part utiliser l'image du dévoilement, pour signifier clairement qu'au fond il ne s'agit pas d'un recul vers le passé, vers des périodes antérieures, mais d'un lever de rideau, du surgissement, de l'apparition d'une position conflictuelle depuis long-temps existante mais nullement dépassée, simple-ment cachée jusqu'ici, invisible, voilée, couverte, hors du champ de la conscience et de la parole. Guillaume ne redevient pas enfant. Il n'a jamais cessé de l'être, quoique invisiblement, faute de l'avoir un jour véritable-ment été. Il ne s'agit donc point de la relecture d'une page déjà lue et tournée du livre de sa vie, mais de l'apparition subite dans l'Ici et Maintenant d'une feuille restée blanche.

En second lieu, Guillaume éprouve des difficultés à s'extraire de la matrice en raison de la présence d'une anxiété massive à l'égard de sa mère, qu'il s'interdit de quitter, autrement dit d'abandonner. L'adulte considère le fait de se tracasser pour ses enfants comme parfaite-ment compréhensible et naturel. Par contre, ayant oublié son propre passé, il conçoit difficilement à quel point sa progéniture peut s'inquiéter pour lui, sa santé, son travail, son couple, ses finances. Il est certain d'ail-leurs que le souci excessif de certains adultes à l'égard de leurs enfants reflète en définitive la reviviscence des appréhensions qui les tourmentaient naguère à l'en-droit de leurs parents.

Tout se passe comme si Guillaume, se croyant cou-pable de la détresse maternelle, s'érigeait, dans le contexte d'une étonnante inversion générationnelle, en la mère de sa mère, son thérapeute, son gardien, son tuteur. L'amour entre les parents et leurs enfants, contrairement à celui qui lie des amants, doit aboutir, en cas de réussite, à la séparation. Guillaume reste fusionné parce que l'étape essentielle de la fusion mère-enfant, prolongeant la grossesse, a sauté. Le fantôme élit domicile dans ce vacuum, cet espace vierge, blanc. Guillaume se trouve ainsi tiraillé par deux êtres, deux volontés en lui. D'un côté, il désire réellement s'émanciper, s'en aller, cheminer sur le sentier de son devenir-adulte. Cependant, d'un autre côté, l'enfant intérieur, coupable et donc thérapeute de la mère, le contraint à rester, à demeurer vigilant, en alerte, mobilisé, éveillé. C'est certainement pour ce motif que Guillaume ne réussit pas à s'endormir dès qu'il se trouve loin de chez lui. Les troubles du sommeil chez les adultes renvoient invariablement à l'existence d'une intense inquiétude, quand ils étaient petits, à l'égard de leurs parents. Guillaume se croit coupable et inquiet d'abandonner sa mère, ou plus exactement la petite fille rejetée qu'elle porte en elle, puisque, je l'ai déjà souligné, l'enfant se trouve connecté à l'enfant intérieur de ses ascendants bien plus qu'à leur personnage adulte.

La grave dépression post-partum de sa mère s'explique, dans le contexte transgénérationnel, par son immaturité à l'époque de l'accouchement, consécutive à ses propres blessures enfantines non cicatrisées. En effet, lorsque je cherche à savoir ce qui s'est passé dans son enfance, j'apprends qu'elle a elle-même été repoussée à sa naissance, privée d'emblée d'amour maternel. Étant la cinquième fille, elle a fortement déçu et désespéré ses parents par son arrivée. Le désenchantement était d'autant plus intense que ceux-ci étaient persuadés, car confiants dans le test du pendule sur le ventre, dont la validité avait été plusieurs fois confirmée, qu'ils attendaient un héritier mâle pour reprendre la ferme familiale et sauver le patronyme de l'extinction. Par conséquent, ils n'avaient prévu ni prénom ni layette de petite fille. C'est pourquoi ils l'ont appelée Stéphane, lui donnant le prénom du garçon manqué/manquant qu'ils attendaient. Peut-être que cette mère, du moins la petite fille en elle, a craint qu'en mettant au monde un fils elle ne se voie à nouveau, comme à sa naissance, délaissée, l'intérêt et l'attention de tous se détournant d'elle pour s'orienter vers le merveilleux prince tant désiré. Peut-être a-t-elle été traversée par la jalousie et par une haine mortifère envers ce nouveau-né, qu'elle a tout de même, ne l'oublions pas, cherché à supprimer.

Ce n'est évidemment pas elle, en tant que femme, mère et adulte, qui aurait commis ce geste, mais l'« autre » en elle, la petite fille narcissiquement squelettique dominée par le fantôme. Comment expliquer un si grand nombre d'infanticides – environ deux par jour en France –, sinon par le fait qu'ils sont perpétrés par des êtres non parvenus à l'âge adulte, faute d'avoir été un jour petite fille, enfant ? Il est en effet inconcevable qu'une vraie mère, c'est-à-dire simplement adulte, puisse se résoudre à infliger ne serait-ce qu'une égratignure à la chair de sa chair.

La découverte de toutes les péripéties de son histoire permit à Guillaume de repérer ce qui, de l'intérieur, l'enchaînait à son passé en l'empêchant de devenir lui-même adulte, autonome, différencié de la matrice. Ses crises, preuve des agissements du fantôme, diminuèrent considérablement en fréquence et en intensité, rendant désormais inutile l'absorption de quantité de produits chimiques qui entraînaient en outre un cortège d'effets secondaires handicapants, sans parler du phénomène d'accoutumance.

Il convient de souligner que toutes ces drogues psychiatriques contribuent à imposer insidieusement une vision normative, une image fallacieuse de la vie, « clean », polie, sans aspérité, se voulant dépouillée du tragique de l'existence, conflit, angoisse, souffrance et déprime. Il s'agit certes d'une illusion séduisante, alléchante, en raison de la présence naturelle chez les humains d'une pensée magique, d'une profonde paresse anesthésiant leur curiosité intellectuelle, leur aspiration à chercher, à connaître et à comprendre leur intériorité. Une étrange force d'inertie pousse chacun à s'aveugler, à se cacher la face, à maintenir le couvercle fermé. Cependant, à plus ou moins longue échéance, la douleur morale ainsi évitée et évacuée se transformera en fantôme.

Contrairement au credo actuel, la souffrance ne constitue pas un phénomène inutile ou anormal. Elle comporte, au contraire, la vérité la plus profonde de chaque être, la preuve de son humanité, de sa bonne santé psychologique, bref de sa lucidité. Elle atteste d'une part les capacités d'ouverture et d'empathie du sujet face aux tourments d'autrui, et d'autre part la conscience de sa dimension d'être mortel, même lorsque tout va bien pour lui, qu'il est dégagé de toute difficulté.

Enfin, sans tomber dans un masochisme idiot et pervers, qu'il soit d'essence religieuse ou athée, consistant à jouir par le martyre et l'automortification, il est certain que la lutte exagérée contre la souffrance, notamment morale, par un recours addictif aux diverses drogues, sexe, médicaments ou alcool, échoue inexorablement. Elle affaiblit le Moi en fragilisant son système immunitaire de défense, tout en intensifiant paradoxalement le symptôme combattu, en le rendant de plus en plus acéré et insupportable. La vraie souffrance naît du refus, de la lutte. L'autre, au contraire, retombe comme un soufflet dès qu'elle est reconnue et acceptée. Plus on appuie sur un ressort, plus on augmente sa force. Réhabiliter la souffrance en apprenant à l'accueillir et à l'assumer un minimum aide donc l'enfant l'intérieur à devenir adulte, émancipé de la sollicitude extrême de la mère poule qui, à force de couver son poussin, finit par l'étouffer.

Il est certain dès lors que la culture moderne, en s'acharnant à lutter contre toutes sortes d'épreuves, petites et grandes, risque d'infantiliser le Moi, de le fragiliser, de l'empêcher de s'aguerrir pour mûrir, devenir soi, adulte, grand. Elle joue ainsi malencontreusement un rôle de mère hyper-protectrice, phallique et toute-puissante, neutralisant la fonction paternelle qui vise à l'inverse à initier au manque pour pouvoir tolérer la frustration, le renoncement, le contrôle de soi et l'attente. Le bonheur n'est pas synonyme d'absence de difficultés, de contraintes et de contrariétés, mais de la capacité de les supporter, sans les combattre, pour pouvoir les surmonter et s'ouvrir à la joie vraie. Il est inconcevable de sélectionner ses émotions, d'une façon binaire, en zappant les « mauvaises » ou les « négatives » pour conserver seulement les « bonnes » et les « positives ».

J'ai eu une fois à m'occuper d'une patiente, Éléonore, souffrant également de fortes poussées d'angoisse. J'ai été saisi, lors de notre première rencontre, lorsque, comme dans un film d'épouvante, j'ai croisé ses yeux exorbités.

Elle avait mené jusqu'à l'apparition de ses crises, aux alentours de la cinquantaine, une existence hyperactive, chargée, combative, pleine, voire excitée et agitée, sans une minute de pause ni de repos, études, mariage, maternités, travail, sport, sorties, etc.

Tout a basculé lorsque, par la force des choses, elle s'est vue contrainte de ralentir, de « faire moins », dit-elle, modifiant son rythme, son être au monde et son mode de vie.

D'un côté, ses trois enfants, devenus majeurs, ont quitté l'un après l'autre le foyer. De l'autre, souffrant d'arthrose aux genoux, elle ne se sentait plus suffisamment performante pour s'adonner aux activités sportives qu'elle adorait. Enfin, le début de la ménopause, annonçant la fin d'une page de son existence et s'accompagnant de certains désagréments, ainsi que de l'apparition de quelques rides et cheveux blancs, suscitait en elle une vive anxiété. Elle ne semblait pas franchement déprimée, mais inquiète. Elle se plaignait de se sentir inutile maintenant qu'elle se voyait désœuvrée, mais surtout de ressentir un « immense vide », un « énorme gouffre » en elle qui l'aspirait, l'« avalait ». Étant donné l'intensité des crises de panique, elle ne pouvait plus rester seule chez elle, pas même une heure, exigeant constamment d'être entourée et sécurisée.

L'hyperactivité chez l'adulte, mais surtout chez les jeunes enfants, sous forme d'instabilité et d'agitation psychomotrice, cache, en même temps qu'elle la révèle, une angoisse de mort. Bouger, se déplacer, parler, crier, chahuter, se remuer possède des vertus rassurantes. En effet, l'enfant prend pour la première fois conscience de la réalité de la mort en découvrant, par hasard, le cadavre d'un animal, mouche, souris, papillon, abeille, oiseau, chat, chien. Il est mort tout simplement parce qu'il ne bouge plus.

Les crises d'angoisse d'Éléonore expriment en réalité la détresse de la petite fille en elle, dans la mesure où aucun ennui réel ne motive le bouleversement, devenu insupportable, de sa vie. Son hyperactivité avait justement pour fonction jusqu'ici de faire écran, de refouler, d'éloigner ces angoisses de mort.

Mais voilà ! Celles-ci se révèlent, quoi que l'on fasse, indestructibles, impérissables, immortelles, pourrait-on dire, ressurgissant tôt ou tard, à un certain âge, à la suite de l'affaiblissement des mécanismes de défense et de l'attiédissement de l'élan vital.

Que s'est-il passé dans l'Ailleurs et Avant d'Éléonore ? Par quoi est-elle poursuivie aujourd'hui ? Il se trouve que, quand elle avait 2 ans, elle a failli se noyer dans la rivière lors d'un moment d'inadvertance de ses parents. Elle a été repêchée, probablement pas immédiatement, puisqu'elle a dû être réanimée et a séjourné trois longues semaines à l'hôpital. Pour une petite fille de 2 ans, qui ne réalise pas bien ce qui lui arrive ni à quoi elle a échappé, qui ne peut communiquer clairement ce qu'elle ressent, effrayée de surcroît par l'effroi qu'elle lit dans les yeux de ses parents, trois semaines, c'est une éternité.

Du point de vue de l'inconscient, Éléonore n'a pas failli mourir. Elle est morte, tout simplement, noyée, éteinte, inanimée. Tout se passe comme si une partie de sa libido, de son énergie vitale, était restée prise dans la rivière, figée, dissoute, liquéfiée, muée en fantôme. Dès lors, à partir de sa sortie d'hôpital, Éléonore s'est acharnée à demeurer en vie, coûte que coûte, à grandir, à apprendre à lire et à écrire, à devenir adulte, à briller, à s'activer, à créer, à jouir intensément pour survivre, luttant contre le fantôme, occultant la petite fille disparue. D'une certaine façon, heureusement qu'elle s'est battue pour survivre. Cette combativité lui a permis à l'époque, de manière positive et constructive, de croître et de s'épanouir. Cependant, dépenser de la sorte, en permanence et sans relâche, son énergie vitale à survivre empêche de vivre tout court et ôte le plaisir spontané et le désir naturel de se sentir simplement en vie. Survivre n'est pas vivre. Le sujet, constamment tendu et aux aguets, se voit contraint de lutter, de fuir, comme s'il était poursuivi, pour s'éloigner des menaces du fantôme, pour que ses angoisses « ne prennent pas le dessus ». Il ne s'autorise pas à relâcher sa vigilance, à se lâcher, à se laisser aller, en toute confiance. Paradoxalement, se comportant comme un fugitif traqué, il ne fait que précipiter sa capture. Il s'affaiblit en engraissant le fantôme, au lieu de retrouver le petit garçon ou la petite fille intérieur(e) pour le(la) serrer contre lui.

C'est le motif principal pour lequel ma patiente a craint, sa vie entière, de contracter toutes sortes de maladies. Ainsi, elle se croyait récemment atteinte d'un cancer de la gorge et de l'estomac. Tous les examens de laboratoire se sont révélés négatifs. Ces craintes renvoient, de toute évidence, à l'effroi de la petite Éléonore, trépassée à 2 ans dans la rivière. Je me suis demandé si elles ne s'accompagnaient pas chez elle de certains bénéfices secondaires, qualifiés dans notre jargon d'« hystériques ». En d'autres termes, en se sentant constamment en danger de mort, ma patiente cherche inconsciemment, envahie par la petite fille, à attirer et à monopoliser l'attention des autres. Elle réussit à se placer ainsi, comme au cours de sa petite enfance, au centre de la vie et des préoccupations familiales, lorsque tout le monde s'inquiétait pour elle, l'entourait, réclamait de ses nouvelles. Dans ce contexte, être malade, voire mourante, l'aide paradoxalement à se sentir exister, vivante et aimée. Éléonore redoute par conséquent que, en se reconnaissant et s'avouant en bonne santé, on se désintéresse d'elle et la délaisse. Se montrer souffrant représente parfois une stratégie inconsciente permettant de continuer à bénéficier de l'enveloppement et de la sollicitude matricielle des autres.

Il est vrai, en outre, que certains parents ne peuvent « aimer » et s'occuper de leurs enfants que si ceux-ci restent petits et malades, les négligeant le reste du temps. Ce phénomène est susceptible d'éclairer, sans doute, certaines résistances inconscientes au fait de s'autonomiser en s'autorisant le bonheur, ainsi qu'une forme d'attirance masochiste pour la maladie et les difficultés. D'où la nécessité de repérer et de reconnaître ses souffrances d'enfant, remontant à son Ailleurs et Avant.

Contrairement à une opinion très répandue, cette reconnaissance n'est nullement synonyme de lâcheté, de soumission, d'abdication, d'une passivité défaitiste, pessimiste et démoralisante. Elle libère, au contraire, l'énergie vitale, l'enrichit, la booste, en la rendant véritablement à nouveau disponible pour pouvoir enlever ses épines, remonter la pente, retrouver la paix intérieure et le plaisir de vivre.

Je m'étonne toujours, dans cette perspective, de l'injonction surmoïque adressée aux personnes âgées ou atteintes d'une maladie grave à lutter, à se montrer courageuses, à ne pas lâcher, à ne pas se laisser aller, à ne pas baisser les bras, etc. C'est précisément, au contraire, de cette façon qu'elles ont agi pendant toute leur existence ; c'est justement ce qui les a épuisées et rendues malades, les amenant là ou elles se trouvent à l'heure actuelle ! À l'inverse, accepter son statut d'être mortel et éphémère, reconnaître que la vie comporte une fin et des limites, tout comme elle a eu un commencement et un milieu, est bien plus susceptible de redynamiser l'énergie vitale et évite de la gaspiller dans l'agitation, l'artifice et le mensonge, terreaux nourriciers du fantôme. Plus on aime la vie, moins on a peur de mourir. On devient vieux comme on a toujours vécu.

Voici, à ce propos, un conte philosophique que l'on doit au grand mystique musulman du XIIIᵉ siècle Djalâl-Od-Dîn Rûmi : le roi Salomon reçoit un jour dans son palais la visite d'un quidam qui transpire et tremble de frayeur, comme ma patiente Éléonore.

– Que t'est-il arrivé ? Que viens-tu me demander ? interroge Salomon.

– Je fuis l'ange de la mort. Je l'ai croisé ce matin au marché en achetant, comme d'habitude, mes fruits et légumes. Il m'a jeté un regard coléreux et méchant. Je suis sûr qu'il est venu prendre mon âme !

– Bon, bon, l'ange de la mort est un ange parmi d'autres. Il obéit à la volonté de Dieu, seul dispensateur de la vie et de la mort. Tu n'as rien à craindre s'il n'a pas reçu d'ordre concernant ta personne. Moi, je le vois fréquemment sans jamais avoir peur. Que voudrais-tu que je fasse pour toi maintenant ?

– Veux-tu commander aux vents de me faire évader immédiatement de ce pays en me transportant loin, très loin, en Inde ? Aide-moi, s'il te plaît, exauce ma demande, sauve-moi des griffes de cet ange !

– La vie et la mort ne sont pas dans mon pouvoir, mais je pourrais, si tu le souhaites, commander aux vents de t'emporter en Inde.

L'homme prit aussitôt place sur un tapis volant qui le transporta, en un clin d'œil, par-dessus les déserts et les mers immenses, en Inde.

Le lendemain, le roi Salomon reçut cette fois la visite de l'ange de la mort, comme cela se produisait souvent.

– Hier, un certain homme est venu à mon palais, tout effrayé, se plaindre que tu l'avais dévisagé avec férocité le matin au marché, comme si tu projetais de lui prendre bientôt son âme.

L'ange répondit, étonné :

– Je ne fais qu'obéir aux ordres de Dieu. Je n'ai point regardé cet homme avec colère ni méchanceté, mais avec stupéfaction. J'avais été en effet missionné par le Très-Haut de lui prendre hier soir, à une heure précise, son âme en Inde. Lorsque je l'ai aperçu au marché hier matin, je me suis demandé un instant, que Dieu me le pardonne, s'il n'y avait pas eu erreur sur la personne. Il est en effet inconcevable, même pour un épervier, de parcourir une si longue distance, tous ces déserts et ces mers, en si peu de temps. Je me demandais comment cet homme ferait pour se trouver à son dernier rendez-vous en Inde. Je m'y suis néanmoins rendu à l'heure fixée. J'étais si étonné, Dieu est le plus grand, de le retrouver bel et bien là, à la minute précise et à l'endroit exact ! Plus on fuit son destin, plus on le hâte !

4

COUPLES

GÉRALDINE

Géraldine a 32 ans. Elle déclare ne pas aller bien depuis longtemps, à partir de l'âge de 15 ans, et peut-être même avant. « Mon état s'est empiré progressive-ment au long des années. Chaque fois qu'il m'arrive un coup dur, je me débats pour m'en sortir, mais au lieu d'aller mieux je m'enfonce un peu plus la tête sous l'eau. Je ne prends que de mauvaises décisions. J'ai cru par exemple qu'avoir un bébé ça me ferait du bien. Pourtant, à l'heure actuelle, je me trouve moins bien qu'il y a six ans, avant la naissance de Lola. J'ai trouvé au moins quelque motif pour légitimer mes plaintes : le père de Lola est décédé il y a six mois, je vis seule avec ma fille et je suis de surcroît sans emploi.

« Le premier homme avec qui j'ai vécu, pendant quatre ans, s'appelait Steve. Il avait au fond toutes les qualités. Il était gentil, intelligent, généreux et surtout très amoureux. Je n'étais pas malheureuse avec lui, mais je ne l'aimais pas passionnément, je l'aimais bien, je ne sais pas. Un soir, j'ai rencontré un autre homme, Jacky, dans une soirée. Cela a été le coup de foudre tout de suite. Malgré notre différence d'âge, moi

25 ans, lui 44 ans, on s'est rapprochés d'emblée. Je me sentais bien avec lui, comprise. Je l'ai revu, tremblotante, le lendemain. Il m'a honnêtement exposé sa situation familiale. Il venait de divorcer et se retrouvait avec deux petites filles de 5 et 7 ans, sa femme l'ayant plaqué pour partir avec son meilleur ami. Nous nous sommes fréquentés quelque temps en cachette. Je lui avais proposé plusieurs fois que nous vivions ensemble, mais lui, traumatisé par l'échec de son précédent couple, refusait de s'engager à nouveau avec une autre femme. Espérant qu'il changerait un jour de position, mais aussi pour lui prouver mon amour, j'ai décidé de quitter Steve et de m'installer seule dans un nouveau logement.

« Peu de temps après, je suis tombée enceinte, alors que j'avais respecté ma contraception. Jacky ne souhaitait absolument pas un autre enfant. J'ai pensé me faire avorter, mais je me suis rendu compte qu'au fond de moi je n'arrivais pas à me déterminer. Quelque chose m'interdisait de passer à l'acte. J'ai consulté une psychologue, qui m'a répondu crûment : "En couple ou pas, vouloir un bébé, c'est toujours un acte égoïste !" Alors je me suis résolue à continuer ma grossesse, me disant qu'après tout avoir ce bébé me ferait sûrement du bien. Je pensais aussi que cela encouragerait un jour Jacky à s'installer en couple avec moi. Néanmoins, je passais par des hauts et des bas. Parfois j'étais fière d'avoir un bébé dans mon ventre, parfois je déprimais un peu, regrettant ma décision. Je me sentais coupable vis-à-vis de Jacky, à qui j'avais fait un enfant dans le dos, mais aussi à l'égard de mon bébé, que je craignais de ne pouvoir élever toute seule, sans son père. J'apaisais souvent Jacky en lui promettant de ne jamais l'ennuyer ni rien lui réclamer, mais qu'il serait toujours libre d'accepter ou de refuser de reconnaître son bébé. Quand j'ai accouché, il est venu nous rendre visite à la maternité. Il avait l'air ému. Il a pris Lola dans ses bras, mais cela ne l'a pas encouragé à lui donner son nom. J'ai pleuré, espérant qu'il changerait d'avis.

« En définitive, notre situation n'a plus du tout évolué par la suite. Tous mes espoirs sont devenus des chimères. Pendant les cinq années de notre liaison, rien n'a plus bougé. Il passait un week-end sur deux avec moi, lorsqu'il n'avait pas la garde de ses deux filles. J'étais chaque fois heureuse de passer du temps avec lui, mais très peinée aussi, quand il repartait, à l'idée de me retrouver seule avec Lola, les courses, la cuisine, le ménage, en plus de mon travail, sans pouvoir partager le quotidien avec l'homme que j'aimais. Je n'avais même pas le droit de me plaindre. Il me répondait aussitôt qu'il ne m'avait rien demandé et que, si je n'étais pas contente, il ne reviendrait plus. Je me demandais parfois s'il était réellement amoureux de moi.

« Un soir, Lola avait 4 ans, Jacky m'a annoncé qu'on lui avait détecté un cancer aux poumons. Il en est mort il y a six mois. Il est vrai qu'il fumait plus de deux paquets de cigarettes par jour. Encore maintenant, quand j'y pense, j'ai du mal à y croire, comme s'il s'agissait d'un cauchemar. Mais non, c'est vrai, Jacky, le pauvre, n'est plus là. De plus, je m'en veux terriblement. Je me sens coupable. Il doit me haïr. Je ne me suis pas bien occupée de lui et je l'ai trahi. Il était l'homme de ma vie. Je me trouvais belle lorsqu'il me regardait. J'acceptais tout ce qu'il voulait pour le rendre heureux et lui plaire. Alors, ne réussissant plus à vivre normalement, à m'occuper de Lola et à gérer mon travail, je suis retournée chez ma mère, avec qui j'avais rompu au début de ma grossesse. Devenue boulimique, j'ai grossi de 10 kilos en six mois. J'avale n'importe quoi pour me consoler, sans même avoir faim. »

L'histoire de Géraldine questionne de façon pathétique le sentiment amoureux. Qu'est-ce que l'amour ? Comment comprendre la passion, le coup de foudre, ces fortes attractions qui nous poussent vers certains êtres sans que l'on puisse réfléchir ni se contrôler ? Qu'est-ce qui fait que je m'approche plutôt de celui-ci que de celui-là ? Pourquoi certains se trouvent-ils aveuglement aimantés, fascinés par des personnes « à problèmes », compliquées, perturbées, voire parfois maléfiques, et dont ils ont par la suite le plus grand mal à se dégager ? Qui vibre, qui aime, qui choisit en moi et pourquoi ?

En l'occurrence, pourquoi Géraldine a-t-elle décidé de quitter Steve, homme pourtant qualifié de gentil, d'intelligent et de généreux, pour s'attacher si fort à Jacky, de vingt ans plus âgé, qui refusait de s'engager avec elle et de reconnaître le fruit de sa semence, Lola ?

« Ça n'allait pas mal avec Steve. Il était équilibré, stable. Il venait d'une famille convenable. Ses parents avaient l'air de s'aimer encore après trente-cinq années de mariage. Seulement, je me sentais parfois étouffée, mais surtout inutile, malheureuse de ne pouvoir lui apporter grand-chose, malgré l'amour qu'il m'exprimait. Par contre, dès que j'ai rencontré Jacky, j'ai vu tout de suite que c'était quelqu'un qui était mal dans sa peau, marqué par un immense chagrin silencieux. Son père les avait abandonnés, lui, ses deux sœurs et sa mère, quand il était très jeune. Lorsque je l'ai connu, il venait d'être licencié par son entreprise et plaqué par sa femme. Je voulais lui offrir mon amour et l'aider à trouver un autre emploi. Avec lui, je me sentais utile, nécessaire. J'étais heureuse de pouvoir le consoler. Je m'aperçois que, depuis toute petite, je fonctionne comme ça. Dès que quelqu'un va mal, je vole à son secours. J'ai toujours été attirée par ceux qui souffrent. J'éprouve de la compassion pour eux. J'ai besoin de les aider, de me rendre utile. Ça me fait du bien. »

Ainsi, au fond, la rencontre entre deux êtres au sein du couple échappe à la volonté consciente des « adultes ». Elle s'élabore et se décide, au contraire, au niveau des inconscients, entre le petit garçon et la petite fille en eux. C'est bien l'enfant intérieur qui, en ange gardien protecteur, oriente le sujet vers des rendez-vous constructifs ou le pousse à l'inverse, en fantôme persécuteur, dans des culs-de-sac, vers des assemblages sado-masochistes et autodestructeurs. L'amour, présenté comme une énigme ou comme une mystérieuse vibration par les poètes romantiques et les philosophes, obéit tout de même à certains mobiles.

Cela signifie que ce n'est pas vraiment Géraldine qui mène la danse, choisissant en toute liberté et en toute conscience ses « objets » d'amour, mais son enfant intérieur. Elle ne se situe pas face à Jacky comme une femme adulte, dans l'horizontalité d'égale à égal de la même génération. Elle joue d'une part le rôle de mère, de thérapeute, d'infirmière et d'assistante sociale, et d'autre part celui d'une petite fille en quête d'affection et de considération.

Voilà pourquoi, précisément, se croyant inutile, elle a quitté son précédent compagnon, Steve. Celui-ci, homme apparemment équilibré et sans gros problèmes, ne souhaitait en effet entretenir avec Géraldine que des liens adultes d'amour et de sexualité. Il n'éprouvait dès lors nul besoin de se laisser materner comme un petit garçon, ni de la couver telle une petite fille.

Pourquoi ma patiente ne réussit-elle pas à fonder un couple sain, en se posant dans sa fonction et place de femme ? Que s'est-il passé dans son enfance ? Quel scénario inconscient a-t-elle rejoué avec ces deux hommes ?

« Mes parents ont dû divorcer quand j'avais 7 ans. Je dis "ont dû" parce qu'ils s'aimaient très fort l'un l'autre. Ma mère s'est résolue à quitter mon père parce qu'il était devenu fou, paranoïaque, maladivement jaloux, convaincu qu'elle le trompait, surtout depuis ma naissance. Il se montrait parfois très violent, à deux doigts de la tuer. Quand j'avais 4 ans, je m'en souviens très bien, un jour ils se sont disputés dans la voiture. Mon père s'est énervé. Il s'est mis à accélérer pour percuter le véhicule qui le précédait. Celui-ci s'est renversé sur le bas-côté. Ensuite, en plein milieu de la tôle et des blessés, il a tenté d'étrangler ma mère, déjà plus ou moins évanouie. Moi, saignant du front et du genou, je le suppliais, en hurlant comme une folle, de s'arrêter.

Cependant, malgré la désapprobation unanime de sa famille, ma mère a accepté de se réconcilier avec lui, "sur l'oreiller". Ils ont eu un autre enfant, mon frère, dans l'espoir de restaurer leur union lézardée. Cette naissance n'a rien arrangé non plus. Ils ont dû se quitter finalement deux ans plus tard. Mon père est parti en laissant sa femme et ses deux enfants, qu'il adorait. Il a réussi à refaire sa vie peu après avec une autre femme divorcée. Nous le voyions rarement, pas plus d'une ou deux fois l'an. Par contre, ma mère ne s'est jamais remise de cette rupture, refusant d'aimer un autre homme. J'ai grandi sans mon père, toujours présent néanmoins dans ma tête, avec une mère souvent dépressive. Je crois qu'elle souffrait surtout de penser que mon père avait réussi à se détacher d'elle et qu'il était satisfait de son nouveau couple, sans plus traverser de crises de jalousie. »

Ainsi, Géraldine s'est trouvée contaminée, pour deux raisons, par la culpabilité et la DIP. Elle a été d'abord victime de carence affective en raison de l'absence réelle de son père, mais surtout de celle, psychologique, de sa mère, déprimée, occupée, préoccupée par les turbulences de sa vie sentimentale. Elle a assisté ensuite, en témoin impuissant, à la souffrance de ses parents, à leurs querelles, en se croyant coupable de ces inconduites, puisqu'il avait été dit qu'ils se déchiraient depuis sa naissance.

Plus tard, devenue « adulte », Géraldine se voit rattrapée par son passé, son enfance non vécue en tant que petite fille, et donc transformée en fantôme. Elle répète en fin de compte avec Jacky le même scénario relationnel qu'elle a naguère joué avec sa mère : soigner sa dépression en tant qu'enfant thérapeute, comme mère de sa mère, pour que celle-ci, ainsi restaurée, puisse reprendre sa fonction maternelle nourricière en lui prodiguant de l'amour et de l'attention. Ce sont exactement les deux rôles qu'elle interprète pour son amant, celui de la bonne mère réconfortante et celui de la petite fille aspirant à la tendresse et à la reconnaissance comme récompense. Cette confusion entre « maman » et « amant » l'empêche d'occuper sainement sa vraie place d'adulte, dans un lien d'amour et de sexualité avec l'homme qu'elle aime, fondé sur la réciprocité et l'alliance.

Géraldine ne peut donc s'ériger aujourd'hui en adulte, femme, grande, autonome, dans la mesure où elle n'a pas été petite, enfant, fille, n'ayant pu vivre pleinement la fusion avec sa mère en son lieu et temps. Tout besoin, toute étape qui s'est vue frustrée, sautée, avortée, loin de disparaître, se transforme en fantôme, s'opposant à l'expulsion du sujet hors de la matrice. Ce qui démontre clairement la persistance chez Géraldine, à l'âge « adulte », d'un contexte infantile fusionnel avec sa mère, c'est qu'elle avait décidé de rompre brutalement toute relation avec elle à la naissance de sa fille Lola. Le besoin de couper haineusement un lien affectif avec une personne proche prouve que l'on n'est point séparé d'elle, différencié, que l'on manque du recul et de la distance nécessaires à l'établissement d'une communication saine. Pour ce motif, nul éloignement physique, géographique, même s'il se compte en milliers de kilomètres, ne pourra contribuer à couper le

cordon ombilical psychologique. Il risque même paradoxalement d'intensifier la fusion mère-enfant ainsi
que la codépendance.

Pour ces raisons, j'éprouve quelque difficulté à adhé-
rer au dogme du complexe d'Œdipe, encore défendu
religieusement par nombre de psychanalystes. Cette
notion s'inspire de la célèbre tragédie grecque présentée par Sophocle, où Laïos cherche à se débarrasser de
sa progéniture menaçante, Œdipe, pour empêcher que
celui-ci n'épouse Jocaste, selon la prédiction de l'oracle
de Delphes. D'après cette théorie, le petit garçon,
s'identifiant à son père, investit sa mère en tant qu'objet libidinal à caractère franchement sexuel avec le
souhait de supprimer le père rival pour le remplacer
auprès de la mère. En vérité, je n'ai jamais entendu
aucun patient en clinique me raconter quelque chose
qui ressemblerait à un tel scénario, même en m'efforçant de pénétrer le message latent dissimulé sous le
discours manifeste.

Je ne crois donc pas que l'homme et la femme puissent s'attirer l'un l'autre en étant mus par la re024
cence des attachements œdipiens, sexuels, crûment
incestueux, au parent du sexe opposé. Autrement dit,
à mon sens, en élisant son partenaire, l'adulte ne
caresse pas le rêve de s'unir à son père ou à sa mère,
ni à une image de ceux-ci, qu'elle soit conforme à leur
réalité ou totalement opposée s'ils se sont montrés
négatifs. Le petit humain se branche plutôt au niveau
inconscient non pas seulement aux personnes adultes
de ses géniteurs, mais à la petite fille et au petit garçon
heureux ou malheureux qu'ils furent et qu'ils abritent

encore aujourd'hui en eux. Partant de là, la véritable rencontre, profonde, inconsciente, se situe dans le couple non pas au niveau des adultes, qui croient librement se choisir, mais à celui des enfants intérieurs, sous l'égide bienfaisante de l'ange gardien ou sous l'emprise négative du fantôme.

Ainsi, la petite fille intérieure orientant la destinée de Géraldine la pousse à s'unir avec un amant intermittent dans une relation de type mère-enfant, soigné-soignant, à visée consolatrice, thérapeutique. Géraldine projette sur cet homme, décrit comme « malheureux », une image non pas sexuelle, incestueuse, œdipienne, mais celle de ses parents souffrants, seuls, divorcés, dépressifs, en détresse. D'une certaine façon, c'est eux, ou plus exactement leurs enfants intérieurs, que Géraldine entreprend de soigner par Jacky interposé, dans le double rôle de la mère et de la petite fille, au détriment de la femme adulte qu'elle est.

Bien entendu, ces deux visages de petite fille et de mère font partie intégrante de l'identité plurielle féminine. Celle-ci, tel un diamant à multiples facettes, comprend en outre les dimensions de sœur, d'amie et d'amante. Cela signifie qu'une femme psychologiquement saine, à l'image d'une rose épanouie aux nombreux pétales, est capable de développer dans sa relation à l'homme l'ensemble de ces cinq émanations en fonction des désirs et des circonstances. L'essentiel est qu'aucun de ces visages ne disparaisse, ne reste figé ou, à l'inverse, n'envahisse les autres.

Ce que je trouve touchant chez Géraldine est surtout relatif à sa profonde ambivalence affective. Son côté femme adulte, bien que fluet, l'incite à vivre heureuse, à aimer, à prospérer, mais, de l'autre côté, la petite fille coupable en elle en raison du divorce de ses parents cherche à faire avorter cette aspiration sous la pression des sentiments de non-mérite et d'indignité. Elle en arrive ainsi à s'autopunir en se privant paradoxalement de ce qu'elle s'acharne à obtenir, de ce dont elle éprouve le plus fortement l'envie. « Plus je me bats, plus je m'enfonce la tête sous l'eau », dit Géraldine. Elle se prend de passion pour un être avec qui les chances de succès paraissent bien plus minces – si ce n'est inexistantes – qu'avec son précédent compagnon, qu'elle a impulsivement, sans réfléchir un instant, délaissé. Il est tout de même étrange que, aveuglée doublement par sa fibre maternelle et par l'émotivité de la petite fille en elle, elle n'ait pu prendre conscience de la malignité de cet homme abusant de sa générosité. Ce n'est certes pas l'amour qui rend aveugle, mais le fantôme court-circuitant la raison.

Qu'est-ce alors qu'une vraie relation d'amour ? Quelles seraient les caractéristiques d'un « bon » couple ? Il existe au fond deux sortes d'unions, l'une enfantine et l'autre adulte. Un rapport amoureux méritant vraiment ce qualificatif est celui qui s'établit entre deux êtres portés essentiellement par le désir gratuit, celui d'échanger ensemble, physiquement et psychologiquement, dans un contexte d'alliance et de respect des différences, à distance des émotions extrêmes.

À l'inverse, un lien boiteux et immature se fonde sur le besoin vital de se sentir, grâce à la présence de l'autre, aimé, vivant, utile et reconnu. Il est destiné, tel un médicament, à compenser un manque affectif, à boucher un trou identitaire, à exorciser la crainte de se retrouver inutile et abandonné.

Dans le premier modèle, chaque partenaire est capable d'exister seul, de s'aimer lui-même, de se prendre en charge, en son propre nom, sans dépendance parasitaire, c'est-à-dire de façon psychiquement autonome. Étant lui-même, il ne réagit pas dramatiquement, ne s'effondre pas, ne perd pas sa vitalité ni sa raison de vivre en cas d'éloignement, de séparation ou même de perte de son « objet » d'amour. Il parvient ainsi à s'ouvrir à l'autre, également adulte, en toute sécurité, en appréciant d'être aimé, en acceptant de donner et de recevoir. Nul ne « tombe » en effet jamais par hasard sur son alter ego, mais chacun se trouve quelque part aimanté à son insu par celui qui en est au même degré d'évolution intérieure. Autrement dit, lorsque le sujet est envahi, agi et manipulé par son enfant intérieur malheureux, il « tombe » itérativement, comme s'il les attirait, sur des êtres défaillants, immatures, blessés par la vie et dépourvus de colonne vertébrale, nécessitant davantage une infirmière qu'un partenaire. Il n'est, bien entendu, nullement proscrit de s'entraider dans un couple, mais à condition de ne pas se servir de l'autre ou de la relation comme prothèse ou pansement narcissique dans l'illusion de pouvoir gommer magiquement son malaise intérieur. De plus, ce genre d'union à caractère passionnel, fortement émotionnel, à mi-chemin entre le fait divers et le théâtre de boulevard, apparaît comme étant très imprégné d'ambivalences, de fusions et de ruptures, de jalousies, de

rivalités et de codépendances sado-masochistes perverses. Il ne serait de toute évidence pas possible ni
surtout souhaitable de concevoir aujourd'hui un couple
non fondé sur l'amour, comme c'était le cas au cours
des siècles passés. Il serait inimaginable de contraindre
un homme et une femme à cohabiter froidement
comme deux collègues de travail, sans affinités, sans
atomes crochus, sans qu'ils vibrent l'un pour l'autre.
Seulement, l'amour seul, avec ou sans eau fraîche, ne
suffit point à bâtir un couple. Il risque même de se
transformer en poison s'il ne se trouve pas, un tant soit
peu, pondéré, encadré, amorti, limité par un minimum
de lucidité adulte et de raison. D'autant plus que
l'amour – je ne parle pas des coups de foudre s'abat-
tant sur les enfants intérieurs – est rarement présent à
l'aube de la rencontre. Il s'édifie peu à peu, avec le
temps, grâce à la *co-naissance*, comme une maison,
pierre après pierre, comme un enfant qui s'élève, une
plante qui grandit. Dans le couple infantile composé
de deux fantômes, chacun a tendance à flotter sur un
océan d'illusions. Il se représente l'union comme une
bulle ouatée, pleine, harmonieuse, un éden matriciel,
dépourvu par essence de tout conflit, de tout malentendu et de toute imperfection. Il caresse le fantasme
du Grand Amour avec un compagnon sans défaut, un
être exceptionnel, paré de toutes les vertus, la beauté,
l'intelligence, la bonté, la douceur, la générosité, et
surtout doté du pouvoir magique de le combler sur
tous les plans en réalisant ses rêves les plus fous, en
supprimant pour lui le vide et l'ennui, l'angoisse et la
dépression.

Le conjoint ainsi idéalisé, merveilleux, parfait, et que l'on décrie dès qu'il présente la moindre insuffisance, n'est en définitive pas véritablement perçu, regardé, estimé pour celui qu'il est vraiment. Placé dans une position de mère idéale, on réclame plutôt de lui qu'il représente et compense la bonne mère enveloppante et protectrice qui a manqué naguère. Curieusement, la culture moderne récupère et magnifie cette image, ce fantasme naïf, simpliste, émotionnel, infantile, matriciel en somme, du couple, qu'elle entretient et insuffle insidieusement aux hommes et aux femmes. Elle cherche en effet à faire croire à la possibilité – qu'elle présente même comme un droit inaliénable – d'un bonheur à deux exempt de toute souffrance, de tout malentendu et de tout malentendant, baignant dans la compréhension mutuelle, l'harmonie sexuelle, l'entente complice dans tous les domaines du quotidien.

Au lieu de pondérer, de rectifier cette vision purement sentimentale et immature, elle en devient la complice et la défenseuse. En faisant reposer le couple sur le seul pilier de l'amour, l'idéologie actuelle exalte et célèbre l'archétype de l'enfant dans les bras de sa mère, fusion paisible entre deux êtres portés par la grâce, dédaignant du coup l'idée d'une construction patiente effectuée par deux associés, chacun imparfait, confronté à ses limites, manques et fragilités.

Je me suis souvent demandé si la prospérité et la position hégémonique de ce vocable magique, l'« amour », dans le discours social n'avaient pas pour mission de dissimuler sa pénurie de fait, voire l'émergence de son contraire. Ce mot galvaudé, utilisé à outrance, cache

ou compense sans doute au niveau de la réalité quotidienne l'augmentation des égoïsmes, des incompréhen-
sions et des intolérances mutuelles au sein de la
société, de l'entreprise, de la famille et du couple. On
ne parle exagérément de quelque chose ou de quelqu'un que parce qu'il manque. La vérité est silence ! En
tout cas, la notion d'un amour-culte, idolâtré, prési-
dant seul à la naissance et à la longévité du couple,
dans un ciel bleu azur dégagé de tout nuage, risquera
fort, paradoxalement, d'effrayer plus d'un homme et
d'une femme, les dissuadant de s'engager dans une
telle épopée, déjà par essence complexe. La maladie de
la « déliaison », sévissant depuis quelques décennies et
se traduisant par un nombre toujours croissant de célibataires, de divorcés et de « couples intermittents », qui
ne se retrouvent que lors de certains week-ends et des
vacances, peut en témoigner.

Quant à la sexualité, abusivement présentée de nos
jours comme une panacée garante de l'harmonie et de
la stabilité, elle reflète également, lorsqu'elle est pratiquée de façon addictive et perverse, avec une visée
anxiolytique et antidépressive, le besoin infantile de
câlins et de tendresse.

Il est urgent de s'atteler enfin à désaffectiver un
tant soit peu la relation tendue entre l'homme et la
femme. Cela permettrait de dégager le couple de l'emprise de l'enfant intérieur, ligoté par le fantôme, et de
s'engager sur la voie du devenir-adulte en accomplis-
sant le deuil de la mère qu'on n'a pas eue. Peut-être,
après tout, le matériau essentiel pour former le couple,
le socle sur lequel les deux sexes s'associent, est-il

l'Autre, par-delà l'amour. C'est en effet le tiers, ce trait d'union séparant et reliant, un projet, une cause, une valeur, un principe fédérateur, qui serait capable de les transcender et de les étayer de l'extérieur pour les sauver du duo. On ne peut être à deux que si l'on est trois ! On ne désire en effet jamais quelque chose ou quelqu'un dans l'absolu, seulement pour ce qu'il est. Tout désir est désir du désir, de même que tout amour est amour de l'amour. Seule cette quête pourrait tenir la libido en érection, stimulant l'*en-vie* de cheminer ensemble, déliés des fantômes intérieurs, pour devenir, s'accomplir, telle la chenille se muant en papillon.

Fatia est une femme de 43 ans d'origine maghrébine. Elle a perdu il y a six mois sa fille de 7 ans à la suite d'une grave maladie. Elle se dit depuis perdue, paralysée, comme « éteinte ». Elle assure ne plus avoir envie de vivre, envahie souvent par des angoisses et des idées suicidaires. De plus, toute communication entre elle et son mari François aurait disparu, il n'y aurait plus aucun dialogue ni surtout aucune relation sexuelle.

Nous sommes là évidemment face à un drame, à un désordre, à une inversion générationnelle contre nature, puisque ce sont les enfants qui devraient enterrer leurs parents et non le contraire. Je pense qu'il est vraiment difficile de se remettre totalement d'une telle épreuve, même après de nombreuses années.

Certains historiens ont avancé l'idée selon laquelle, autrefois, en raison de la misère et des taux élevés de fécondité mais aussi de mortalité infantile, celle-ci étant considérée comme un phénomène inéluctable, les parents souffraient peu ou pas de la perte d'un de leurs petits. Ces travaux ont été contestés par d'autres chercheurs, qui leur ont reproché leur manque d'objectivité, leur côté idéologiquement partisan et orienté. Ils étaient soupçonnés notamment d'avoir pour seule finalité de battre en brèche l'idée d'un instinct maternel ou paternel naturel, inné, *sui generis*, pour le rendre tributaire de la seule relativité historique et socioculturelle.

Il n'est malheureusement pas rare que je rencontre des patients touchés par un tel drame. Il s'agit d'une épreuve certes douloureuse, pénible, mais dont l'intensité et l'impact psychologique sur le père et la mère dépendent néanmoins de la robustesse antérieure de chacun, ainsi que de l'histoire et de la qualité profonde de leurs liens.

Ici encore, l'agent le plus déstabilisant est la culpabilité de la victime innocente, qui amplifie considérablement la portée de l'événement. Chaque parent s'accuse en effet d'avoir été impuissant à déjouer l'horrible catastrophe. De surcroît, projetant ce sentiment de faute et d'incapacité sur ses proches et leur attribuant ses propres jugements, il est convaincu que son conjoint lui reproche aussi, sans oser l'avouer franchement, par de multiples sous-entendus, cette défaillance. Chacun croit ainsi fermement que son enfant est décédé par sa faute à lui, parce qu'il a été un « mauvais parent » !

C'est sans doute cette certitude inconsciente d'incompétence et de « mauvaiseté », évidemment purement imaginaire, qui a contribué à fissurer le couple de Fatia en l'éloignant sentimentalement de son mari. Elle constitue également le motif profond pour lequel, après la mort subite du nourrisson, certains couples se désagrègent au lieu de se ressouder. Mais quel est le sens ou l'origine de cette culpabilité ? Quelle sorte de liens Fatia entretient-elle avec son époux ? Pourquoi le décès de sa fille compromet-il son union au lieu de la revigorer ?

L'histoire de Fatia, riche et émouvante, m'a paru éclairante quant à l'influence occulte du fantôme sur la vie affective. Contrairement à l'opinion commune, les aléas de l'existence, même douloureux et déstabilisants, n'ont jamais le dernier mot. Lorsqu'un mariage a été conclu entre les enfants intérieurs, dans un contexte thérapeutique fondé sur le besoin d'utiliser son partenaire pour compenser certains manques dont le deuil n'a pu s'accomplir, la relation risque de se craqueler au premier choc important qui survient.

Écoutons le roman familial de Fatia : « Je suis née en Tunisie. Quand j'avais 6 ans, mon père a émigré en France pour travailler, loin de ma mère et de ses six enfants. Il retournait au bled une fois l'an, pendant les vacances d'été. Un jour, mon frère aîné Karim, 11 ans, de trois ans plus vieux que moi, s'est noyé dans la rivière alors qu'il était en vacances chez des cousins. Il ne savait pas nager. Nous étions tous effondrés par ce malheur, surtout en l'absence de notre père. Cet événement a profondément troublé notre existence, déjà peu enviable. Mon père ne nous envoyait pas beaucoup d'argent et pas régulièrement. Il préférait gaspiller une part non négligeable de son salaire à jouer au tiercé plutôt que de l'utiliser pour entretenir sa famille délaissée. Nous étions pauvres là-bas. Je portais des habits troués ou rapiécés. En tant que fille aînée, je faisais de mon mieux pour aider ma gentille maman à gérer la maisonnée, à faire la cuisine, le ménage, à garder mes petits frères et sœurs, etc.

« Nous avons rejoint notre père en France, sur l'insistance de ma mère, quand j'avais 10 ans. Nos premières années furent difficiles. Nous étions coupés cette fois de notre village et de notre famille, ne parlant pas un mot de français, plongés dans un pays plutôt inhospitalier où il faisait froid et où il pleuvait. J'ai eu du mal à m'adapter. Curieusement, bien que vivant désormais sous le même toit que mon père, je ne le voyais pas plus souvent. J'ai beaucoup souffert de son absence. Tout continuait à reposer sur moi, comme avant. Je devais m'occuper aussi des démarches administratives et accompagner partout ma mère pour lui servir de guide et d'interprète.

« À 17 ans, j'ai rencontré le premier homme de ma vie, mon mari actuel. Il était tellement différent de moi. D'abord il était français, ensuite plus vieux de quinze ans, et enfin divorcé, déjà père de deux enfants en bas âge. Ces différences ne me paraissaient pas graves. À l'époque, je n'attachais pas beaucoup d'importance à la religion. Tout le monde était pareil pour moi. Je ne comprenais pas le racisme, même si j'en avais un peu souffert. J'avais envie de m'intégrer. Par contre, mon père était farouchement opposé à ce projet. Déjà, quand j'avais 14 ans, il avait eu l'intention de me ramener en Tunisie pour me marier à un cousin auquel j'étais promise depuis toute petite. Il m'insultait, me frappait, disait que je ne serais plus sa fille si j'épousais un étranger non musulman, un Français incirconcis. Un soir, il a tondu mes cheveux et m'a ligoté les mains dans le dos, menaçant de me balancer, la nuit, par-dessus le pont, dans la rivière. Si ma mère ne s'était pas interposée, j'aurais sûrement rejoint mon pauvre frère noyé. Elle m'a sauvée. Finalement, elle a réussi à l'amadouer et à lui arracher son accord pour mon mariage. J'avais 19 ans. François s'est toujours montré très gentil et financièrement généreux à l'égard de notre famille, même avant notre mariage, mon père continuant à gaspiller son argent dans les cafés avec ses copains.

« L'année suivante, nous avons eu une fille et, deux ans plus tard, un garçon. Un mois après cet accouchement, j'ai fait une dépression post-partum. Je me sentais mal dans ma peau, je n'avais plus faim, je ne dormais pas bien, j'étais triste et préoccupée, n'ayant plus goût à rien. Grâce à ma mère, j'ai réussi à m'en sortir.

« Il y a dix ans, je suis tombée enceinte pour la troisième fois. J'ai pratiqué une IVG parce que je ne me voyais pas élever un troisième enfant, en plus de mon travail et de ma mère, hospitalisée pour dépression à la suite de son divorce avec mon père. Enfin, il y a sept ans, j'ai eu ma dernière fille, celle que j'ai perdue il y a six mois, après deux ans de maladie.

« Récemment, j'ai voulu me suicider en me jetant par-dessus le pont dans la rivière. J'y ai renoncé parce que c'est interdit dans notre religion, et aussi pour ne pas rendre encore plus malheureux mes enfants et ma mère. Depuis six mois, je passe la majeure partie de mon temps chez elle. Je n'ai plus de rapports sexuels avec mon mari. Il vient me rendre visite après son travail le soir, mais je ne peux plus dormir dans le même lit que lui. Je l'aime pourtant. Je ne comprends pas. Il ne me l'a jamais dit ouvertement, mais je suis certaine qu'il m'en veut et qu'il croit aussi que je lui en veux. Nous n'arrivons plus à communiquer ensemble. »

Comme on le voit, Fatia ne parvient pas à s'affirmer en tant que femme adulte, à se donner à son époux, qu'elle déclare aimer, dans une relation de couple tissée d'amour et de sexualité. Elle se conduit de façon immature, telle une petite fille encore collée à sa mère, prisonnière d'elle et dont elle gobe, en *pharmacos*, le mal-être. Elle se montre, étrangement, bien plus sensible et préoccupée par l'état de sa mère que par celui de son époux ou même de ses enfants. L'enfance dont elle a été privée, cette enfance blanche, s'est muée en fantôme et l'empêche de devenir elle-même, épanouie et psychiquement autonome.

Certains seraient tentés d'interpréter l'histoire de ma patiente par référence à ses origines culturelles. Fatia est une femme issue de l'immigration, orientale, arabe et de religion musulmane. Elle parle certes bien le français aujourd'hui, mais il s'agit pour elle d'une langue apprise et non maternelle. Elle n'a donc pas baigné dans le même contexte culturel que les femmes occidentales. Elle n'a pas reçu la même éducation. Elle n'a, enfin, pas consommé la même nourriture ni vénéré les mêmes valeurs.

Je reste cependant convaincu que, au-delà de toutes ces particularités manifestes, certes non négligeables, le fonctionnement psychologique obéit partout et toujours dans l'histoire aux mêmes lois fondamentales, aux mêmes archétypes immuables de l'inconscient collectif, à des structures comparables. Les relations tissées entre mères et filles ou entre hommes et femmes sont finalement, en Occident comme en Orient, bien qu'elles soient ici policées et là colorées et bruyantes, nourries par les mêmes forces, les mêmes enjeux, par des joies, des craintes et des espérances semblables.

Toutes les petites filles, en Tunisie ou en France, éprouvent la même appréhension coupable à se détacher de la matrice, à se différencier, dans leur désir et leur destin, de leur maman. De même, beaucoup d'hommes se comportent, ici comme là-bas, de manière identique avec leur femme. Ils s'exténuent à vouloir la dominer, l'assujettir, la commander parfois, en affichant une certaine agressivité. Cette dernière est cependant toujours destinée à masquer leur propre infériorité naturelle. Ils s'acharnent ainsi à compenser par la puissance leur chétivité physique et psychologique innée face aux filles d'Ève, mais surtout leur tristesse profonde de ne pouvoir porter la vie dans leur ventre. Ici comme là-bas, les hommes obéissent au fond, malgré certains grognements et fanfaronnades pour sauver la face, au désir et à la volonté des mères et des femmes !

Cela n'implique évidemment pas qu'il n'existe aucune vraie différence entre les humains à travers le temps et l'espace. Non, toutes les cultures, les religions, les ethnies ne sont pas équivalentes, homogènes, interchangeables. Mais la différence essentielle d'une civilisation à l'autre ne se situe pas au niveau de la présence ou de l'absence des préoccupations majeures que sont la vie, la mort, l'amour, l'enfantement, Dieu, l'au-delà, la culpabilité, l'abandon, etc. Tous ces sujets constituent des leitmotive répandus partout et de tout temps et transparaissent en abondance dans les rêves, les délires, ainsi que dans les créations artistiques, les mythes et les légendes. Les cultures se distinguent en revanche par leur manière particulière d'exposer et de gérer ces motifs, en s'efforçant de leur trouver une issue acceptable et positive pour soutenir l'énergie vitale.

La relation infantile que Fatia entretient encore, à 43 ans, avec sa mère, la séquestrant dans son passé, lui interdisant d'occuper sainement sa place de femme adulte dans son couple, ne constitue donc nullement une exception ethnique ou culturelle orientale. La preuve en est que, parmi ses cinq frères et sœurs, aucun ne souffre des mêmes problèmes. Ils lui répètent d'ailleurs régulièrement, en se moquant parfois d'elle : « Arrête de coller comme ça à maman. Laisse-la tranquille. T'es pas mariée avec elle. Occupe-toi plutôt de ton François ! »

Fatia avoue avoir très peur de l'eau et des araignées. L'eau lui rappelle sans doute la noyade de son frère Karim, mais l'araignée, que représente-t-elle ? Elle symbolise justement chez la femme dominée par sa mère, non libérée, non différenciée d'elle, l'angoisse de ne pouvoir s'évader de sa toile-piège, la crainte de se voir, telle une proie, dévorée.

Mais pourquoi cette fixation, ce scellement à la mère ? Que s'est-il passé ?

« Lorsque ma mère est née, ma grand-mère, ayant perdu beaucoup de sang, a succombé. Ma mère a donc tout de suite été confiée par son père, avant qu'il ne quitte définitivement le village et ne disparaisse, aux voisins immédiats, c'est-à-dire à la famille de mon père. Elle a ainsi grandi au milieu de mes oncles et tantes, comme une petite sœur. À 14 ans, elle a été mariée à mon père, à peine plus vieux qu'elle. Ma mère m'a dit une fois qu'elle avait l'impression d'avoir épousé son frère, puisqu'ils avaient été nourris tous les deux au même sein, celui de ma grand-mère paternelle. »

Il n'est, dans ces circonstances, pas difficile d'imaginer la détresse de la mère de Fatia, arrachée si tôt et si brutalement à la sienne, avec la double culpabilité inconsciente que cette rupture a pu entraîner, celle de s'imaginer fautive, à l'origine de la perte, et celle aussi de lui avoir survécu. Tout se passe comme si la mère de Fatia avait projeté sur sa fille l'image de la mère qu'elle avait perdue. Elle l'a ainsi placée dans une fonction maternelle, chacune occupant dès lors la place de l'autre, l'inverse de la sienne. D'une certaine façon, la grand-mère de Fatia, partie en couches, s'est muée en fantôme, choisissant sa petite-fille pour sépulture.

Voilà pourquoi ma patiente, devenue complice et exécutrice du désir maternel, s'est constituée complaisamment prisonnière de la toile d'araignée. Pour le dire autrement, Fatia, en tant qu'enfant thérapeute ayant gobé la dépression maternelle consécutive au décès en couches de sa grand-mère, n'ose plus la quitter, de peur de lui faire subir une seconde fois le drame originel. Elle se pose comme sa gardienne et sa protectrice dans une inversion générationnelle, réincarnant sa grand-mère et prenant sa mère pour son premier bébé. « Dès que je ne la vois pas, je m'inquiète, j'angoisse. Je pense toujours qu'elle m'appelle, qu'elle a besoin de moi. Quand elle part en vacances, j'insiste pour l'accompagner. Bien sûr, j'adore mes enfants, mais je crois que ma mère passe avant eux. Je veux lui donner le bonheur qu'elle n'a pas eu. La pauvre, elle a tellement souffert. Elle devait tous les jours aller chercher de l'eau à une heure de marche de chez elle et la rapporter sur sa tête. Tout ce qui la touche retombe sur moi. J'éponge ses soucis pour lui éviter de souffrir. »

N'oublions pas non plus, fait extraordinaire, que lorsque Fatia a décidé, il y a dix ans, de pratiquer un avortement, c'était surtout pour pouvoir s'occuper de sa mère dépressive qui venait de divorcer. Elle m'a déclaré aussi, au cours d'une séance, que, si elle avait renoncé à se donner la mort en se jetant dans la rivière, c'était pour ne pas faire de peine à ses enfants et à sa mère. Elle n'a pas cité clairement son mari François, qu'elle affirme pourtant aimer. Enfin, l'une des raisons pour lesquelles elle avait souhaité épouser un Français, de quinze ans plus vieux qu'elle, c'était que celui-ci aidait financièrement sa famille, compensant la défaillance paternelle.

Fatia, placée précocement dans une place et fonction de mère de sa mère, n'a donc pas eu la chance de vivre sa vie de petite fille. Son enfance blanche s'est transmuée pour ce motif en fantôme. Celui-ci la poursuit et l'empêche, à 43 ans, d'être une femme adulte et aimante, de s'offrir librement à l'homme qu'elle aime. Elle ne peut se marier intérieurement avec François que si elle divorce d'abord de sa mère.

Justement, ce que je trouve émouvant chez Fatia, et qui renvoie sans doute à son côté oriental excessif, c'est l'étrange confusion qu'elle opère, dans une logique infantile du tout ou rien, entre distance et rupture définitive. Elle demeure convaincue en effet que rester collée à sa mère démontre qu'elle l'« adore » et que, à l'inverse, si elle s'en séparait un tant soit peu, cela prouverait qu'elle ne l'aime plus du tout et qu'elle l'abandonne. Elle craint que l'on puisse la juger négativement en l'accusant d'être une « mauvaise fille, insensible, méchante et égoïste ».

Dans la même logique illogique, elle est persuadée que, si elle réussit à réaliser le deuil de sa fille, cela confirmera l'idée qu'elle est une mauvaise mère, qu'elle a « trahi », « oublié », effacé sa fille de son cœur et de sa mémoire, comme si elle n'avait jamais existé. Voilà pourquoi ma patiente fait des cauchemars où elle assiste, impuissante et coupable, à la dévoration de sa fille et de sa mère, échouées dans l'océan, par des requins. Toutes ces manifestations nocturnes de l'inconscient l'invitent, la poussent, à travers des mises en scène symboliques, à cesser la fusion, à prendre de la distance vis-à-vis de sa fille et de sa mère, à se libérer du fantôme pour laisser s'épanouir la vraie femme qu'elle est. Il est certain que l'eau représente pour Fatia un symbole négatif, mortifère. Son frère s'est noyé. Son

père, s'opposant à son mariage avec un non-musul-
man, avait menacé de la balancer dans la rivière, celle
où elle a elle-même projeté un moment de se jeter. Il
est clair aussi que le décès récent de sa fille s'est trouvé
d'autant plus dramatiquement amplifié qu'il a dû raviver inconsciemment sa culpabilité d'avoir pratiqué, dix
années auparavant, une IVG. « Dans l'islam, l'avortement est interdit. J'ai commis un meurtre, un péché
très grave. J'ai fauté vis-à-vis de Dieu. Il m'a punie en
me reprenant ma fille. »

Toutes les femmes ayant subi un avortement, même
celles qui sont totalement incroyantes, assistent à l'embrasement de cette culpabilité inconsciente, par-delà
toutes les justifications rationnelles ou idéologiques
affichées. Paradoxalement, plus cette culpabilité sera
combattue et refoulée, interdite d'accès à la lumière
de la conscience et de la parole, plus elle deviendra
toxique. Tout ce qui ne peut se vivre et se métaboliser
se transforme en fantôme persécuteur. Il serait donc
préférable d'accueillir cette culpabilité, d'accepter de
souffrir un minimum, pour pouvoir sainement et à long
terme s'en dégager.

Dans cette perspective, la déculpabilisation sociolo-
gique actuelle, artificielle et forcée, allant dans le sens
du déni, censure le tragique de l'existence. Celui-ci,
empêché d'être vécu, ne peut plus être surmonté. Sous
couvert d'émancipation, cela constitue une violence
insidieuse supplémentaire faite aux femmes, sans que
celles-ci puissent s'en défendre puisqu'on leur répète
inlassablement que c'est « pour leur bien, pour leur
liberté » ! Lorsqu'on refuse de souffrir, la dépressivité

naturelle se transforme en dépression. C'est exactement cela, le sens du fantôme.

En résumé, il se révèle difficile pour Fatia, plus exactement pour la petite fille en elle, de circuler dans les diverses pièces de son identité plurielle en s'autorisant à aimer plusieurs personnes d'une façon différente. C'est la raison pour laquelle elle éprouve des difficultés à s'affirmer doublement en tant que mère et amante, de manière confiante et sereine, sans se sentir déchirée, partagée entre ces deux désirs. Certes, cela constitue une acrobatie délicate, préoccupant les femmes et se trouvant à l'origine de multiples malentendus et conflits au sein du couple : comment aimer son conjoint et son enfant sans sacrifier ou privilégier l'un ou l'autre ? Comment concilier la féminité et la maternité ? Beaucoup réussissent spontanément à résoudre cette difficile équation après un moment de trouble et d'hésitation. Elles réalisent ainsi qu'il ne s'agit nullement d'une antinomie, mais au contraire d'un enrichissement, de la complémentarité de deux amours, de natures différentes mais également légitimes. Mieux une femme réussit à vivre sa féminité dans l'amour et la sexualité avec son amant, père de l'enfant, meilleure mère elle devient. N'ayant plus besoin de son petit pour se sentir entière, elle peut l'aimer sainement, dans la gratuité du désir, sans le jalouser ni le placer dans une position de rivalité avec son géniteur. Une bonne mère n'est point celle qui se sacrifie pour son bébé en lui offrant le meilleur de tout ce qui se trouve sur la planète, mais simplement celle qui est en paix avec elle-même, reliée aussi bien à l'un qu'à l'autre membre du triangle.

Par contre, les mères qui échouent dans cette entreprise sont celles qui, ne pouvant évoluer de deux à trois, sombrent dans l'excès. Certaines, désinvestissant leur conjoint et éprouvant moins de désir pour lui, fusionnent avec leur bébé. D'autres au contraire se détournent de celui-ci par crainte infantile, jalouse, de perdre l'amour et l'attention du mari, attiré désormais par le petit. Il s'agit des femmes qui, privées naguère d'amour maternel, pataugent leur vie durant dans une interminable enfance, justement, sans pouvoir accéder à l'âge adulte pour s'ériger conjointement en femme et en mère d'une manière harmonieuse. Voilà pourquoi elles placent inconsciemment leur époux ou leur bébé dans une position de mère, exigeant de lui qu'il leur prodigue la reconnaissance et la tendresse recherchées.

Chez Fatia, la féminité existe bel et bien. Elle paraît cependant menue, sous-développée, phagocytée par le fantôme dominant la petite fille carencée.

Demandons-nous maintenant quelle est la nature des liens que Fatia entretient avec François, ce « Français non musulman ». Quel est le sens de son amour pour lui ? L'un des motifs pour lesquels elle s'est attachée à 17 ans à son futur mari, de quinze ans son aîné, c'était qu'il soutenait financièrement, tel un substitut parental, sa famille. Mais un autre motif, plus décisif encore, car inconscient, renvoie au fait que Fatia, en tant qu'enfant thérapeute, était sans doute attirée par le côté petit garçon, souffrant et malheureux, de cet homme. En effet, non seulement il venait d'être plaqué par son épouse, et ainsi écarté de ses deux enfants, mais, de plus, il avait été lui-même pupille de l'Assistance publique, placé à sa naissance dans une famille d'accueil.

Enfin, un dernier facteur qui a contribué à maintenir Fatia dans l'enfance et la dépendance, l'empêchant de construire une véritable union avec François, est relatif à l'opposition de ses parents. Son père avait menacé de la noyer si elle s'unissait avec un incirconcis non musulman. J'ai souvent remarqué qu'il n'était pas évident, pour un enfant, de grandir et de s'autoriser à échafauder sa propre famille s'il se trouvait privé du consentement, de la « bénédiction » de ses parents. Le fait de croire ou de sentir, même confusément, que mon compagnon ou ma compagne ne correspond pas à l'idéal de mes parents risque de fragiliser mon couple. C'est sans doute pour cette raison que, lors de la cérémonie du mariage, le père accompagne sa fille vers son promis tandis que la mère conduit son fils vers la promise. Cela signifie symboliquement que les géniteurs acceptent de se délier de leurs rejetons, de les reconnaître comme adultes, aptes, c'est-à-dire autorisés à les quitter pour aimer un autre, ailleurs, sans culpabilité. Le rite remplit ainsi une fonction délivrante. Il aide à la nécessaire séparation des générations, à l'étayage des passages d'une phase de la vie à une autre, du passé vers l'avenir. Privés du soutien que représentent ces rituels symboliques d'accompagnement, les humains risquent de rencontrer certaines difficultés pour gérer les distances interpersonnelles, se trouvant acculés dans les positions extrêmes, la rupture ou l'inséparation.

Étonnamment, l'un des frères de Fatia a décidé d'épouser une Française catholique. L'une de ses petites sœurs vit également en concubinage avec un Français non musulman et ne se soucie pas à outrance des injonctions de ses parents relatives au strict respect des interdits religieux concernant la consommation d'alcool et de porc. Cependant, Fatia n'est pas comparable à ses frères et sœurs. Bien qu'issue des mêmes parents et ayant grandi dans la même famille, elle ne participe pas exactement à la même histoire. Précisément, elle souffre parce qu'elle n'est pas elle-même, mature, psychologiquement différenciée, autonome. Elle est prisonnière du fantôme, occupant une place aliénée d'enfant thérapeute sacrifiée pour le salut des autres.

Signalons aussi que tout groupement humain, quelle que soit sa forme apparente, famille, entreprise, équipe, nation, communauté religieuse ou parti politique, se trouve itérativement confronté au même besoin incoercible inconscient de désigner et d'immoler, afin de conserver sa cohésion et son harmonie, l'un de ses membres. La crucifixion de Jésus sur le mont Golgotha, destinée à porter la souffrance collective et à laver, par le versement de son sang, les péchés de tous, en est l'illustration. Aujourd'hui, il s'agit d'un phénomène invisible, sournois, mais d'autant plus agissant, paradoxalement, dans l'obscurité de l'inconscient.

Fatia, confondant la séparation symbolique et l'abandon physique, ne se donne donc pas le droit de prendre un minimum de distance avec sa mère, qu'elle se doit de materner. Cette fusion l'empêche de jouir, en tant que femme adulte libre, d'une relation d'amour et de sexualité avec l'homme qu'elle aime. Il est intéressant de remarquer que cette difficulté à affirmer sa féminité entre en écho avec la même problématique chez son mari. Celui-ci se trouve également séquestré dans son passé, dans un rôle d'enfant thérapeute. Il n'ose pas non plus manifester avec autorité sa masculinité, sa virilité, son identité d'homme adulte, lesquelles n'ont, bien entendu, rien à voir avec le machisme ni la brutalité. Affecté par la culpabilité et la DIP du fait d'avoir été abandonné à sa naissance, il éprouve sans cesse le besoin de se rassurer, tel un petit garçon, afin de prouver à lui-même et aux autres qu'il n'est pas méchant, mauvais, et donc fautif du rejet qu'il a subi en toute impuissance. Ainsi, il n'est pas porté dans son couple par le désir tranquille et gratuit d'aimer et d'être aimé, mais par le besoin vital, inquiet, de materner et d'être materné en vue de compenser la privation originelle, dont le deuil est resté inaccompli. « Tout le monde me répète, dit Fatia, et j'en suis moi-même convaincue, que j'ai un mari en or. Il ne sait plus comment me faire plaisir. Il est très gentil. Il accepte et réalise tout ce que je lui demande. La seule chose qu'il a refusée, c'est de se convertir à l'islam, simplement parce qu'il ne croit à aucune religion. Sinon, depuis longtemps, il ne mange plus de porc et ne boit plus de vin. Si j'ai envie d'inviter ma famille, d'aller passer quelques jours chez ma mère ou d'accompagner celle-ci en Tunisie, il ne me contrarie jamais. Je peux disposer également de tout l'argent dont j'ai besoin sans avoir de comptes à rendre. Enfin, si je n'ai pas envie de rapport sexuel, ce qui m'arrive de plus en plus souvent, il ne me reproche rien, il me laisse tranquille. »

François ne fixe, par conséquent, aucun cadre, aucune limite à Fatia, qu'il prend pour la mère qui lui a manqué et qu'il s'interdit, comme un petit garçon, de contrarier ou de frustrer. Il s'efforce de la soigner, de la combler, de la rendre heureuse pour que, une fois restaurée, elle puisse le nourrir narcissiquement tel un nourrisson. Il lui est difficile d'aimer authentiquement, c'est-à-dire en adulte, sa femme, puisqu'il cherche au contraire à se faire aimer par elle. Il ne lui offre pas grand-chose, au fond, dans la mesure où son apparente générosité est destinée à attirer, à obtenir l'amour maternel. Encore une fois, bien entendu, il n'est nullement interdit de se soutenir et de se réconforter dans un couple, en jouant quelquefois vis-à-vis de son partenaire un rôle de petit garçon ou de petite fille, de père ou de mère. L'essentiel est que le sujet puisse assumer sa vraie personnalité, être lui-même, authentique, dans le respect des divers aspects de son identité plurielle, sans avoir la tentation de se servir de la relation ou de l'autre pour soigner ses anciennes blessures.

Ainsi Fatia et François fonctionnent-ils tous les deux d'une manière infantile semblable. Ils souffrent des mêmes insuffisances, des mêmes nœuds inconscients. Personne dans le couple n'est lui-même, dans sa place et sa fonction d'homme ou de femme. C'est pourquoi il ne s'agit pas d'un véritable amour, mais d'une irrésistible aimantation entre les deux enfants intérieurs. Lorsqu'on aime véritablement, sainement, son mari ou

sa femme, on ne dit pas « amen » à tout en permanence, on n'accepte pas tout inconditionnellement, on
ne lui obéit pas docilement. On ose aussi parfois lui
dire « non », lui fixer certaines limites, sans craindre le
désamour et le conflit. Le couple sain, porté par le
désir, ne se caractérise donc pas par une harmonie et
une entente béates, à toute épreuve. À l'image d'un
organisme vivant et en bonne santé, il vibre, c'est-à-
dire qu'il rit et pleure, souffre et jouit, s'approche et
s'éloigne, s'ouvre et se ferme, passant par des hauts et
des bas. Ainsi, l'attitude infantile et infantilisante de
François, son manque de fermeté n'aident nullement
Fatia à grandir, pour qu'elle devienne sa femme en
quittant sa mère. Loin de la protéger, François l'enfonce, au contraire, dans sa dépression en la maintenant dans une position de petite fille capricieuse,
toute-puissante et tyrannique qui, faute de limites,
« fait ce qu'elle veut », multipliant les demandes à l'infini, peut-être, après tout, dans le but de provoquer
une réaction.

En résumé, la naissance, l'évolution et le destin du
couple sont en grande partie tributaires non pas du
souhait, du bon vouloir et du choix conscients des deux
« adultes », mais bien des enfants intérieurs. Ceux-ci
sont susceptibles d'accompagner les conjoints, tels des
anges gardiens, dans leur chemin de croissance pour
devenir soi, seule condition pour pouvoir créer des liens
aussi solides que joyeux. Mais ils risquent de les pousser
aussi, à l'inverse, tels des fantômes persécuteurs, dans
le cul-de-sac des codépendances sado-masochistes et
perverses. Dès lors, les tensions existantes au sein du

couple, la déception, l'agressivité, l'incompréhension et le refus de la différence de l'autre, ne se situent plus, comme on aurait tendance à le croire, au niveau du partenaire, jugé défaillant, inadéquat, et qu'il suffirait de remodeler grâce à je ne sais quelle recette magique, ou de « zapper » pour le remplacer par un autre plus approprié. Elles interpellent en réalité le sujet lui-même dans son intériorité, dévoilant tel un miroir le tiraillement entre ses deux Moi, l'adulte et l'enfantin, le premier encourageant à se différencier pour devenir soi, le second refusant de quitter la matrice.

Dès lors, toutes ces turbulences pourraient offrir l'occasion privilégiée de s'interroger sur sa difficulté propre à s'affirmer en homme ou femme adulte. Faute de ce déchiffrage symbolique, le sujet, dominé par le fantôme, s'épuise à colmater une souffrance psychologique ancienne d'une manière agie, matérielle, dans le présent, en utilisant son conjoint comme médicament. Ces confusions de personnes (partenaire = mère idéale), de temps (aujourd'hui = hier) et d'espace (intériorité psychologique = extériorité matérielle) ne suffiront évidemment pas à lui procurer l'éden matriciel bien-heureux auquel il aspire dans ses fantasmes. Il n'est possible de devenir adulte et de construire un couple habité par le vrai amour que si l'on réussit préalablement à se libérer du fantôme, c'est-à-dire à retrouver l'enfant qu'on n'a pas pu être et l'enfance qu'on n'a pas vécue, pour en faire le deuil. Beaucoup de personnes, refusant paresseusement de réfléchir, cherchent à fuir leur vérité intérieure par crainte de souffrir. Elles se laissent naïvement affrioler par des recettes faciles, magiques et rapides. Cette attitude n'aboutit, en fin de compte, qu'à renforcer l'emprise inconsciente du fantôme, au lieu d'aider à s'en dégager pour devenir adulte, grandir ensemble grâce à ce tiers qu'est le couple, dans l'alliance entre l'amour et la raison.

5

SEXUALITÉS

Audrey est une jeune femme de 30 ans. Elle s'exprime clairement, mais avec un débit haut et rapide, passionné, un peu comme si elle était en permanence révoltée. Très expressive du point de vue des mimiques, tour à tour elle fronce les sourcils ou exhibe au contraire un large sourire, sans que ces variations coïncident forcément avec le contenu émotionnel, triste ou joyeux, de son récit.

« Vraiment, je n'en peux plus depuis six mois. J'éprouve un profond détachement par rapport aux choses importantes de ma vie. Celle-ci m'échappe complètement. Je la vois passer par la fenêtre sans pouvoir la diriger. Je ne peux plus rien contrôler. Tout m'est devenu difficile et me demande un effort pénible, comme s'il fallait soulever un fardeau : mon travail, ma maison, mes enfants, et surtout mon mari. On n'a plus beaucoup de communication tous les deux. Je n'arrive plus à ressentir du désir pour lui. J'ai même parfois tendance à le rejeter. Quand il me harcèle sexuellement, je peux devenir désagréable et agressive. J'ai la libido à zéro en ce moment. Je suis devenue frigide, intouchable, fermée, bloquée de chez bloquée. Nous faisons chambre à part, par conséquent. L'autre soir, il a voulu m'embrasser et me faire un câlin. J'aime bien les petites caresses, mais j'ai peur que ça dérape après. Il a beaucoup insisté. J'ai eu de la pitié et je me suis laissé faire. Il a obtenu ce qu'il voulait. J'ai fait ma B.A., mais après je me sentais mal, d'autant plus que je suis sa femme et que ce qu'il me demande est légitime et normal. Je n'ai pas le droit de le repousser. J'ai très peur qu'il soit tenté d'aller voir ailleurs. Au fond, le vrai problème pour moi, c'est la pénétration. Dans l'ensemble, je peux accepter les bisous et les câlins, mais dès que ça dégénère, c'est-à-dire quand ça devient vraiment sexuel, je sens comme une vague glacée se répandre partout à travers mon corps, là où deux secondes auparavant j'éprouvais du plaisir. Ça m'énerve. J'enlève brutalement sa main de ma poitrine, mais aussitôt je me sens coupable. Alors je me mets à manger, à m'empiffrer, plus exactement, sans ressentir vraiment la sensation de la faim, ou bien je me lance, comme une folle, dans le ménage.

« Un autre problème qui me perturbe aussi beaucoup, c'est la guerre entre mon mari et ma mère. Cela fait plus de six mois qu'ils ne se parlent plus. Chacun me demande, en rivalité avec l'autre, de prendre parti pour lui et de lui donner raison. Moi, je suis coincée entre les deux. Je ne peux pas choisir l'un contre l'autre. Je sers de tampon. J'aime mon mari, mais je suis aussi très proche de ma mère. Je me sens redevable vis-à-vis de mes parents. Ils m'ont tellement protégée. Cependant, aussi bien mon mari que ma mère me reprochent de ne pas les comprendre et de ne pas les aider. Il est vrai qu'elle a tendance à me surprotéger. Elle s'inquiète trop pour moi. Elle a constamment peur qu'il m'arrive quelque chose. Ça la rend intrusive. Récemment, elle a harcelé notre médecin de famille pour qu'il certifie que j'ai été battue par mon mari, alors qu'en réalité il ne m'a jamais frappée. Je souffre et je me sens affreusement coupable dans cette situation. Je ne sais que faire. »

Audrey est mariée, depuis onze ans, à un homme de quinze ans plus vieux qu'elle. Elle a deux petites filles de 6 et 8 ans. Elle est plutôt belle, en bonne santé, intelligente et financièrement à l'aise. Elle exerce un métier qui lui plaît. Elle affirme aussi aimer son mari et n'avoir rien de sérieux à lui reprocher. Alors, que se passe-t-il ? Pourquoi ne le désire-t-elle plus ? Qu'est-ce qui l'empêche d'être heureuse, de s'épanouir dans sa féminité, de vivre sans crainte les joies de la sexualité ? Pourquoi enfin craint-elle tant les conflits entre son mari et sa mère, au point de devoir se placer dans une position de tampon ?

Durant plusieurs décennies, tout un courant de pensée, soutenu par des sociologues, des philosophes et des psychologues, s'est attelé à propager l'idée selon laquelle les troubles de la sexualité trouvaient leur origine dans certaines entraves extérieures au sujet, l'empêchant de jouir. Ils accusaient, pêle-mêle, la société, la culture, la religion et la morale de présenter le sexe comme une chose sale, mauvaise, coupable, bestiale, répréhensible, condamnable, barricadée par conséquent derrière une foule d'interdits et de tabous, notamment dès qu'il cherchait à se dégager du « devoir sacré » de la procréation pour ne s'intéresser qu'au seul plaisir. D'après les adeptes de cette croyance, il suffisait de libérer le sexe, de l'affranchir du carcan moral répressif, de le déculpabiliser en somme, pour que, tel un oiseau libéré de sa volière, il puisse à nouveau réjouir les cœurs et enchanter les esprits.

Cette thèse comportait sans doute une part de vérité il y a une cinquantaine d'années, en raison, effectivement, de l'emprise d'un moralisme excessif, puritain, intolérant et rigide, rétrécissant le champ des libertés individuelles. Mais elle se révèle aujourd'hui insuffisante pour élucider le mystère de la sexualité et sa complexité. Nous vivons à l'heure actuelle dans un contexte de totale liberté, de grande abondance et de transparence sexuelle flirtant avec la licence et le libertinage addictif, en raison de la quasi-absence de limites. Plus de tabous, d'interdits, de culpabilité contraignant l'individu du dehors, de façon catégorique et autoritaire, à se soumettre à un code, à un modèle quelconque, fixé et imposé. Chacun s'autoproclame libre de s'adonner, quels que soient son sexe et son âge, au type de sexualité qu'il souhaite, débarrassé désormais de toute mauvaise conscience, de tout besoin de se justifier et encore plus de se cacher. On peut choisir le célibat ou l'abstinence, certes, mais aussi le « zapping » afin de varier les plaisirs, surfant de l'hétéro- à l'homo- ou à la bisexualité, du sado-masochisme à l'échangisme. Pourtant, force est de constater que cette libéralisation des mœurs n'a pas honoré sa promesse de dégager les corps et les esprits des freins invisibles leur défendant de jouir.

Le vrai obstacle ne se situe pas au-dehors d'Audrey, et donc le remède non plus. Le nœud et le dénouement, la douleur et le baume se trouvent en elle, dans son histoire et ses aléas, relatifs aux agissements du fantôme séquestrant la petite fille intérieure.

« Pendant une année, au début de notre mariage, je me croyais relativement libérée. C'était souvent moi qui étais demandeuse. J'avais l'impression que c'était avec ça qu'on tenait un homme. J'étais même devenue assez provocante. Je lisais des livres et des articles là-dessus. Je portais des sous-vêtements coquins, érotiques. Je me pliais sagement à ses fantasmes. Je ne lui interdisais rien, pour son plaisir. Je voulais qu'il soit heureux, content de moi. Toutefois, je n'ai jamais ressenti ce plaisir intense que les femmes appellent l'orgasme. Jusqu'à ce que je sois enceinte de ma première fille, ma sexualité était plutôt, dans l'ensemble, détendue, un peu programmée aussi, avec la méthode de la température. J'avais tellement envie d'avoir un bébé. Je suis devenue enceinte deux ans après le mariage. J'ai passé mes neuf mois de grossesse dans un bonheur total. J'étais si bien dans ma peau, tellement heureuse d'être mère, d'imaginer mon corps capable de fabriquer un être si pur, si merveilleux. J'ai senti néanmoins qu'après mon accouchement ma libido avait diminué, mais en gros ça ne se passait pas trop mal.

« Environ un an plus tard, j'étais à nouveau enceinte. J'étais encore comblée, complète, pleine, vivante, vraiment moi. Mais cette fois, après l'accouchement, mon désir pour mon mari a dégringolé. Je m'occupais de mes deux petites filles, je ne pensais qu'à elles. Mon époux était devenu secondaire, je crois. Je m'éloignais de lui, je ne sais pas pourquoi. Je ressentais aussi par moments comme une sensation de vide en moi. Je me remplissais alors par la boulimie, mon mari ne souhaitant pas un troisième bébé. »

La difficulté pour une femme de surfer sereinement entre ses deux pôles de maternité et de féminité, entre la mère et l'amante, constitue l'un des symptômes majeurs de la DIP. La fonction maternelle s'enfle exagérément au détriment de celle de maîtresse. Les deux facettes se désolidarisent, s'opposent et se contrarient. La nourriture est alors appelée à compenser le vide intérieur en l'absence du fœtus et du pénis. La bouche s'érige en zone érogène privilégiée et se substitue au vagin.

Ce déchirement révèle la persistance d'une souffrance ancienne, due aux traumatismes subis dans l'enfance, dont le deuil n'a pu s'accomplir en raison du refoulement. « Mes parents ont toujours eu une double vie. Lorsque j'avais 8 ans, un jour j'ai surpris ma mère en train d'embrasser un monsieur. En rentrant, j'ai vendu la mèche sans m'en rendre compte, en racontant naïvement la scène à mon père. Ils se sont disputés violemment. Quelques mois plus tard, ils ont décidé de se séparer. Cependant, restés très amoureux l'un de l'autre, ils n'ont pas réussi à se quitter. J'étais très malheureuse. Je me sentais si coupable d'avoir semé la zizanie entre eux. Mon père était devenu déprimé, toujours préoccupé, triste. Un moment, il est sorti avec une collègue de travail, mais ça n'a pas collé. Je cherchais à le protéger. Pour le consoler, je m'occupais de lui et lui obéissais. Mais surtout, puisque c'était ma faute s'il avait divorcé, j'insistais pour qu'il se remette avec ma mère. Un an plus tard, elle regagna la maison. Mon père s'était résigné à la laisser libre de fréquenter son amant. Ma mère affirmait, tout ébranlée, quand je lui exprimais ma désapprobation, qu'il était possible d'aimer deux personnes à la fois de manière différente, mais tout aussi sincère. Elle avouait que ce n'était pas toujours facile, évidemment, mais que c'était plus fort qu'elle. Rien qu'en regardant son visage, je pouvais deviner aisément si elle avait passé la journée avec son "copain", lui aussi marié et père de deux enfants.

« Justement, depuis que mon mari a découvert la double vie de ma mère, il s'est mis à la juger et à lui lancer des piques. Il m'a laissée comprendre aussi qu'il redoutait que je suive, un jour, son modèle – "telle mère, telle fille". Ces conflits me perturbent tellement que j'essaie de calmer le jeu en m'interposant entre eux, en servant de tampon. »

Ainsi, Audrey, ou plus exactement la petite fille inquiète en elle, ne s'autorise plus à jouir sereinement, dans l'union des désirs et des corps, avec son mari, en raison du surgissement d'une forte culpabilité depuis qu'elle est devenue mère. Elle souffre, en outre, d'une image négative, voire dangereuse, d'elle-même et de la sexualité. Tout se passe en effet comme si elle craignait que l'attisement de ses pulsions ne l'envahisse et ne la submerge, tel un torrent, pour finir par la rendre infidèle, légère, « putain », à l'image de sa mère, sans qu'elle puisse se contrôler. Cela rendrait tout le monde malheureux, disloquant son couple et brisant sa famille, à l'exemple de ce qui s'est déjà produit, « par sa faute », quand elle était petite.

Il est intéressant de souligner ici la récurrence du thème de la « cassure » au niveau de l'héritage transgénérationnel. Les grands-parents maternels d'Audrey ont divorcé aussi en raison de la légèreté et des infidélités répétées de sa grand-mère. Du côté paternel, le grand-père, maçon immigré italien, atteint d'une jalousie maladive, soupçonnait sans cesse sa femme, pourtant mère de quatorze enfants, de le tromper.

Voici maintenant un souvenir d'Audrey que je trouve très éclairant quant à la dangerosité fantasmatique que présente la sexualité pour elle, ainsi qu'à son appréhension coupable de désunir les parents et de les éloigner de leurs enfants.

« À 17 ans, je suis tombée amoureuse de mon professeur de français et d'histoire-géographie. Il était plus de deux fois plus vieux que moi, marié et père de deux enfants. Il refusait au début de répondre à mes sollicitations, mais peu à peu il a fini par céder. Nous sommes devenus amants. Cela a tout de même duré un an et demi. On se voyait chez lui ou dans les campagnes désertes environnantes, enfin dès qu'on le pouvait et partout où il était possible de se cacher. Je l'ai beaucoup aimé, cet homme. Il m'apprenait pas mal de choses. J'étais fascinée par sa culture, son érudition. Il était doux, gentil, tendre. Il me comprenait. Je me sentais protégée. Mes parents ont fini par découvrir cette liaison. D'abord, ils m'ont un peu réprimandée. Puis ils ont convoqué mon professeur, non pas pour l'obliger à me quitter, mais pour exiger qu'il choisisse entre moi et sa femme. Il a réclamé un délai. Mais c'est finalement moi qui ai pris l'initiative, une semaine après, de le quitter, avant qu'il ne se soit prononcé. Je ne voulais pas casser son couple, le séparer de sa femme et l'arracher à ses enfants. Je me serais sentie trop coupable. L'aînée avait presque mon âge. »

Un autre événement, celui-ci traumatisant, va également nous aider à mieux comprendre la difficulté d'Audrey à s'épanouir dans son corps de femme sans se laisser envahir et dominer par sa dimension de mère, démesurément enflée. « Quand j'avais 12 ans, j'ai été violée une fois par un voisin, le père d'une de mes petites copines. Je le connaissais, ce monsieur. Je le trouvais gentil. Je l'aimais bien, sans plus. Un an après, j'ai décidé de tout raconter à mes parents. J'étais en colère contre lui, bien sûr, mais encore plus contre moi-même. Je me sentais follement coupable. J'avais surtout peur que tout le monde présume que ce qui m'était arrivé était de ma faute, comme si je l'avais souhaité et provoqué, avec mon consentement. J'avais l'impression, quand je marchais dans la rue, que les gens pouvaient lire sur mon visage ce qui s'était passé. Je me sentais sale. Je m'en voulais aussi d'avoir désobéi à la volonté de ma mère. Elle m'avait déjà déconseillé je ne sais combien de fois d'aller jouer chez cette copine. C'est tellement plus simple d'obéir, d'exécuter ce qu'on attend de vous !

« Ensuite mes parents ont porté plainte. Cette histoire a rendu ma mère folle. J'ai tout gâché, en fin de compte, en dénonçant mon viol. J'ai cassé ma famille, causé du mal à tout le monde. Mes parents ne vivaient plus que pour se venger. C'était devenu leur combat, leur procès. Curieusement, ils ne trouvaient plus le temps ni l'énergie de s'occuper de moi et de ma petite sœur. Ma mère ne m'écoutait plus. Elle était pleine de haine et de violence. Cela a duré cinq ans, cette histoire. Sur le plan financier, ç'a été une catastrophe, sans parler de l'humiliation collective, les journaux, les amis, les commerçants... Moi, en leur révélant mon viol, je ne m'imaginais pas tout cela. J'avais simplement envie qu'ils me croient et qu'ils me rassurent en me disant que le monsieur m'avait fait du mal. Une fois, je me suis disputée avec mes parents parce que, en prenant l'apéro avec des amis, ils leur avaient fait lire le dossier. J'ai hurlé. C'était ma vie quand même ! Ma mère m'a foutu une claque. Elle ne se rendait pas compte, je crois. Maintenant elle souffre de problèmes cardiaques. Je me dis que ça provient de ces années de stress, comme si c'était encore ma faute. Le violeur a été condamné à quinze ans de prison. J'étais surtout soulagée que l'affaire soit, enfin, terminée. »

Toutes les femmes victimes dans leur enfance d'abus sexuels, qu'il s'agisse d'attouchements, d'inceste ou de viol, voient leur sexualité de femme adulte, pour reprendre les termes qu'elles emploient, « bousillée, foutue ». La majorité compensent alors cette pénurie, ce rétrécissement de leur féminité, par un excès de maternité, c'est-à-dire en se voulant des mères parfaites, hyper-protectrices, dévouées, à la limite étouffantes. L'indispensable promenade à travers les divers pans de l'identité plurielle s'interrompt. L'équilibre

entre les deux visages, celui de mère et celui de maîtresse, se brise au bénéfice du premier. Le triangle se
transforme en duo fusionnel mère-enfant, le père
devenant accessoire, inutile, voire parfois gênant. Il
m'est arrivé aussi plus d'une fois de constater chez certaines femmes, et le témoignage d'Audrey le confirme,
le balancement libidinal d'un excès à l'autre, de l'extinction au déferlement et vice versa. L'abus sexuel
ayant détraqué le thermostat pulsionnel, leur sexualité
échoue désormais à s'exercer d'une façon tranquille et
modérée, ce qui n'exclut évidemment pas certaines
flottaisons. Elle vacille brutalement d'une période de
frigidité à une phase d'excitation intense, frôlant parfois le débordement pervers. Ces femmes peuvent passer ainsi de la « sainte » à la « pute » et inversement,
bloquant le frein ou appuyant sur l'accélérateur. Tout
se passe comme si elles avaient été quelque part conta-
minées, perverties par la perversion qu'elles ont jadis
subie, dans leur âme et dans leur chair.

Audrey n'a pu vivre précisément jusqu'ici que ces
deux formes extrêmes, l'exaltation aguicheuse avec son
professeur et avec son mari, et l'extinction depuis
qu'elle est devenue mère. L'impact le plus néfaste de
l'abus chez la petite fille est relatif au fait qu'elle cesse
précisément d'être petite. Elle se trouve arrachée de sa
génération pour être brutalement propulsée dans une
autre, future, dans laquelle elle n'est pas encore prête
à vivre, n'en ayant ni la maturité ni les capacités. Elle
est utilisée comme si elle était une femme adulte, dis-
posée à recevoir l'homme à travers l'acte sexuel, alors
qu'elle est petite et immature. Dans ces conditions, son

enfance sautée, volée, blanche, avortée, non consommée, se transforme en fantôme, la poursuivant et l'empêchant d'assumer son identité de femme adulte, psychiquement autonome et sexuellement épanouie.

En outre, la plus corrosive des culpabilités se trouvant du côté de la victime innocente, Audrey est profondément convaincue, en dépit de toute logique, que ce qu'elle a subi est de sa faute, ou, tout au moins, représente une punition méritée. Elle est persuadée également que personne ne croira en sa sincérité et en son innocence, ni qu'elle a été abusée en toute impuissance, sans l'avoir provoqué ni souhaité. Cette culpabilité imaginaire sera d'ailleurs d'autant plus grande que la manipulation de ses organes génitaux de petite fille lui aura procuré, tout à fait mécaniquement bien sûr, une certaine jouissance, étrange, trouble.

Du reste, les « maniaqueries » des femmes autrefois abusées, leurs rituels obsessionnels, dits TOC aujourd'hui, à savoir leur souci exagéré d'ordre et de propreté et leur méticulosité, représentent des tentatives acharnées pour restaurer le désordre générationnel et nettoyer la saleté psychologique essuyée, dans l'espoir de récupérer leur virginité et leur pureté originaires. Chez Audrey, cette culpabilité se manifeste également en la contraignant à sacrifier son être profond, à renoncer à son désir propre. Elle trouve en effet constamment naturel de se soumettre, d'obéir à sa mère et à son époux, pour leur faire plaisir, mais aussi par peur des conflits, qui risqueraient d'exacerber sa culpabilité. « Avant, je me sentais tellement redevable à mes parents que je n'osais rien décider ni choisir par et pour moi-même. Je m'imposais de marcher sur leurs traces pour qu'ils soient satisfaits de moi. Je m'interdisais tout ce qui risquait d'aller à l'encontre de leur volonté, pour ne pas les décevoir. Ma mère m'avait bien dit de ne pas aller jouer chez ces voisins. J'ai été violée parce que je lui avais désobéi. Curieusement, ce qui m'a séduite quand j'ai rencontré mon mari, c'est qu'il était cartésien. Il m'a vite prise en charge, prenant des décisions à ma place : "C'est comme ça et pas autrement !" J'avoue que ça m'arrangeait bien. Maintenant, tout commence à dérailler, à se fissurer. Je n'ai plus envie de lui obéir en rompant avec ma mère comme il l'exige. Je veux m'affirmer, m'imposer avec mes désirs. Je ne suis plus une petite fille. Je ne veux plus dire tout le temps "oui", pour éviter les désaccords et les conflits. Auparavant, je réussissais parfois à dire "non", à exprimer timidement mon opinion ou une décision. Mais mon mari parvenait toujours à m'ébranler en semant le doute en moi. Je culpabilisais et finissais par m'excuser pour qu'il ne soit pas fâché. Il n'aime pas être contrarié. »

On pourrait aussi se demander s'il n'existe pas dans l'esprit d'Audrey une certaine confusion entre sa mère et son époux, qu'elle considère un peu comme une mère bis. Elle a tendance à les situer sur le même plan, comme s'il s'agissait d'êtres équivalents appartenant à la même génération, avec qui elle entretiendrait des relations de nature semblable et qui se trouveraient à l'heure actuelle en rivalité. Elle éprouve vis-à-vis des deux la même contrainte d'obéissance, le même besoin d'éviter les disputes, pour leur plaire en leur faisant plaisir. De plus, elle se trouve aujourd'hui animée par la même volonté de s'affranchir de leur emprise, de s'autonomiser en leur disant non ou en leur fixant des limites, pour être davantage attentive à ses propres désirs.

En résumé, elle se comporte à l'égard de ces deux personnes non pas comme une femme adulte entretenant avec chacune des liens qualitativement différents, deux amours hétérogènes, l'un filial et l'autre conjugal, mais comme une petite fille dépendante. Cela prouve encore une fois qu'à l'intérieur du couple la femme, ou plus exactement son enfant intérieur, reproduit inconsciemment avec son conjoint le modèle relationnel infantile tissé naguère avec sa mère, tendu par les mêmes craintes et espoirs. Autrement dit, la petite fille qu'Audrey porte en elle s'était donné pour mission de guérir l'enfant blessé de son mari, en tant que thérapeute, comme elle le faisait avec sa propre mère, afin d'apaiser sa culpabilité. « Mon mari a vécu une enfance bien malheureuse. Il est le deuxième d'une fratrie de trois. Sa petite sœur est devenue, très jeune, handicapée mentale. Mon mari dit qu'elle est tombée sur un morceau de bois en s'amusant avec lui. Depuis toujours, il se croit fautif, alors qu'en fait il n'y était pour rien ! »

Voilà : la sexualité humaine, et plus spécialement celle de la femme, ne peut se réduire au seul sexe, à la seule partie charnelle, mécanique, physique. Elle engage son désir, la totalité de son être profond, son corps et son âme, son identité plurielle, imbriquée dans son histoire. Son exercice heureux ou au contraire lacunaire, marqué par la frigidité ou des angoisses diverses, dépend essentiellement de l'état de santé psychologique de la petite fille en elle, c'est-à-dire de l'importance de la DIP et de la culpabilité, ainsi que de l'emprise du fantôme, la coinçant dans l'infantilisme et l'immaturité. Car la DIP empêche la libido de circuler librement et de manière fluide à travers les aires de l'identité plurielle. La femme éprouve certaines difficultés, dans ces conditions, à habiter paisiblement son corps, en toute sécurité. Elle s'interdit de s'aimer, de se trouver belle, d'avoir confiance en elle et en sa bonté, seule condition pour pouvoir s'offrir sans blocage à l'homme qu'elle désire.

GÉRARD

Gérard a 53 ans. Il s'est résolu à venir me consulter, sur l'insistance de sa femme, à propos d'un problème d'ordre sexuel, concernant l'impuissance et l'éjaculation précoce. Il s'agit d'un homme marié depuis vingt-huit ans et père de trois enfants. Sa virilité manifeste ne laisse nullement soupçonner son impuissance, les apparences étant souvent trompeuses. Il serait donc plus sage de ne se fier d'emblée ni aux penchants de son cœur, ni à ce que voient les yeux, comme l'Ancien Testament le recommande.

« Cela fait plus d'un an que ma vie sexuelle a totalement basculé. Avant, je pouvais faire l'amour dès que j'en ressentais le besoin ou lorsque ma femme en manifestait le désir, pratiquement sur commande. Depuis, la machine est tombée en panne. Ça marche quelquefois, mais rarement dans l'ensemble. Souvent, même quand j'ai très envie, ça ne fonctionne pas. L'érection, de qualité médiocre, rend la pénétration impossible ou aboutit à l'éjaculation précoce. Dès le début, j'en ai été très malheureux, mais je ne l'ai montré à personne. Je ne voulais pas qu'on en parle. J'en avais honte. J'avais peur de ne plus être un homme, devenu trop vieux. Je perdais confiance en moi. Je croyais ma vie foutue. Je craignais aussi que ma femme, insatisfaite avec moi, ne décide de me quitter ou d'aller voir ailleurs, après un moment de patience. Je me rendais bien compte que je me trouvais dans un cercle vicieux, mais c'était plus fort que moi. Ne pas réussir à faire l'amour me rendait nerveux et tendu, ce qui préparait les conditions d'un nouveau fiasco. Je n'acceptais pas de ne pas avoir d'érection, de ne plus être un homme ; c'est comme une petite mort.

« Curieusement, ma femme ne semblait pas aussi affectée. Elle donnait même l'impression de s'en foutre. Elle en riait aussi parfois, comme pour se moquer de moi. Je n'appréciais pas. Son attitude m'énervait davantage. Plus le temps passait et plus ça devenait pénible. Je ne pensais plus qu'à ça. Tout le reste me semblait non pas insignifiant, mais vraiment secondaire. Je me repliais sur moi, réduisant considérablement le champ de mes activités, alors que trois mois auparavant je n'arrêtais pas. Je bougeais sans cesse, toujours occupé par le travail, le jardin, le vélo, le bricolage... Il m'arrivait de marcher 20 kilomètres d'affilée dans la journée.

« Par contre, je passais beaucoup de temps devant la télévision ou l'ordinateur. Je visitais des sites porno sur Internet, en cachette. Il m'est arrivé de me masturber en fixant certaines images. Ça me soulageait. Ça me redonnait confiance en ma virilité, me prouvait que je n'étais pas si vieux que ça ! Pourtant, le soir, au lit, mon sexe redevenait tout petit et inerte, un bout de chair mou, mort, naze. Ma femme refusait que je la touche parfois, protestant qu'elle n'était pas un objet sexuel sur lequel je pouvais m'amuser à tester ma virilité. J'avais moins faim que d'habitude, mais je fumais et buvais davantage. L'alcool et le tabac, au lieu de m'apaiser, me rendaient au contraire désagréable, susceptible et même quelquefois verbalement agressif. Je reprochais à ma femme de ne pas chercher à me comprendre et à m'aider. Je me sentais aussi coupable de ne pouvoir la satisfaire, ce qui ne m'empêchait pas, par moments, de rejeter la responsabilité de mes pannes sur elle.

« Ah, j'avais oublié de vous dire que j'ai été mis à la retraite anticipée il y a un peu plus d'un an, pour des motifs économiques relatifs à la délocalisation de l'entreprise. Ça a été un choc. La retraite signifie pour moi la fin de la vie, qu'on est devenu vieux, inutile, bon à rien. J'ai essayé de positiver en me disant qu'après quelques mois de vacances bien méritées je pourrais me remettre au travail. Mais j'ai dû déchanter en réalisant qu'il n'était pas aussi évident que je le croyais de retrouver un emploi dans ma spécialité, à mon âge.

« Me voilà donc passé, là aussi, d'un extrême à un autre, de l'hyperactivité à l'oisiveté. Auparavant, je n'étais quasiment pas chez moi de la journée. On se voyait rarement avec ma femme. Souvent, quand je rentrais le soir, elle s'était déjà endormie et, lorsque je repartais le lendemain, elle n'était pas encore sortie du lit. Après mon licenciement, je ne bougeais pratiquement plus de la maison. Ce changement a dû déstabiliser notre couple. Ma femme avait l'habitude d'organiser son temps et ses occupations sans trop tenir compte de moi. Notre tête-à-tête quotidien, le fait d'assister aux événements ou d'apprendre les nouvelles ensemble, au même moment, rendaient notre couple un peu monotone, sans surprise. On ne trouvait plus grand-chose à se raconter. Enfin, je me suis décidé à consulter un médecin. Tous les tests et les examens de laboratoire étaient positifs, enfin je veux dire négatifs, puisqu'ils ne montraient rien d'anormal. Le médecin m'a tout de même prescrit des remontants et un anxiolytique, plus du Viagra, à ma demande. Cependant, je n'ai pas suivi bien longtemps ce traitement, d'abord en raison de ses effets secondaires gênants, ensuite par peur de devenir dépendant. Quant au Viagra, ma femme ne voulait absolument pas en entendre parler. Elle s'est même mise en colère, menaçant de me quitter si jamais je l'utilisais. Elle disait qu'il était hors de question pour elle de coucher avec un homme artificiellement, chimiquement excité.

« Au milieu de tout ça, il y a six mois, j'ai perdu un collègue de mon ancienne entreprise que j'aimais bien. Ce décès m'a bien affecté. Je me sentais triste pour lui, bien sûr, mais j'avais aussi peur pour moi. La mort peut frapper à tout moment, sans prévenir. Au pot, après la cérémonie à l'église, j'ai bavardé avec une jeune secrétaire, de plus de vingt ans plus jeune que moi. Elle me racontait des ragots de la boîte. J'ai soudain ressenti une forte excitation sexuelle monter en moi. Je ne sais pas ce qui m'a pris. J'ai demandé timidement à la revoir. Elle m'a donné sans hésiter son numéro de portable. On s'est revus le lendemain, et trois jours après on couchait ensemble. Avec elle, ça marchait super bien. J'étais heureux. Redevenu vivant, je retrouvais confiance en moi. Cette lune de miel clandestine n'a cependant pas duré longtemps. Je me suis retrouvé à nouveau bloqué, comme avec ma femme. La jeune secrétaire m'a alors avoué qu'en réalité elle était mariée à un homme stérile. Elle cherchait donc, en désespoir de cause, à se faire féconder, à l'insu de son mari, par un autre mâle. J'ai eu un instant de panique à l'idée qu'elle aurait pu être enceinte de moi. J'étais déçu. Je m'étais fait avoir. C'était ma semence qu'elle désirait, et pas moi, juste bon, tel un taureau, à engrosser une vache ! »

Comment comprendre la souffrance de Gérard ? Quel est le sens inconscient de son symptôme, de ses « pannes » ? Il est évidemment tout à fait normal qu'il souffre de son impuissance et qu'il cherche à s'en guérir. Cependant, le caractère dramatique et obsédant de son symptôme prouve qu'il ne s'agit pas seulement d'une contrariété actuelle, mais d'une inquiétude ancienne. Ce n'est donc pas Gérard, la personne adulte, qui se débat dans son Ici et Maintenant, mais son enfant intérieur, séquestré par le fantôme.

Il est vrai qu'aujourd'hui, sous l'influence du comportementalisme, le souci premier est de répondre d'emblée à la sempiternelle question : « Que faire ? » L'objectif n'est plus désormais de comprendre le symptôme, d'accéder à sa signification, mais de l'éliminer, de s'en débarrasser rapidement, dans une démarche guerrière.

Une journaliste m'a demandé un jour : « Que

devrait-on conseiller à une jeune femme de 22 ans déprimée depuis un an à la suite d'un accouchement ? » Quand j'ai tenté de lui expliquer qu'il vaudrait peut-être mieux, en premier lieu, que la jeune femme puisse s'exprimer pour qu'on l'aide à réfléchir sur son vécu propre, sur le sens et l'importance de cet enfantement pour elle, ramené à son histoire, j'ai bien senti que la journaliste ne m'écoutait plus ! Elle cherchait pour ses lectrices des recettes claires, rapides, concrètes, faciles, magiques. De plus en plus de patients/impatients me demandent dès la fin de la première séance, considérant sans doute la dépression comme un rhume : « Qu'est-ce que je dois faire maintenant, comment m'en sortir ? »

Si je leur réponds qu'il n'existe pas vraiment d'insecticide contre le cafard comme il en existe contre les cafards, et qu'il serait bon d'entrer d'abord dans la dépression avant de se précipiter pour en sortir, je lis dans leurs yeux une certaine perplexité anxieuse. Je me demande vraiment si, à force de vivre au milieu d'un arsenal impressionnant de robots, d'appareils, d'engins et de gadgets mécaniques, électriques, électroniques, nous n'avons pas fini, par un étrange phénomène de mimétisme, par nous prendre nous-mêmes pour des machines sans âme, réparables, rapiéçables en cas de panne !

Le « psy » ne représente plus le sage ou le fakir d'antan. Il est devenu un simple dépanneur ! La publicité et la propagande politique encouragent et exploitent d'ailleurs ingénieusement cette vision simpliste, parce que puérile, de l'homme coupé de son intériorité. Pour elles, tout problème peut trouver une solution extérieure réelle, concrète, rapide, facile : « il n'y a qu'à » voter pour tel parti ou consommer tel produit. C'est bien cette illusion qui caractérise la pensée magique infantile déniant les complexités.

Ce fantasme, cette ambition de solutionner ses difficultés psychologiques par recours à l'action et à des succédanés matériels, aboutit paradoxalement au surgissement et à la multiplication de nouveaux problèmes, contrairement à l'effet souhaité, en raison des confusions entre le fonctionnement du psychisme et celui de la réalité, ainsi qu'entre les différents moyens de les approcher.

Si, en effet, le sujet peut réussir matériellement et socialement son existence en cherchant à éviter les dangers, à se défendre, à fuir, à lutter, à combattre, à résister, à se presser, à gagner, à dominer, à conquérir, il lui est par contre indispensable d'exhiber son drapeau blanc pour aborder et manier son intériorité : s'écouter, se détendre, patienter, décélérer, accueillir, apprendre à perdre, accepter, lâcher prise, flotter. On nous a malheureusement trop appris, tout au long de notre enfance, à nous comporter vis-à-vis du dedans et du dehors exactement de la même manière et en utilisant les mêmes outils.

Plus on se presse, plus on retarde son arrivée, à l'exemple du lièvre battu par la tortue dans la fable de La Fontaine. On ne peut qu'être perdant dans le combat contre soi-même !

La première question que l'on pourrait se poser concernant les difficultés de Gérard est la suivante :

celles-ci s'expliquent-elles par la longévité de son couple, vingt-huit années de vie commune ? Autrement dit, le mariage monogamique se concrétisant par une cohabitation de plus en plus longue avec le même partenaire, en raison de l'augmentation de l'espérance de vie, assèche-t-il le désir sous l'effet du train-train et de la routine ?

En résumé, l'appétit sexuel nécessite-t-il, pour se maintenir éveillé, le changement et la nouveauté ? Pas forcément. Dans le couple, la durée, la continuité, la stabilité, la constance ne constituent pas des « éteignoirs », des « tue-désir », bien au contraire, dans la mesure où jouir sexuellement, en donnant et en recevant du plaisir, exige une certaine proximité complice favorisée par la durée.

À titre d'exemple, les troubles de l'appétit, l'anorexie et la boulimie, en apparence totalement étrangers au domaine sexuel, ne dépendent en réalité nullement de la nourriture, de son abondance ou de sa pénurie, de ses vertus diététiques, de ses particularités olfactives et gustatives, du rythme, de la variété ou de l'uniformité des repas. Ainsi, l'anorexique pourra se montrer impassible, voire dégoûtée et répugnée, devant un festival de mets plus succulents les uns que les autres. Par contre, la boulimique affamée, « avale-tout », « bouffe-tout », « goinfre », « morfale », sera capable de « s'en foutre plein la panse », d'avaler n'importe quoi, sans pourtant se sentir rassasiée ! Ces troubles cachent, mais surtout révèlent chez la femme sa difficulté à s'accepter et à s'aimer dans son corps et son cœur d'adulte, son refus d'assumer sa féminité et d'accéder à la génitalité par le sacrifice de l'oralité.

L'assèchement du désir dans un couple, sous forme de frigidité et d'impuissance, dépend de l'histoire personnelle de chacun des partenaires et de ce que la relation sexuelle représente pour eux, et non du seul facteur de la durée. Les risques de monotonie ne sont pas obligatoirement plus importants quand on fait l'amour avec la même personne durant trente ans que quand on le fait avec trente personnes différentes successivement !

Il est toutefois normal que la passion amoureuse et sexuelle originaire, ayant présidé à la naissance de l'union, évolue avec le temps. La construction de la famille, l'arrivée des enfants, l'extraordinaire énergie matérielle et psychologique investie au cours de leur longue croissance, les tracas de la vie professionnelle, les modifications hormonales dues au processus naturel de vieillissement remanient imperceptiblement la vie sexuelle. Une partie de la pulsion se sublime inévitablement pour soutenir ces changements et nourrir les autres visages, également légitimes, de la relation et de l'identité plurielle. Le désir reste vivant. Il ne disparaît ou ne se fane que lorsque l'adulte, envahi par les souffrances de son enfant intérieur, ne dispose plus librement de son énergie vitale ni de son autonomie psychique.

Ces deux thèmes, ceux de la « nouveauté » et du « changement », exercent naturellement depuis toujours une grande fascination sur les humains. Ils servent de moteur à leur créativité, les aidant à réaliser leur souhait de progrès et de bonheur. On pourrait se demander cependant s'ils ne sont pas de nos jours un peu trop idolâtrés, érigés au rang de mythes ou de slogans. Aspirer à la « nouveauté » et au « changement » paraît d'emblée, dans une vision émotionnelle, synonyme de progression et de modernité. Son défaut devient le révélateur d'un esprit conservateur et réactionnaire. Ces deux mots magiques, « changement » et « nouveau », servent ainsi de label, voire d'hameçon, aux politiciens et aux publicitaires, qui les utilisent à foison pour se faire acheter ou vendre. Le marketing politico-commercial cherche ingénieusement à nous faire croire qu'un yaourt, un magazine, un gadget, un homme politique ou une poudre à laver « nouveaux », « nouvelle formule », sont forcément meilleurs, sans qu'il soit nullement besoin d'aucune argumentation. Cela ne signifie pas, de toute évidence, que le sujet, malgré son souhait et sa revendication affichée de changement et de nouveauté, est véritablement prêt ou capable de les accueillir et de les assumer. L'être humain se montre, là aussi, très ambivalent, résistant et refusant avec véhémence, par crainte et par paresse, ce qu'il ne cesse pourtant par ailleurs d'appeler de ses vœux !

Enfin, au niveau de la psychologie individuelle, beaucoup de personnes ayant intériorisé cette injonction culturelle croient naïvement qu'en changeant de résidence, de travail, d'orientation sexuelle, de partenaire, de sexe, de nez, de poids, de poitrine, de fesses, etc., elles seront mieux dans leur peau et plus heureuses. Ce miroir aux alouettes nous pousse en définitive à nous comporter les uns avec les autres comme on agirait à l'égard d'objets sans âme, dont on se débarrasse dès qu'ils cessent de nous plaire ou après usage, tels des mouchoirs ou des rasoirs jetables, fascinés que nous sommes par de « nouveaux » corps, de « nouvelles » machines !

Difficile pour le couple moderne de s'inscrire dans la longévité en sauvegardant la perle du désir quand tout autour de lui se modifie, devient éphémère, fragile, intermittent, intérimaire, impermanent, transitoire, temporaire, flottant, quand tout s'accélère et que les durées se raccourcissent. Dans la vie quotidienne, tout nécessite de moins en moins de temps, va beaucoup plus vite, du fast-food ou du fast-love au micro-ondes et au TGV, en passant par les temps de cuisson des pâtes et du riz divisés par trois. J'ai même entendu une patiente se plaindre des neuf mois incompressibles de la grossesse !

Ce qui m'a beaucoup touché chez Gérard concernant le facteur temps renvoie à son inquiétude relative à la vieillesse et à la mort. Tout se passe en effet comme s'il ressentait ses « pannes » sexuelles d'une manière dramatique, tels les signes avant-coureurs de la déchéance et de la décrépitude. « Bander », pénétrer sa femme, éjaculer, tous ces actes surinvestis le rassurent en lui prouvant qu'il demeure un homme jeune et viril. Il est vrai que la sexualité sert avant tout, à l'instar de ce qui se passe chez tous les vivants, plantes ou animaux, à perpétuer la vie. La jouissance représente l'attrait, l'encouragement et la récompense offerts par la nature aux hommes et aux femmes pour leur rappeler leur « devoir » de se reproduire, car aucun signal, à l'image des sensations de la faim ou de la soif, ne rappelle au sujet le risque d'extinction du genre humain ni la nécessité d'y faire face.

Pourquoi Gérard attache-t-il tant d'importance au sexe ?

Il est vrai que, chez les humains, la sexualité ne constitue pas un domaine à part, séparé du reste de la personnalité, indépendant des autres parties de l'identité plurielle. Le côté amant, sexuel, vénérien d'un homme n'est pas clivé de ses autres facettes de père, de travailleur, d'ami, de frère et de petit garçon. Tel un miroir, la sexualité reflète donc l'être tout entier, son âme dans sa nudité. Cela signifie simplement que le thème majeur préoccupant Gérard, quel que soit le domaine précis considéré, s'articule autour de l'axe central vie-mort. Mon patient redoute en effet, à travers toutes ces péripéties existentielles, et surtout ses pannes sexuelles, la vieillesse, la déchéance et la mort. Face à son sexe « redevenu petit, comme un bout de chair molle, morte, naze », il s'imagine que sa vie est « foutue ». Il a ressenti, de même, sa mise en retraite anticipée comme le terme de son existence, la preuve de son inutilité. En apprenant le décès de son collègue, il s'est cru en survie ou en sursis, « la mort pouvant me frapper à tout instant, sans prévenir », dit-il. Enfin, en fréquentant pendant quelques mois sa jeune maîtresse, il s'est senti redevenir vivant, ressuscité, rajeuni !

Il est intéressant de remarquer que les symptômes d'impuissance et d'éjaculation précoce chez Gérard ont débuté à la suite de l'arrêt de sa vie professionnelle.

Ce choc, certes blessant, ne constitue cependant pas l'origine mais simplement le facteur déclencheur de ses tourments. Il n'a fait que réveiller et révéler une problématique ancienne, une vieille souffrance inconsciente, celle de son enfant intérieur. La preuve en est que Gérard a, de tout temps, présenté une personnalité hyperactive, bougeant sans cesse, affairé, occupé, accaparé. L'hyperactivité représente un mécanisme de défense contre les angoisses de mort. Elle a pour but de protéger le sujet, de l'assurer qu'il est vivant.

Mais pourquoi Gérard est-il si imprégné par ces craintes ? Que lui est-il arrivé ? « Je suis l'aîné d'une fratrie de trois. Lorsque ma mère s'est trouvée enceinte de moi alors qu'elle n'avait même pas encore tout à fait 18 ans, son petit copain, c'est-à-dire mon père, à peine plus âgé, a paniqué, exigeant qu'elle se fasse avorter. C'est vraiment curieux, ma mère ne m'avait encore jamais raconté cet épisode de sa vie, de la mienne je veux dire. C'est moi qui viens de l'interroger pour pouvoir vous en parler. Au départ, elle a refusé. Il s'agissait dans les années 1950 d'un acte illégal. Elle s'y est pourtant résolue, à contrecœur, m'a-t-elle avoué, face aux menaces de mon père de l'abandonner. Ne disposant pas de moyens pour se rendre à l'étranger, elle s'est contentée, suivant les conseils d'une amie, d'ingurgiter des potions abortives et de sauter du haut des marches en pierre de l'escalier. Puis, une fois, lors d'un rapport avec mon père, perdant un peu de sang, elle a cru naïvement que l'affaire était réglée. C'est seulement après le quatrième mois de grossesse, sentant son ventre grossir et bouger, qu'elle s'est rendu compte que j'étais resté "bien accroché". Elle a alors mis mes grands-parents au courant. Ceux-ci, catholiques extrêmement pratiquants, ont exigé de mon père qu'il régularise leur union en passant devant monsieur le maire. »

Gérard, submergé par l'émotion, pleure à chaudes larmes en racontant cette page si marquante de sa genèse, qu'il ignorait jusque-là. C'est précisément cela, le sens du fantôme : cet œuf, ce bébé rejeté, considéré dans le désir et le fantasme des parents comme avorté, mort et évacué, bien que rescapé biologiquement, s'est mué en fantôme, troublant la quiétude de l'enfant intérieur et semant le doute en lui quant à son statut d'être vivant, accepté et inconditionnellement aimé. Tout se passe, d'une certaine façon, comme s'il existait deux Gérard, l'un mort et l'autre survivant.

Voilà pourquoi le rapport sexuel se présente à ses yeux, telle une épreuve ordalique, comme étant susceptible aussi bien de le raviver que de le tuer, selon le caprice des dieux. Dès lors, « faire l'amour » ne constitue plus un acte anodin, mais inconsciemment surdéterminé. Tout son être, sa vie entière y participent, s'y trouvent impliqués, sur le gril, hypothéqués. C'est encore une fois la preuve qu'il ne sert à rien de vouloir rafistoler les troubles sexuels par recours à des exercices pratiques importés de l'extérieur. L'acte sexuel engage l'intériorité, toute l'identité et toute l'histoire du sujet, son être au monde et à la vie, et non pas seulement cette partie de son anatomie située entre ses cuisses, au-dessous de son nombril. La sexualité ne se réduit pas au sexe, au pulsionnel. Son épanouissement n'est pas tributaire des corps, beaux ou laids, ni du maniement des techniques ou des positions. Il dépend de la confiance que le sujet a en lui-même, de son *en-vie*, renvoyant en fin de compte à l'amour qu'il a reçu naguère.

De surcroît, Gérard n'a pas seulement été privé de la fusion fœtale mère-enfant, ayant été considéré comme mort à la suite de l'apparition de quelques gouttelettes de sang. Il a également été dépossédé de son enfance après sa réincarnation, ou résurrection, ou renaissance. « Je n'ai jamais compris pourquoi ma mère ne m'aimait pas. Elle ne montrait pas de chaleur ni d'affection. Elle était même plutôt méchante avec moi. Elle me confiait souvent, alors qu'elle ne travaillait pas, à mes grands-parents maternels. Eux étaient gentils avec moi. Je sais maintenant pourquoi. À la maison, alors qu'elle se montrait complaisante avec mes deux sœurs, elle me grondait pour un rien. Plus d'une fois elle m'a frappé avec une casserole sur la tête ou avec des branches de noisetier quand on se trouvait à l'extérieur. Si je m'enfermais dans les toilettes pour pleurer, elle me traitait de "grognard". Elle a décidé de m'envoyer en pensionnat entre mes 7 et 10 ans. Mes deux sœurs, par contre, sont tout le temps restées auprès d'elle. Mon père, un militaire de carrière, se montrait très faible. Il ne réagissait pas beaucoup pour me défendre, comme s'il ne voulait pas se mêler de ce qui ne le regardait pas. Je ne sais pas quelle faute j'avais commise, ni ce qu'au juste elle me reprochait. »

Ce désamour maternel, en l'absence de toute protection paternelle, blessure narcissique supplémentaire, vient, bien évidemment, amplifier le choc intra-utérin subi, symboliquement mortifère. Ainsi, la relation de Gérard avec sa femme, incarnant une image maternelle, est encore plus tendue, plus complexe, comme si tout prenait l'allure d'une épreuve, d'un examen : m'accepte-t-elle ? M'aime-t-elle ? Me désire-t-elle ? Pourrai-je la satisfaire ? Etc.

Ces interrogations traduisent certes chez mon patient une demande pressante d'amour dans le but de compenser celui qu'enfant il n'a pas reçu. Elles reflètent également l'existence d'une certaine timidité, voire d'un blocage de l'agressivité naturelle, par crainte de déplaire, par peur d'être puni en retour et à nouveau rejeté.

L'agressivité, contrairement à la croyance commune qui, la confondant avec la violence et l'agression perverse, l'oppose à l'amour, constitue au fond l'expression saine et positive de l'énergie vitale, la libido. Autrement dit, loin de représenter une force obscure, aveugle et négative, orientée vers la destruction, elle est au contraire l'alliée privilégiée de la vie et de l'éros. Lorsqu'elle se trouve inhibée, comme chez Gérard, confinée, ratatinée dans une relation polie et polissée, débarrassée de sa composante sauvage instinctuelle, elle affaiblit et affadit le désir sexuel.

Ainsi, surtout chez l'homme, la revalorisation d'une agressivité tout en nuances et en subtilité – à ne pas confondre avec le machisme et la brutalité – renforce paradoxalement sa tendresse et son désir. On pourrait se demander dans cette perspective si l'existence naguère, au sein du conscient collectif, d'un certain courant misogyne n'a pas aidé les fils d'Adam à se poser vis-à-vis des filles d'Ève de manière plus confiante, plus masculine, plus virile en un mot, contrebalançant chez eux leurs sentiments d'infériorité biologique et psychologique naturelle.

Certes, toutes les femmes ne se ressemblent pas, tous les hommes non plus. Il serait donc aberrant de vouloir les classer, tels des objets manufacturés, dans des cases, d'un côté les chaises et de l'autre les tables. Il est vrai qu'au sein d'un groupe de sujets appartenant au même sexe chacun est unique, différent, singulier, doté de sa personnalité propre et de son histoire, non confondable avec les autres. Précisément, l'existence de ces diversités individuelles, loin d'invalider la différence des sexes, ne peut que la souligner et la soutenir !

De même, la reconnaissance légitime de l'égalité des chances et des droits ne devrait pas exclure l'évidence de l'hétérogénéité psychologique fondamentale des sexes. La vie, la mort, l'amour, la beauté, le travail, les enfants, l'argent, le sexe, etc., ne revêtent pas chez les hommes et les femmes la même importance, ni n'éveillent en eux les mêmes émois.

Les impuissances de Gérard traduisent au fond en lettres de chair, à l'endroit le plus sensible et le plus secret de son corps, son pénis, l'impuissance du petit garçon en lui, par-delà son apparence d'adulte, à se faire accepter et aimer par la mère, dans l'utérus d'abord, durant son enfance ensuite. La virilité et la vigueur sexuelle lui servaient ainsi de bouclier de protection contre ses angoisses et contre la DIP, de preuve qu'il était vivant et désiré.

Dans l'ensemble, les divers troubles de la sexualité, la frigidité et l'impuissance par exemple, ne revêtent absolument pas la même gravité ni la même importance pour les deux sexes. En premier lieu, l'homme cherche à conquérir, alors que la femme souhaite être élue en tant que personne unique, en un seul exemplaire, non interchangeable, à nulle autre comparable. Si l'homme réussit à disjoindre l'amour de la sexualité en désirant une autre femme tout en déclarant avec sincérité n'aimer que la sienne, celle-ci, par contre, ne pourra se donner qu'à lui seul, incapable de cliver son cœur de sa chair. Certains ont interprété cette dissimilitude comme étant la preuve d'une mentalité polygame chez l'homme et monogame chez la femme.

En second lieu, la pulsion masculine s'enfle sous l'effet du regard, de la vision des formes physiques, de la beauté apparente et de la jeunesse féminines, d'où la montée de l'excitation à la vue de sous-vêtements ou de films pornographiques. L'homme se montre, de même, bien plus préoccupé que la femme par le fonctionnement mécanique, physique du sexe, les gestes, les actes, la puissance, la performance, comme s'il passait une épreuve ou qu'il était en compétition. Il ressent donc les frustrations sexuelles d'une façon très pénible, parfois dramatique, comme s'il s'agissait de la privation de ses besoins vitaux, comme le sommeil, la faim ou la soif.

Tout à fait à l'opposé, l'excitation féminine se nourrit de ce qu'elle appelle le charme, concept très subjectif, ineffable et indéfinissable, suggérant la beauté intérieure, invisible, les mots, le son de la voix, l'originalité, l'humour, l'intelligence, une certaine odeur, un certain regard, indépendamment parfois de la beauté objective ou de l'âge. C'est le motif pour lequel la femme se montre extrêmement sensible au climat de la relation, à l'ambiance, à l'atmosphère amoureuse, à une forme de communication complice faite de compréhension mutuelle, de douceur, de tendresse, d'échange de paroles, de sentiments et d'émotions. Aspirant surtout à plaire, à être aimée inconditionnellement pour elle-même, préférée aux autres, elle se montrera bien plus troublée par l'envie, le désir masculin à son égard que par l'acte sexuel à proprement parler. En raison précisément de cet état d'esprit où prévalent les fantasmes et les émotions, la rareté ou le manque de relations physiques, qui ne sont pas considérées comme vitales, seront bien plus supportables pour elle que pour son congénère masculin.

Troisièmement, dans la relation sexuelle, l'homme se morcelle, se coupe en deux, séparant le corps et l'esprit, à l'avantage du premier. Il ne fait l'amour que quelques minutes avec une toute petite partie de son corps, le pénis. En revanche, la femme, plus lente au démarrage, ne se dissocie point. Elle est présente avec la totalité de son corps et de son âme, sans clivage. Elle s'offre sans réserve et entièrement, dans un temps en quelque sorte suspendu où les notions d'avant et d'après n'ont plus beaucoup d'importance. Cette différence de timing se traduit aussi par le fait que le désir de la femme, contrairement à celui de son partenaire, apparaît plus fragile, plus fluctuant, moins permanent, dépendant de son univers émotionnel, mais également du taux de ses œstrogènes, en augmentation lors de l'ovulation. La sensibilité de tout son corps et plus particulièrement celle de ses zones érogènes grimpe à ce moment-là au sommet de l'excitation.

Curieusement, alors que dans l'acte sexuel la femme se donne complètement, sans se scinder, lorsqu'elle rencontre des blocages sexuels elle ne panique pas. Sa souffrance paraît limitée, circonscrite, localisée au seul domaine sexuel. Cela signifie qu'elle continue à se sentir vivante et reconnue dans les autres aires de son identité plurielle. Souffrir de frigidité ne lui interdit pas de conserver une bonne image d'elle en tant que travailleuse ou mère. Par contre, alors que l'homme n'engage en apparence dans la relation qu'une partie limitée de son corps, détachée de son esprit, pendant la durée du coït, il s'effondre entièrement, cesse de s'estimer, perd confiance en lui et discrédite toutes ses autres capacités s'il est confronté au moindre problème sexuel. Son impuissance, extrêmement dramatisée, se transforme en une question de vie ou de mort. Le chêne dégringole face à l'étonnement rieur du roseau !

Je me demande cependant si ce tableau comparatif et différentiel conserve, à l'heure actuelle, sa pertinence et sa validité, compte tenu du désaveu du tiers symbolique et des systèmes de valeurs, mais surtout en raison du processus d'homogénéisation planétaire des différences, au niveau des sexes aussi bien que des idées, des croyances, des corps, des maisons, des voitures, des vêtements ou des aliments. En effet, beaucoup de femmes se disant pourtant « libérées » semblent avoir intériorisé inconsciemment le modèle et le discours masculins sur le sexe. Elles s'orientent préférentiellement vers la « drague » et la « baise » à travers la consommation boulimique qu'offrent les aventures brèves, non inscrites dans une relation d'amour, recherchées pour la seule satisfaction charnelle.

Un des phénomènes confirmant ce changement de mentalité dans le sens de l'arasement des dissimilitudes est relatif à l'intérêt grandissant des femmes pour les gadgets érotiques, tels que les pénis en plastique ou les vibromasseurs. Dénommés « sex toys » ou « sexes à pile », sortes de prothèses, ils font aujourd'hui florès. Ce commerce, réservé jadis quasi exclusivement aux hommes, accueille désormais partout en Europe, parité oblige, une forte clientèle féminine. La sexualité se transforme ainsi pour les deux sexes, en dehors de leurs sentiments pour le partenaire et de la qualité de la relation, en un acte de consommation hygiéniste, voire addictif ! Étrangement, tout en se croyant autonomes et maîtresses de leurs désirs et de leur corps, les femmes s'offrent, telles des proies complices et complaisantes, sur l'autel de la voracité pulsionnelle, impulsive et égoïste des mâles. Subissant de la sorte une aliénation supplémentaire insidieuse, elles se conduisent au fond comme les hommes souhaiteraient qu'elles se conduisent, disant oui à leurs caprices, se donnant sans poser de questions, se laissant aller aux tentations du moment. C'est désormais la proie qui court après son prédateur.

En résumé, les problèmes d'impuissance et d'éjaculation précoce de Gérard ont eu pour effet capital de le sensibiliser à son intériorité et à son passé, en lui faisant lire une page inconnue mais cependant essentielle de son histoire, relative à sa conception, suivie de son extinction fantasmatique.

Naturellement, tous les hommes souffrant de troubles sexuels n'ont pas connu la même histoire que Gérard. Ils ne constituent certainement pas une armée des ombres, des fantômes, inquiets et errants, ayant survécu aux avortements ratés. Cependant, ils cherchent tous – leurs enfants intérieurs plus exactement – à utiliser leur sexe et leur sexualité comme un anxiolytique et un antidépresseur pour lutter contre la DIP, c'est-à-dire contre leurs craintes infantiles et les frustrations subies, en toute impuissance, sans capacité de défense. Ce n'est donc pas l'adulte psychiquement autonome qui jouit, ou qui a peur, mais son enfant intérieur, porté par son ange gardien ou agacé par le fantôme.

La possibilité pour Gérard de trouver un sens à son symptôme rapporté à son histoire, c'est-à-dire aux souffrances du petit garçon en lui, l'aida à aborder autrement son impuissance. Il réussit à s'en dégager non pas en l'attaquant de front, pour pouvoir fonctionner à nouveau comme une « machine à faire l'amour sur commande », mais en l'acceptant. Plus on lutte contre le fantôme, plus on s'épuise en le rendant agressif !

6
ADDICTIONS

Sophie vient tout juste d'avoir 33 ans. Elle se dit d'emblée « paumée », ne sachant plus dans quelle direction se diriger. « Je suis en formation d'éducatrice, mais je n'arrive pas à me concentrer sur mes cours. Les examens me stressent. Je tourne en rond chez moi ou je dors sans interruption. J'envisage de suspendre ma formation, mais je n'ai aucun autre projet. Je suis incapable d'intégrer les cours, de les résumer, de les synthétiser. Auparavant, j'étais en faculté de sports. Je suis allée jusqu'à la maîtrise, mais je ne l'ai pas validée. Je n'avais pas réussi à finir de rédiger mon mémoire en récapitulant la documentation.

« J'ai eu mon bac à 19 ans. J'ai d'abord travaillé dans une salle de gymnastique en attendant de savoir ce que j'avais vraiment envie de faire. J'hésitais sans cesse. Finalement, je me suis retrouvée à la faculté de sports, que j'ai quittée quatre ans plus tard après avoir échoué au Capes. Je me suis tournée ensuite vers la formation d'éducatrice, que je ne suis pas sûre non plus de pouvoir continuer. C'est pareil pour tout, remarquez. Je me dis depuis longtemps que je devrais changer de logement. Le propriétaire refuse de restaurer le mien. Il y fait très froid en hiver, pas plus de 10 °C. Mais où aller ? Peut-être devrais-je tout laisser tomber et partir à Bordeaux chez mon frère en recommençant tout à zéro. Oui, rompre totalement avec ma vie actuelle, changer de ville, de logement, de travail, d'amis, je suis sûre que ça me ferait du bien. J'en ai assez de la vie que je mène. De même, en septembre dernier, je m'étais inscrite dans un groupe de théâtre du quartier. J'aimais bien. On devait préparer une pièce sur Brassens. Mon rôle a fini par être attribué à une autre personne parce que je n'assistais pas régulièrement aux répétitions.

« Bref, je n'ai pas envie d'avoir la vie que j'ai. Seule solution pour moi : me supprimer. J'en ai eu plusieurs fois l'idée, mais je n'ai pas eu le courage de passer à l'acte. Je pense à ma mère. Je suis incapable de lui faire ça. Elle m'a écrit que, si je me suicidais, j'assassinerais tout mon entourage. Je suis donc obligée d'exister pour les autres.

« Un autre problème, le cannabis. Je fume depuis l'âge de 17 ans, toute seule et tous les jours. Au début il m'aidait à vivre. Maintenant il m'empêche de travailler et de me concentrer. J'en ai marre d'être dépendante. Il faut que je choisisse entre mes études et ça, mais je n'arrive pas à trancher. C'est le bordel en moi. J'ai déjà essayé d'arrêter je ne sais combien de fois, en croyant toujours que ce serait la bonne, mais ça n'a jamais marché. C'est plus fort que moi ! La vie serait insupportable sans ça !

« Sur le plan sentimental, c'est le même bazar. La

première fois que je suis sortie avec un garçon, j'avais 13 ans. On allait fumer avec mon petit copain, en cachette, dans le grenier. On s'amusait aussi à s'asphyxier en avalant à pleins poumons la fumée. On se sentait bizarres après, avec nos têtes qui tournoyaient ! Entre 15 et 17 ans, j'avais des relations sexuelles avec un ami de mon père. Il nous rendait souvent visite en proposant de rendre de petits services, de nous emmener moi et mon frère en balade, de m'accompagner à la gym, etc. Mes parents acceptaient volontiers, cela les arrangeait. J'ai consenti à ces rapports pendant deux ans. J'étais contente de lui plaire. Il était finalement le seul adulte à s'occuper de moi. Je me sentais bien dans ses bras, en sécurité. À 17 ans, je n'avais plus envie de continuer. Je lui ai dit non. Il est tout de suite devenu agressif. Il a menacé de me tuer et m'a violée. Cela s'est répété encore trois ou quatre fois et ensuite il a disparu. Longtemps, je n'ai rien osé dire à mes parents. Comme j'avais été consentante pendant deux ans, ça devenait difficile à expliquer. Huit ans après, j'ai voulu porter plainte. Mon père m'y a encouragée. Ma mère m'a suppliée d'y renoncer. L'affaire a duré trois ans et le procès a fini par un non-lieu. Il avait reconnu avoir eu des rapports avec moi, mais il a nié mordicus m'avoir violée. Je n'avais aucune preuve. Ça m'a dégoûtée. La justice m'a déshabillée. Mon souhait, en portant plainte, c'était qu'il s'excuse, qu'il avoue m'avoir forcée, qu'il reconnaisse qu'il n'en avait pas le droit et que j'avais dit la vérité. Il est mort l'an dernier d'une crise cardiaque en faisant du VTT. Je ne sais pas ce que j'ai ressenti, d'un côté le soulagement, et de l'autre la culpabilité, comme si c'était moi qui l'avait tué.

« Mon mémoire de maîtrise d'éducation sportive avait justement pour thème : "Le sport peut-il aider les victimes d'abus sexuels à s'en sortir ?" Je n'ai jamais pu le finir.

« Après Michel, je suis sortie avec un de mes professeurs, qui avait l'âge de ma mère, moi 17 ans, lui 43. J'ai fréquenté ensuite un infirmier, de deux ans plus vieux que ma mère. Il venait me faire des piqûres à domicile quand je m'étais cassé l'astragale. Je voyais en même temps un autre homme marié qui m'a quittée du jour au lendemain parce que, une fois, au téléphone, je suis tombée sur sa femme.

« En ce moment, je vois quelqu'un de temps en temps. C'est un toxico qui sort de prison. Ce n'est sûrement pas lui qui pourra me donner la stabilité. Je n'ai besoin ni d'un toxico, ni d'un schizo, mais d'un homme mûr qui m'aiderait à mener une vie normale, à construire un couple et une famille avec des enfants. Je dois avouer aussi que jusqu'à l'an dernier je fréquentais beaucoup de femmes. Je suis bi, si vous voulez ! Coucher avec un homme ou une femme, ça m'est un peu égal. Je préfère même souvent les femmes, parce qu'avec elles il n'y a pas de pénétration. Je n'apprécie pas trop ça. Je me sens chaque fois crispée, alors ça devient douloureux. Quand j'accepte, c'est pour faire plaisir. Mon violeur m'avait filé une MST, un condylome, que j'avais négligé. J'ai dû me soigner au laser et plus tard à l'électrocoagulation. Ce qui m'émeut surtout lors des rapports, c'est la tendresse, les caresses, la sensation de plaire et d'être désirée. Le reste m'intéresse moins.

« Beaucoup de personnes jugent ma vie sexuelle choquante. Mes parents ignorent ma bisexualité. Plusieurs fois, je me suis juré de mettre de l'ordre dans tout ça, mais il suffit qu'une copine m'appelle une semaine plus tard pour que je succombe à nouveau à la tentation, oubliant mes résolutions. L'an dernier, je suis tombée très amoureuse de ma psychiatre. J'aurais souhaité qu'elle le devine seule, sans que je sois obligée de le déclarer ouvertement. Je ne pensais qu'à elle. J'avais envie de la revoir tous les jours. J'avais du mal à m'en passer. Finalement, un jour, j'ai pris mon courage à deux mains et lui ai exprimé ma passion. Elle s'est levée et m'a mise immédiatement à la porte de son cabinet. Son attitude m'a drôlement traumatisée. »

Comme on le remarque, Sophie présente au moins deux addictions, au cannabis et au sexe, depuis une quinzaine d'années. Je dis « au moins deux », parce que, au fond, elle aborde tous les domaines de son existence d'une manière addictive. Qu'il s'agisse de ses études, du logement, du couple, de la sexualité ou du cannabis, elle se situe constamment face à ces « objets » de façon ambivalente, dans le contexte du besoin vital et non dans celui du désir, libre et gratuit. Tout est considéré, dans une optique utilitaire, comme médicament, béquille, pansement, chaque chose étant censée la transformer magiquement de l'extérieur, en supprimant son mal-être et en lui restituant la félicité. La caractéristique principale de l'addiction est précisément que le sujet, prenant le désir pour un besoin incoercible, comme la faim, la soif ou le sommeil, et confondant le dehors et le dedans, croit en la possibilité de supprimer le mal-être psychique par le recours à des produits ou à des objets réels. Sophie dit par exemple « avoir besoin d'un homme mûr » qui l'aiderait « à mener une vie normale », comme s'il s'agissait d'une prothèse ou d'un remède à se procurer sur ordonnance.

L'addiction constitue à mes yeux le révélateur privilégié de l'existence du double je, des deux Moi, l'adulte et l'enfantin. Elle représente le miroir qui réfléchit le mieux l'emprise du fantôme, l'immaturité, l'infantilisme du sujet « adulte », envahi, submergé par la détresse de son enfant intérieur.

Toutes les tergiversations/irrésolutions de Sophie, « il faut que... », « j'ai besoin de... mais je n'y arrive pas », traduisent au fond l'insoutenable combat entre ces deux forces, le passé et le présent, l'impulsivité et la raison, le principe de plaisir et celui de réalité, la petite fille et l'adulte, pour l'instant au profit de la première, tandis que la seconde est empêchée de disposer librement de sa libido. Il ne s'agit évidemment pas là d'une attitude ni d'un choix conscient et voulu. Sophie est plus agie qu'elle n'agit, plus parlée qu'elle ne parle, plus consommée par la drogue et le sexe qu'elle n'en consomme en définitive, sous l'emprise aliénante du fantôme.

Ce qui prouve, en outre, qu'il s'agit bien chez elle d'une façon d'être au monde addictive, c'est l'intensité de son ambivalence, de ce flottement permanent entre les deux Moi, l'adulte et l'enfant, je veux, je ne veux pas, sans nul compromis possible ! Cette valse-hésitation la paralyse complètement. La sexualité et le cannabis sont en effet ressentis par elle comme à la fois vivifiants et mortifères, bons et mauvais. Ils la rendent, en raison d'une forte dépendance, aussi heureuse que malheureuse. Ils se trouvent ainsi, tour à tour, objet d'une recherche passionnée et d'un refus anxieux. Sophie ne réussit à vivre ni avec eux ni sans eux. Cette difficulté à choisir provient sans doute chez elle d'un état d'indifférenciation, de confusion, d'inséparation et d'inachèvement, avec comme corollaire inévitable le sentiment que tout est pareil, interchangeable et réversible. Cela se repère notamment au niveau des sexes et des générations, puisque Sophie avoue « coucher » indifféremment avec un homme ou une femme, quel que soit leur âge. Il lui devient dès lors impossible, en l'absence de ces différences primordiales, d'être elle-même, de trouver sa place et d'avoir accès à son désir pour pouvoir décider, choisir, s'affirmer, tourner les pages, renoncer à une chose au bénéfice d'une autre, en un mot évoluer du passé au présent en direction de l'avenir.

Un phénomène que j'ai trouvé extraordinaire chez Sophie, c'est qu'elle écrit pratiquement toujours au crayon, jamais au stylo à encre ou à bille. Cela reflète le caractère immature, inachevé, impermanent, éphémère de son psychisme, de ses désirs et de ses besoins, comme des mots et des phrases « gommables », effaçables, modifiables, remplaçables à merci par d'autres vocables. Ce manque de démarcation, de frontière, d'ordre et d'irréversibilité, au niveau des âges et des sexes, est destiné en réalité à museler l'intense angoisse de la petite fille en elle, sa panique de se voir coupée de la mère et abandonnée. L'idée de se distinguer des autres, et de distinguer les autres entre eux, lui est insupportable dans la mesure où la moindre distanciation est synonyme de déchirure, de rupture douloureuse et définitive de la fusion avec la mère.

Cependant, ce mécanisme de défense, loin de réussir à apaiser Sophie, ne fait qu'intensifier ses craintes et, par voie de conséquence, son ambivalence et son indécision. Voilà pourquoi ma patiente agit, malgré ses 33 ans, comme une petite fille immature et impulsive, se montrant intolérante aux contraintes et aux privations. Toute frustration semble déclencher en elle une souffrance insupportable qu'elle cherche à colmater immédiatement par le recours au sexe et au cannabis. Soumise au principe de plaisir et non à celui de réalité, elle refuse de s'imposer un cadre et des limites, de se contrôler en disant non à son impulsivité. Être adulte, c'est pouvoir, dégagé de l'emprise du fantôme, supporter un minimum de souffrance sans se sentir en danger, ébranlé dans ses assises identitaires, et sans, par conséquent, éprouver le besoin impérieux et vital de recourir à un objet anxiolytique et antidépresseur, produit quelconque ou personne physique, appelé à rétablir magiquement le bien-être perdu. Le malaise psychologique, intérieur, ne peut se solutionner grâce à la même stratégie ni aux mêmes outils qu'un problème matériel extérieur.

L'addiction se caractérise par la confusion entre le désir et le besoin, le dehors et le dedans, le réel et l'imaginaire, le passé et le présent. Depuis une dizaine d'années, les « psys » préfèrent employer le terme d'« addiction » plutôt que ceux de « dépendance » ou de « toxicomanie ». Le concept de dépendance, tout en mettant l'accent sur la dimension de l'assuétude, de l'habitude indécrottable, de l'accoutumance proche de l'asservissement et de l'esclavage, présente néanmoins l'inconvénient majeur de laisser croire qu'il existerait un état d'indépendance psychologique idéal vers lequel chacun devrait pouvoir tendre.

En réalité, la dépendance ne constitue pas, par essence, un phénomène anormal. Elle se trouve présente d'une manière saine au moins lors de ces deux phases psychophysiologiques naturelles que sont les deux extrémités de la vie, l'enfance et la vieillesse. D'ailleurs, c'est plutôt l'absence du phénomène de dépendance, son déni ou son refus durant ces périodes, qui serait inquiétante : la personne âgée s'épuisant à rester jeune en refusant les limites que lui impose le temps, ou le petit enfant placé précocement, avant l'âge, dans la position d'un grand. C'est précisément parce que ce dernier aura été privé de dépendance en son lieu et temps qu'il risque de demeurer immature et dépendant, incapable de s'ériger en adulte, durant toute son existence. Il faut avoir été petit pour pouvoir devenir grand.

Encore une fois, une émotion, un affect, une souffrance, un sentiment qui n'a pas été ressenti, éprouvé, vécu, pour être digéré et classé, se transforme en fantôme errant et persécuteur. En revanche, lorsqu'il a pu être reconnu et expérimenté, il se recycle en énergie positive, en ange gardien, sustentant l'élan vital. Le véritable écueil n'est jamais la souffrance en tant que telle, mais son refus, la lutte engagée contre elle, n'aboutissant paradoxalement qu'à son accentuation et à son prolongement dans le temps.

Voilà pourquoi il est si important au cours d'une psychothérapie que le sujet parvienne à repérer le fantôme en retrouvant à travers ses souvenirs ses nœuds sensibles et douloureux, scotomisés, expulsés de la conscience. Cela lui permet d'accéder enfin à sa souffrance profonde et de la ressentir afin de réussir à s'en dégager ou, mieux encore, à la métamorphoser en sève nourricière. C'est là, résumé succinctement, sur le plan symbolique, le sens de la quête alchimistique visant la transmutation du vil métal en or. C'est également, *a contrario*, la raison essentielle pour laquelle l'utilisation intempestive des drogues, artificielles ou naturelles, douces ou dures, avec ou sans toxiques, licites ou illicites, et notamment des médicaments psychiatriques utilisés dans une optique anxiolytique/antidépressive, empêche, après avoir procuré un apaisement passager, de guérir authentiquement en devenant soi, adulte.

Toutes ces drogues dépossèdent le sujet de sa souffrance, étouffent et répriment celle-ci en l'enfouissant sous une chape de silence, au lieu de la faire accoucher, de l'aider à s'exprimer dans la lumière, pour qu'elle perde sa nocivité. C'est dans la souffrance que réside la vérité la plus profonde de l'être.

De plus, hormis ces deux étapes naturelles, l'enfance et la vieillesse, nous demeurons tous dépendants durant notre vie entière, à des degrés divers et de façon différente, les uns vis-à-vis des autres et par rapport à nous-mêmes, dépendants de notre âge, de notre sexe, de notre corps, de nos finances, de nos amis, de nos amours, etc. L'indépendance constitue en fin de compte un mythe, par certains côtés nuisible en raison de son idéalisation, qui la rend inaccessible.

Quant au concept de toxicomanie, il ne paraît pas non plus bien approprié pour dépeindre les réalités modernes, multiples et complexes. Son défaut principal consiste en ce qu'il ne se réfère, d'une part, qu'à l'utilisation spécifique des substances toxiques, des stupéfiants capables de produire des « paradis artificiels », et, d'autre part, qu'à leur aspect souvent illicite. En revanche, l'addiction, qui vient du terme anglais signifiant « attirance vers », représente l'avantage de ne pas s'enfermer dans une définition restrictive toxicologico-légaliste. Toute substance pourrait devenir « drogue », en réalité, qu'elle soit physiologiquement anodine ou toxique, dure ou douce, légale ou interdite. Même l'eau, pourtant noble, pure et indispensable au maintien de la vie, peut être consommée comme une drogue : cela s'appelle la « potomanie » !

Pour le dire autrement, l'addiction ne se définit plus par rapport à un objet précis et à ses propriétés effectives et reconnues, sa toxicité et son illégalité, mais par l'attirance irrationnelle et irrésistible du sujet à l'égard d'un produit, d'une activité ou d'une personne dont il devient esclave, perdant sa liberté. Dès lors, ce n'est plus l'objet qui enchaîne l'individu, mais celui-ci au contraire qui est hypnotisé par lui, poussé par le besoin impérieux de colmater sa DIP, la souffrance de l'enfant en lui. Il existe ainsi un nombre infini d'addictions, classiques ou nouvelles : à l'opium et à ses dérivés, au cannabis, au Coca, à l'alcool, au tabac, aux médicaments, notamment aux psychotropes, au sexe, aux vacances, à la religion, à la psychanalyse, au sport, aux bulletins météo, au pouvoir, à l'ordinateur, à l'argent, au jeu, à la consommation, à la « bouffe », aux achats compulsifs, etc.

Dans cette optique, l'augmentation cancéreuse des dépenses de santé en France, élargissant sans cesse les trous insécurisants de la Sécurité sociale, en l'absence curieusement de toute endémie et de toute morbidité chronique, ne signifie nullement que les Français sont devenus plus vulnérables ou plus malades que leurs ancêtres. Elle traduit plutôt une utilisation addictive de la pharmacopée dans le dessein de remplir un vide existentiel de sens et de valeurs, dans celui aussi d'éradiquer par enchantement, et du dehors, tout mal-être intérieur.

J'ai eu connaissance récemment d'une nouvelle addiction dont, jusque-là, je ne soupçonnais pas l'existence. Une femme de 35 ans, mariée et mère d'un enfant, a tenté de mettre fin à ses jours en absorbant plusieurs boîtes de médicaments arrosés de whisky. Son mari venait de lui lancer un ultimatum : il menaçait de divorcer si elle ne mettait pas fin à une conduite qu'il venait de découvrir. Depuis trois ans, son épouse consultait pratiquement tous les jours, sauf le dimanche, des voyantes par téléphone pour qu'elles lui prédisent ce qui allait se passer dans sa vie, amour, santé et finances. Curieusement, aucune de ces diseuses d'avenir n'avait été capable de prévoir les deux événements importants que leur cliente allait affronter incessamment : la menace de répudiation et sa tentative de suicide ! Cette jeune patiente, qui n'avait par ailleurs présenté jusque-là aucun trouble psychologique particulier, avait ainsi gaspillé des sommes importantes, empruntées discrètement auprès d'organismes de crédit. Son discours sur son addiction ressemblait étrangement à celui de Sophie ou de n'importe quel héroïnomane ou alcoolique. Elle s'évertuait à diaboliser l'objet de sa passion, qu'elle qualifiait de « connerie », tout en jurant de ne plus jamais recommencer. « Je reconnais que j'ai fait une grosse bêtise. C'était plus fort que moi. Ces voyantes me donnaient confiance, me remontaient le moral. J'ai compris maintenant que ce sont des escrocs et des charlatans. Je me suis fait arnaquer. Il faut que je m'arrête. Je suis sûre que je ne serai plus jamais tentée », etc. L'intensité émotionnelle caractéristique de ce genre de discours, dégoulinant de regrets, de repentance et de résolutions, en prouve la fragilité, voire l'insincérité foncière.

Revenons maintenant à Sophie. Comment comprendre sa double addiction au cannabis et au sexe ? Elle renvoie et s'explique sans doute par la détresse de la petite fille en elle, prisonnière du fantôme.

Le présent de Sophie ressemble fidèlement à son passé familial, lui aussi en morceaux, éparpillé, non structuré, privé de cadres, de jalons et de limites rassurantes, d'enveloppe sécurisante. On y repère le même « bordel », le même « bazar » que Sophie ressent lorsqu'elle évoque ses études, son logement, ses amours, sa volonté de vivre ou de mourir. « Mes parents ont quitté la banlieue parisienne pour une petite ville de province quand j'avais 10 ans. Leur couple battant de l'aile, ils espéraient que ce changement réussirait à le sauver. Mon père menait une relation parallèle avec l'une de ses collègues. Ma mère n'ignorait rien, mais elle subissait sans se rebeller, ne protestait pas. Elle ne s'en donnait pas le droit, je crois. Mes parents exerçaient des métiers intellectuels, ils étaient dans le journalisme et l'enseignement. Ils se disaient héritiers de Mai 68, libéraux, progressistes, athées et surtout allergiques aux normes réactionnaires et conformistes de la bourgeoisie.

« Je sentais néanmoins ma mère terriblement jalouse et malheureuse de cette situation, mais elle se contrôlait pour ne pas montrer son chagrin. Chez nous, les émotions étaient interdites ! À la suite du déménagement, rien ne s'est arrangé et mon père retournait souvent à Paris pour retrouver sa maîtresse, par ailleurs mariée. Peu après, ma mère s'est mise, elle aussi, à fréquenter un vieux copain de mon père, marié et habitant également Paris. Il paraissait bien plus vieux qu'elle, on l'aurait pris pour son père. Mes parents ne se sont jamais franchement disputés. Je n'ai jamais assisté à des "scènes de ménage hystériques", comme ils le disaient, renverser la table, casser la vaisselle. Il leur arrivait par contre souvent de discuter de longues heures, plongés dans une épaisse fumée de cigarette, indifférents à notre présence, mon frère et moi. Quand on les interrogeait, ils nous répondaient qu'ils s'aimaient, certes, mais qu'ils ne trouvaient rien d'anormal à aimer d'autres hommes ou femmes, en dehors de la famille. Mais moi, j'avais tout le temps peur qu'ils se séparent et que je ne puisse plus les revoir. Nous sommes même partis en vacances un été avec la maîtresse de mon père, ainsi que son mari. Dans l'ensemble, ils ne s'occupaient pas souvent de nous. Il était rare que l'on se retrouve tous réunis autour de la même table. Il manquait parfois l'un, parfois l'autre. C'est pour cela que Michel, l'homme qui m'a violée, profitait de l'occasion en se proposant de m'accompagner à la gym. Mes parents disaient qu'ils nous considéraient comme des grands, qu'ils avaient confiance en nous et qu'ils souhaitaient nous laisser libres. Ayant souffert eux-mêmes de parents "trop sévères, rigides et à principes", ils ne voulaient pas nous imposer ce qu'ils avaient vécu. Mais moi, je n'avais pas envie d'être libre. Je souffrais d'être privée d'une famille soudée. J'avais parfois l'impression de les déranger.

« Quand j'avais 15 ans, ils ont décidé de divorcer. Ils ont engagé la procédure, mais ont continué à vivre et à dormir ensemble, comme si de rien n'était, pendant plus d'un an. Ensuite ils se revoyaient en copains, chacun vivant de son côté. Aucun ne s'est mis en couple avec son amant attitré. »

On voit que Sophie a souffert d'une carence narcissique importante. D'une certaine façon orpheline de père et de mère, elle a été spoliée de son enfance, devenue enfance blanche. Ses parents, physiquement à moitié présents, étaient psychologiquement absents, absorbés par leurs amourettes adolescentes. Se disant « progressistes » et « libéraux », ils se comportaient au fond, par réaction, en révoltés contre la sévérité de leurs propres parents, et non en adultes, soucieux de l'épanouissement de leurs descendants.

Cependant, à l'inverse du laxisme de l'idéologie « soixante-huitarde », l'interdit n'a pas pour fonction de brimer le plaisir ni de rétrécir le champ de la liberté individuelle. Bien au contraire, il sert, en s'interposant dans l'entre-deux du Moi et de la pulsion, à protéger le premier contre l'envahissement tyrannique de la seconde. Il devient ainsi garant de l'autonomie psychique comme matrice du désir, maintenu à distance des excès nocifs, la dépression et la perversion. Le sujet n'est jamais autant l'objet, le jouet, le prisonnier de la pulsion inconsciente que lorsqu'il fait « ce qui lui plaît », sans limite et sans culpabilité. C'est là que, en termes psychanalytiques, le Surmoi s'efface au profit de l'idéal du Moi mégalomane, inflationné. Un minimum de présence, d'autorité et de surveillance aurait évité à Sophie de pousser telle une plante sauvage, privée de tuteur : sexualité hyperprécoce à 13 ans, consommation de cannabis à 15 ans, relations sexuelles anarchiques avec des hommes bien plus vieux qu'elle, homosexualité. Ma patiente a de plus intériorisé, en l'adoptant comme modèle, le désordre qu'elle percevait au sein du tissu relationnel de ses parents. Ceux-ci, tout en prétendant s'aimer, offraient leur cœur à une tierce personne étrangère à la famille, engagée à son tour avec une autre. Chez eux non plus rien ne paraissait solide, tranché, net, avec des contours précis et limités. Cet imbroglio dans les conduites et les sentiments a, sans doute, été source d'insécurité.

Le psychisme de Sophie a donc non seulement souf-

fert de la sous-alimentation libidinale, faute de nourriture affective, mais il a été ébranlé de surcroît dans ses
assises sécuritaires. Elle a survécu durant des années
sous l'épée de Damoclès de la désunion de ses parents.
Il aurait peut-être mieux valu que le traumatisme du
divorce ait lieu de façon franche, une fois pour toutes,
avec crises de nerfs et de larmes circonscrites dans le
temps. Son impact aurait été à long terme sans doute
moins grave, et le deuil en eût été facilité. L'incertitude
et le stress occasionnés par les meurtrissures silen-
cieuses s'avèrent bien plus délétères que l'agression,
quelle que soit son intensité. Une simple goutte d'eau,
à force de répétition et d'insistance, parvient à percer
la pierre la plus dure.

Pour ce motif, le discours social moderne, cherchant
à « déculpabiliser » et à « dédramatiser » le divorce,
risque de s'inscrire en faux par rapport au vécu de l'enfant, qui ressent, lui, la rupture comme un drame,
comme une déchirure interne, engageant sa culpabilité. Celle-ci s'empare invariablement de la victime
innocente. L'enfant se croit non seulement fautif de la
désunion parce que, par exemple, il n'a pas voulu
« manger toute sa soupe », mais, de plus, il croit devoir
occuper la place laissée vacante par le parent manquant pour rendre heureux celui qui a sa garde. Mais
qui garde qui en réalité ? Les adultes, ayant oublié leur
enfance, ne réalisent pas l'intense inquiétude des petits
à leur égard pour leur santé, leurs amours, leur travail,
leurs finances.

Dans ce contexte, l'être au monde addictif de Sophie
par la consommation de sexe et de cannabis sert à

procurer un baume anxiolytique et antidépressif contre la détresse de la petite fille en elle. Ces deux drogues cherchent à revitaliser, même passagèrement, ses parties inanimées, desséchées comme des branches. Elles apportent à ma patiente, à son enfant intérieur plus exactement, une sensation ineffable de soulagement, de sécurité et de plénitude, l'aidant à se sentir vivante dans un corps réel et palpitant. Plus le sujet est vivant à l'intérieur, moins il éprouve le besoin de se rassurer, de se ranimer, depuis l'extérieur, par le recours à mille et un produits ou activités palliatifs, sports, drogues, sexe, nourriture, etc. À l'inverse, plus il se sent inanimé au-dedans, plus il sera contraint de s'agiter au-dehors, en quête d'excitations intenses.

Cependant, cette stratégie consolatrice, visant au fond à satisfaire le besoin régressif de retrouver l'éden matriciel, l'amour et la chaleur maternels, ne réussit jamais à procurer à long terme la quiétude et le bien-être escomptés. Au contraire, plus le sujet se débat, plus il exacerbe sa souffrance, s'enfonçant paradoxalement dans les sables mouvants. Plus le prisonnier tente de s'évader, plus il risque de prolonger la durée de sa captivité. Peu à peu, l'élixir se mue en poison, le paradis artificiel, en un véritable enfer, et le rêve, en cauchemar éveillé.

Mais pourquoi le sujet adulte, en dépit de son âge et de son intelligence, ne se rend-il pas compte du piège dangereux que constitue ce cercle vicieux ? Je l'ai déjà souligné : l'addiction prend toujours racine dans le terreau de la confusion entre le dehors et le dedans. Elle ne reste jamais circonscrite à un seul domaine. Elle finit par contaminer et envahir tous les pans de l'identité plurielle. Elle s'attaque à la différence entre l'homme et la femme, entre l'enfant et l'adulte, c'est-à-dire entre les sexes et les générations, qu'elle tend à araser, mais elle embrasse également tous les autres principes et valeurs dont le sujet a besoin comme étayages pour se construire et se préserver. Ainsi, les couples d'opposés tendent à s'agglutiner et à se niveler : extérieur-intérieur, réalité-imaginaire, vrai-faux, ami-ennemi, utile-nuisible, autorisé-interdit, familier-étranger, besoin-désir, plus tard-tout de suite, moral-immoral, etc. Autrement dit, le sujet, sous l'emprise du fantôme, ne distingue plus ce qui le restaure de ce qui le détruit, ce qui est bon pour lui de ce qui lui est nocif.

Ce contexte de confusion et de mélange a certes aidé au départ Sophie à conjurer son angoisse d'être coupée définitivement de sa mère si ses parents venaient à se séparer. Elle s'agrippe donc, se greffe, se soude, se colle à elle, d'une part en attente de sa chaleur et de sa tendresse, d'autre part dans le but de la soigner, de la materner en tant qu'enfant thérapeute, mère de sa mère, dans la mesure où celle-ci a été rendue malheureuse par son époux. C'est là que résident précisément le sens et l'origine de son homosexualité. Contrairement aux croyances répandues, celle-ci ne constitue point un choix délibéré, une décision libre, élaborée consciemment par l'adulte. Nul ne peut choisir ni décider de son orientation sexuelle, hétéro, bi ou homo. Cette dernière révèle, au contraire, la présence et l'emprise occulte du fantôme sur l'enfant intérieur, la petite fille carencée d'amour maternel, qui cherche à travers l'acte sexuel physique, le corps-à-corps avec d'autres femmes, substituts de la mère, à restaurer le lien libidinal défectueux avec la sienne propre, à donner de l'amour et à en recevoir. Tout se passe donc comme si elle tentait de combler sa mère, frustrée et délaissée par son père, dans l'espoir qu'ainsi restaurée elle pourra reprendre son rôle maternel nourricier pour lui prodiguer enfin de la chaleur et de la tendresse.

Cependant, ce passage à l'acte sexuel rend le deuil de la bonne mère idéale impossible en accentuant la fusion. Ce genre d'homosexualité, d'essence incestueuse, ne traduit donc nullement une attirance, une relation saine d'amour entre deux êtres sexuellement différenciés, portés par le désir gratuit, psychologiquement adultes, autonomes et individués. Il renvoie, au contraire, au besoin vital des petites filles intérieures de panser mutuellement leurs invisibles blessures.

Chez Sophie, cet état de fusion et de confusion a perduré anormalement au-delà des limites légitimes de la petite enfance, dans la mesure où son père, immature lui-même, envahi par son enfant intérieur, n'a pas réussi à assumer sa place et sa fonction de père. Il n'a pas joué au sein du triangle l'indispensable rôle du tiers séparateur, s'interposant dans l'entre-deux de la fille et de la mère pour établir entre elles un minimum de distance et de trait d'union. Je me suis même demandé si ma patiente, du point de vue de la symbolique interne, était véritablement capable de distinguer sa mère de son père et vice versa. En effet, Sophie n'énonçait par exemple jamais : « Mon père m'a dit ceci », ou : « Nous avons fait cela avec ma mère », mais disait toujours « mes parents », comme s'il s'agissait d'une seule et même personne ou d'un bloc homogène, et non pas de deux êtres, de deux personnalités distinctes, singulières, chacune en un seul exemplaire, portée par un désir et une subjectivité personnels.

Sophie décida (était-ce vraiment un choix réfléchi ?) d'abandonner sa thérapie au bout d'une dizaine de séances. J'ai éprouvé, je l'avoue, des sentiments pénibles, entremêlés, un peu de colère peut-être, une certaine déception, empreinte de tristesse et de culpabilité, mais du soulagement aussi, si étrange que cela puisse paraître. Je m'en suis voulu, me reprochant mon incompétence, de possibles maladresses et, je le crois vraiment, mon indisponibilité. J'ai compris qu'avec Sophie je n'étais pas à l'aise, pas naturel, pas moi-même, mais plutôt sur la défensive. Elle me faisait un peu peur en vérité. Je me sentais en danger avec elle, menacé, non pas par sa personne, bien sûr, mais par sa problématique. Comme si je craignais d'être contaminé, envahi, déstabilisé par ce qu'elle décrivait comme le « bazar » et le « bordel » de sa vie, c'est-à-dire le chaos en elle, le manque de séparations, de cadres, de repères et de limites, en somme l'indifférence face à l'indifférenciation. Il est vrai que les patients comme Sophie, instables, désorientés, déboussolés, atypiques et inclassables, en un mot « paumés », constituent un groupe en très forte augmentation dans nos sociétés.

En plus de la problématique individuelle du fantôme, ce phénomène tient d'une part à la désacralisation du tiers symbolique, privant le sujet, notamment jeune, d'un étayage collectif structurant, d'un cadre et de repères nécessaires, et d'autre part à la paupérisation économique galopante, frappant de nombreuses couches de la population.

JULIEN

Julien a 24 ans. C'est un beau jeune homme, plutôt mince, de grande taille, le dos légèrement courbé, un peu timide peut-être, croisant rarement mon regard. Il vient consulter pour me dire qu'il va mal, dans sa vie, dans sa peau, avec ses parents et sa copine. Il n'aborde pas d'emblée son problème d'addiction.

« Je vis depuis un an avec ma copine, Sonia, 28 ans. Elle me cause beaucoup de soucis. Je l'ai rencontrée l'an dernier dans une boîte de nuit. Elle vivait à l'époque avec son ami depuis plusieurs années. Peu après, nous avons passé une nuit ensemble dans son appartement. Son compagnon, qui devait se trouver ce jour-là en déplacement à l'étranger, est rentré à l'improviste et nous a surpris dans son lit. On s'est battus très fort tous les deux et il a eu la mâchoire cassée. Deux semaines plus tard, Sonia s'installait chez moi, dans l'appartement que je venais de louer. C'était la première fois que je quittais notre maison et mes parents. Avec Sonia, on s'entend super bien, surtout dans le domaine des loisirs. Seulement, elle me trouve un peu trop possessif et jaloux. On se prend tous les deux la tête pour ça. Elle n'a peut-être pas tout à fait tort, mais je trouve tout de même qu'il y a de quoi. Cela me tourmente pas mal. Elle connaît énormément de monde. Elle est sans cesse collée à son portable. Ils s'appellent souvent avec son "ex". Elle baisse la voix ou elle va dehors pour lui parler, parfois pendant des heures. Je ne sais pas ce qu'ils se disent, mais ça me bouffe, ça. Lorsque je proteste, elle me répond que je n'ai aucune raison de m'inquiéter et que je peux lui faire totalement confiance. Seulement, son "ex" m'avait lancé une fois, peut-être pour me blesser, que Sonia avait déjà connu beaucoup d'hommes avant lui et moi et qu'elle les avait tous rendus cocus ! J'ignore si elle continue à le revoir en catimini. Cela me paraît tout de même bizarre qu'elle ne veuille jamais qu'on se promène ensemble dans le quartier. On dirait qu'elle a peur qu'on nous surprenne, comme si elle trompait son mari avec moi. Nous vivons donc en cachette.

« Un samedi soir, elle a décidé de sortir dîner, m'a-t-elle dit, avec une cousine que je ne connaissais pas, sans m'expliquer ni où ni pourquoi. Elle m'avait promis de rentrer tôt, avant minuit. J'ai passé une nuit totalement blanche à l'attendre. Elle est rentrée à 11 heures le lendemain. J'ai pété les plombs. Emporté par une colère folle, j'ai tapé contre les murs. J'ai failli me briser les doigts. Je pleurais comme un bébé, criant que je l'aimais. C'était affreux, une détresse incroyable. Certaines nuits, je fais des cauchemars. Je les surprends tous les deux en train de s'embrasser et de faire l'amour. Je n'ai pas confiance en elle. Je la trouve menteuse. Il y a deux ans, je sortais avec une fille que j'ai fini par quitter parce que je la trouvais un peu trop collante, au contraire. Ça me saoulait. Elle était pourtant très affectueuse. Elle me disait qu'elle n'était pas collante en réalité mais amoureuse. Je ne comprends pas, avec Sonia je réagis exactement comme mon ancienne copine avec moi !

« J'ai tout le temps envie qu'elle soit là, près de moi. J'ai sans arrêt peur qu'elle me trompe, qu'elle m'abandonne pour retourner auprès de son ex ou s'en aller avec un autre homme. J'ai besoin qu'elle s'occupe de moi et me rassure. Je veux être le centre de son monde ! »

J'ai été naturellement très touché par ces paroles pathétiques. On aurait dit celles d'un petit garçon, son enfant intérieur, dépendant outre mesure de sa mère, de sa présence et de son attention. Je me sentais cependant interloqué, aussi, à l'idée que ce jeune homme si vulnérable, si jaloux, si sensible au thème de l'abandon, soit devenu « accro » précisément à cette jeune femme au passé amoureux plutôt trouble, manifestement peu fiable, probablement instable ou volage, n'offrant, en tout cas, aucune garantie de loyauté. Pourquoi, tout en se sachant dangereusement allergique à un tel plat, insiste-t-il pour ne consommer que celui-là ? Étrange !

Julien se comporte d'ailleurs vis-à-vis de la drogue d'une manière tout à fait semblable. « Je fume du shit depuis pas mal d'années. Je consommais aussi de l'héroïne juste avant de rencontrer Sonia. Je savais pourtant que c'était une saloperie. Je connaissais plein de gens autour de moi qui s'étaient démolis avec ça. Mais voilà, un soir on m'en a proposé et je n'ai pas dit non, j'ai voulu essayer. Je me suis senti tout de suite bien. Après c'est devenu l'engrenage. J'ai tenté de m'en débarrasser à plusieurs reprises, mais je rechutais chaque fois. Maintenant, je prends du Subutex à la place, prescrit par mon psychiatre. »

Julien présente, à l'exemple de Sophie, deux sortes d'addictions : d'abord à certaines substances, le cannabis et le Subutex, substitut de l'héroïne, ensuite à Sonia, sa copine. Il fuit la solitude, éprouvant le besoin fusionnel, extrême et irrépressible de sa présence constante. De même, envahi par l'émotion et donc incapable de toute distance ou de toute réflexion, il est prêt à tout pour la conserver, n'osant jamais lui donner de limites par crainte de la perdre. On le remarque aisément : Julien, le petit garçon en lui plus exactement, présente en résumé deux thèmes majeurs, deux obstacles principaux, l'empêchant d'être en paix avec lui-même. Il exprime d'une part une profonde et réelle angoisse à l'idée d'être abandonné, en l'occurrence par son amie. Il laisse deviner d'autre part qu'il cherche à défier, à braver les dangers, puisque, tout en étant conscient de son hypersensibilité à l'égard du rejet, il a curieusement offert son cœur à une femme qui ne lui garantit aucune sécurité.

Étrangement, bien qu'il qualifie l'héroïne de « saloperie », il a consenti de son propre chef, sans y avoir été contraint, à se constituer prisonnier. Pourquoi un homme intelligent par ailleurs a-t-il volontiers accepté de pactiser avec le démon ? C'est invariablement ce qui se produit, en dépit de toute logique, lorsque l'enfant intérieur se trouve sous l'emprise du fantôme. Julien, l'adulte, connaît parfaitement l'embûche, la sombre souricière que lui tendent ses deux « héroïnes », le stupéfiant dérivé de la morphine et sa bien-aimée. Seulement, ce n'est point lui qui décide en définitive, malgré ses 24 ans, mais le petit garçon intérieur, envahi par l'émotion, privé de la raison, sans nulle capacité d'analyse et de contrôle.

Regardons de plus près sa problématique de l'abandon : « Mes parents sont mariés depuis vingt-cinq ans. Ils s'entendent bien, disons. En tout cas, je ne les ai jamais vus se disputer. Ils ont toujours aussi été très gentils avec moi. Je n'ai rien à leur reprocher sur le plan matériel. Nous travaillons tous les trois ensemble dans l'entreprise familiale de distribution d'alcools et de boissons. Les affaires marchent bien. Ma sœur de 25 ans, mariée et mère d'une petite fille, travaille comme secrétaire de direction dans une autre ville.

« Je me sens bien plus proche de ma mère que de mon père. Avec lui, les rapports ne sont pas évidents. Il ne parle pas beaucoup, surtout quand il a des soucis. Il garde tout pour lui. Ces derniers temps, c'était plutôt tendu entre nous deux. Il refusait de reconnaître que j'allais mal. Il était persuadé que je cherchais des prétextes pour m'échapper du travail. Il me traitait d'enfant gâté. Il ne me faisait pas confiance. Je le trouve de plus en plus souvent derrière moi en train de me surveiller, surtout depuis que je lui ai parlé du shit et de l'héroïne. Il a plutôt bien réagi. Au fond, il n'a pas dit grand-chose. Il m'a fait sa leçon de morale habituelle, c'est tout. La semaine dernière, on était partis en déplacement professionnel, visiter des caves à vin en Bourgogne. On a roulé près de sept heures aller-retour sans s'échanger un mot. C'était pareil quand j'étais petit. On faisait du bricolage ensemble, plutôt l'un à côté de l'autre, mais on ne se parlait pas.

« Avec ma mère, c'est différent. On est proches, on discute, on se confie des choses. Je la trouve peut-être même un peu trop envahissante, intrusive. Elle m'a toujours couvé. Dès qu'elle ne me voit pas pendant plus de cinq minutes, elle m'appelle quarante fois sur le portable pour me demander où je suis, avec qui et si tout va bien. Ça m'étouffe. J'en ai marre. Lorsque je vivais avec eux, jusqu'à l'an dernier, elle ne me laissait aucune initiative à la maison. Je n'avais qu'à mettre les pieds sous la table. Elle se chargeait aussi de tous mes papiers administratifs, les impôts, la Sécurité sociale, etc. Quand je me suis installé avec Sonia, elle insistait pour que je continue à lui rapporter mon linge. Évidemment, elle sait bien que je vis en couple, mais elle ne nous invite jamais avec Sonia et ne me demande jamais de ses nouvelles, comme si je vivais tout seul. Elle est dépressive, ma mère. Je ne sais pas pourquoi. Je l'ai toujours connue comme ça. Elle a séjourné plusieurs fois déjà dans des maisons de repos. Elle continue à être suivie par un psychiatre, mais ça ne s'arrange pas. »

Le triangle familial de Julien apparaît bien différent de celui de Sophie, dont les parents, absorbés par leurs amourettes adolescentes, se conduisaient comme s'ils n'avaient point d'enfants. Mais, curieusement, mes deux patients souffrent, l'un comme l'autre, d'angoisse d'abandon ! Pourquoi ? « Mes parents ont vécu des enfances difficiles. Mon grand-père maternel est parti, divorcé je veux dire, quand ma mère avait 2 ans, pour se remettre avec une autre femme. Il a laissé ma grand-mère seule avec ses quatre enfants. Il ne s'est plus jamais occupé d'eux et n'a même plus souhaité les revoir. Ma mère a été confiée à la Ddass, puis placée dans une famille d'accueil, avant d'être récupérée par sa mère vers 10-11 ans. Je la connais bien, ma grand-mère, elle est hyper-gentille et me gâte au maximum.

« Mon père a vécu de son côté à l'âge de 5 ans pratiquement la même histoire. Mon grand-père paternel, un homme alcoolique et violent, a fugué un jour, laissant ma grand-mère seule avec ses trois garçons. Mon père ne l'a revu qu'une seule fois, il y a dix ans, sur son lit de mort. Lui, par contre, n'a pas été placé. Il a continué à vivre avec ses frères et sa mère, qui s'est sacrifiée pour eux. Malgré de nombreux prétendants, elle a refusé de construire un nouveau couple, craignant de se voir à nouveau "plaquée". »

Non seulement Julien n'a souffert d'aucun rejet réel depuis sa naissance, mais, tout à fait à l'inverse, il a vécu avec ses parents dans un contexte d'enveloppement fusionnel, à la limite de l'étouffement. Il travaille d'ailleurs dans leur entreprise, cumulant ainsi les statuts de fils et d'employé. Les extrêmes se ressemblent, ici comme ailleurs, par-delà l'antagonisme trompeur des apparences. Cela signifie qu'au fond ses parents, ayant souffert pareillement d'abandon dans leur Ailleurs et Avant, sans avoir eu la possibilité de le digérer, de l'élaborer pour le dépasser, s'agrippent, par réaction, à leur fils. Ont-ils projeté sur lui, par une inversion générationnelle, l'image d'un père volatilisé qu'ils s'efforcent de retenir en souvenir des traumatismes originaires ? S'épuisent-ils à se prouver à eux-mêmes qu'ils ne sont point coupables des ruptures qu'ils ont subies dans leur enfance, qu'ils n'étaient donc pas de mauvais enfants, ni surtout aujourd'hui de mauvais parents, rejetants, abandonnants ? Cherchent-ils à préserver Julien contre cette mutilation première, ce vide de père, pour qu'il ne connaisse jamais les affres qu'ils ont eux-mêmes endurées ?

En tout cas, Julien a été contaminé par cet effroi. Il l'a gobé, pompé, siphonné, aspiré, épongé. Dès lors, il ressent et exprime intensément avec sa bien-aimée Sonia un affect qui ne lui appartient pas personnellement, mais qu'il a hérité, par le biais transgénérationnel, de ses deux grand-mères, ainsi que de ses deux parents. Pris pour l'autre, il vit par procuration à la place de ses ascendants et pour leur compte ce que ceux-ci n'ont pu prendre en charge en leur nom propre. C'est bien cela, le sens du fantôme, c'est-à-dire la transmission inconsciente d'affects, d'émotions ou de problématiques refoulés, séquestrés, non assumés, non métabolisés, et qui font retour, tel le mauvais esprit errant des ancêtres, en élisant le Moi du fils et petit-fils comme sépulture. Par-delà les belles paroles et l'éducation consciente, l'enfant se trouve directement branché à l'inconscient de ses géniteurs, à la petite fille ou au petit garçon en eux. Il hérite, de la sorte, leur contentieux resté en suspens, non résolu, inachevé.

Ainsi, les parents de Julien, en faisant l'impossible pour combler leur fils, en lui donnant et en l'aimant exagérément, le placent sans le savoir dans une position de parent imaginaire, idéal. Ils lui demandent silencieusement d'apaiser leurs angoisses de séparation, celles de la petite fille et du petit garçon en eux, encore aujourd'hui sous le choc.

Dans ce contexte, leur amour, si massif et volumineux soit-il, ne constitue pas vraiment un don gratuit et désintéressé, mais une quête déguisée, destinée à satisfaire leur besoin impérieux de se sentir reliés, retenus, en lien, attachés à leur propre père. Julien a tenté, en se cramponnant à ses deux héroïnes, le stupéfiant et Sonia, de consoler par procuration le petit garçon et la petite fille malheureux que furent naguère son père et sa mère.

Je sais évidemment que, pour la pensée et la science de l'Occident, l'idée de capter le mal de ses proches, de le sucer telle une sangsue, de se rendre malade pour les guérir par le sacrifice de soi, paraît saugrenue, voire délirante, puisque échappant à toute rationalité et à toute possibilité de vérification. Cependant, l'inconscient ne fonctionne pas selon la même logique ni les mêmes lois que le conscient.

J'ai eu récemment à m'occuper d'une dame souffrant depuis trente ans de migraines épouvantables. Il lui arrivait certains jours, selon ses dires, de consommer jusqu'à 18 cachets de Migralgine, la posologie recommandée étant fixée à un maximum de 6. Cependant, plus elle se soignait, plus, comme dans un cercle vicieux, ses migraines augmentaient en fréquence et en intensité. Tous les tests de laboratoire, par ailleurs très coûteux, scanner, analyses de sang, etc., s'étaient révélés négatifs. Elle avait même fini par devenir « accro » à ses cachets, dont il lui était désormais difficile de se passer. Elle m'a avoué qu'il lui était arrivé plus d'une fois de souhaiter le déclenchement de la « crise » pour pouvoir « se jeter » sur la Migralgine, comme sur une tablette de chocolat !

Son histoire montrait qu'elle avait perdu justement il y a trente ans une sœur aînée des suites d'une tumeur maligne au cerveau. Les migraines ont débuté lorsqu'elle a appris la triste nouvelle de ce décès. Ma patiente se rappela ensuite, de fil en aiguille, un très vieux souvenir : à 5 ou 6 ans, elle avait blessé cette sœur à la tête au cours d'une partie de pétanque. Se croyant inconsciemment coupable des tumeurs au cerveau et, partant, du décès de sa sœur, puisque c'était elle qui l'avait jadis blessée à cet endroit précis « sans le faire exprès », cette dame cherchait, à travers ses migraines, à guérir sa victime en lui ôtant son mal et en le dérivant sur elle-même. Elle tentait donc à la fois de réparer les dégâts qu'elle croyait avoir causés et de demander pardon pour son mauvais geste.

Disons rapidement qu'il s'agit là de la pierre angulaire du système thérapeutique africano-oriental. Le poulet que l'on fait tournoyer et virevolter, avant de l'immoler, autour du corps et de la tête du patient atteint d'une maladie physique ou mentale est censé aspirer le mal qui habite ce dernier. Bien qu'en apparence tout à fait étranger à la doctrine psychanalytique, ce système présente néanmoins de saisissantes connexions structurales avec elle. Les deux philosophies tentent, en effet, de repérer l'aliénation qui s'est emparée de l'individu et qui le possède, le privant de son autonomie de penser et de désirer. Qu'il s'agisse d'une malédiction, d'un mauvais œil ou d'un fantôme, le vrai poison empêchant le sujet d'advenir, de devenir propriétaire de son désir et acteur de son destin, renvoie, en fin de compte, à l'emprise occulte du désir de l'autre, de l'héritage inconscient, parental et transgénérationnel. Les deux systèmes thérapeutiques proposent donc, l'un comme l'autre, d'aider le patient à cesser de se sacrifier, de fonctionner comme poubelle, déchetterie, entrepôt de salissures et de détritus qui ne lui appartiennent point, peurs, doutes, culpabilités, etc.

D'ailleurs, l'idée d'une grande proximité psychologique, allant jusqu'à l'osmose et à l'interpénétration, entre mon patient et son entourage m'étonnerait d'autant moins que Julien fait preuve d'une sensibilité à fleur de peau. « J'ai quelque chose à vous avouer, me dit-il, mais pas tout de suite. J'ai peur que vous me preniez pour un fou. Tant pis, je vous le dis quand même. Voilà, j'arrive à lire dans la pensée des autres et à prévoir les événements. Je pense, par exemple, à mon oncle et cinq minutes plus tard je le croise dans la rue. Je pense à l'"ex" de Sonia et cinq minutes après je l'aperçois sur le trottoir d'en face. Je ressens aussi ce que certaines personnes ont pu vivre dans leur passé ou éprouvent à l'instant. Quand on me présente quelqu'un, je devine tout de suite s'il a subi de la violence dans son enfance, s'il a été frappé ou abandonné. »

J'avoue que je ne suis nullement surpris, peut-être

un peu amusé, que la clairvoyance extraordinaire de Julien, capable de sonder les âmes avec une telle acuité, ne lui soit d'aucun secours pour percer celle, tourmentée et vagabonde, de Sonia. Quoi de plus lointain que ce qui nous est le plus proche ?

En résumé, Julien a profondément souffert d'abandon psychologique dans son enfance, bien que celle-ci se soit déroulée « dans du coton », à l'exact opposé du passé de Sophie, victime de délaissement réel, manifeste. Mon patient n'a pas été aimé dans la gratuité du désir, pour ce qu'il était, mais dans le besoin impérieux de réincarner ses deux grands-pères disparus.

D'une façon générale, l'hyperprotection n'est pas une preuve de sollicitude affective ni de chaleur. Elle signale, à l'inverse, une carence de vrais liens, simples et détendus. Toute exagération camoufle et cherche à compenser un vide, une lacune. Ce qui serait susceptible en revanche de servir de signe et de gage d'une bonne qualité de présence et d'enveloppement, à l'abri des excès, renvoie à la capacité des parents à se situer dans le retrait et la distance. Cela se vérifie lorsqu'ils réussissent à exister par et pour eux-mêmes, sans avoir besoin de leur petit comme appendice ou complément, et quand ils parviennent à s'aimer en prenant soin de leur personne et de leur couple, sans culpabilité ni mauvaise conscience. La seule vraie manière de rendre son enfant heureux, c'est de l'être soi-même, en tant qu'adulte, psychologiquement différencié de lui. Il est impossible de cicatriser les blessures de son enfant intérieur par son enfant réel interposé, en s'épuisant à le gâter, à le combler matériellement, l'empêchant ainsi de manquer de manque.

Cela soulève la question sensible de la culpabilité des parents. Sont-ils réellement fautifs des infortunes de leurs enfants ? Personnellement, je n'ai jamais soutenu une telle hypothèse. Au fond, les parents n'ont nul besoin qu'on les pousse dans cette voie. Ils se culpabilisent spontanément eux-mêmes, indépendamment de la réalité objective de leurs comportements, passés ou présents.

Curieusement, le sentiment autoaccusateur d'avoir « mal fait » est d'autant plus lancinant chez ceux qui, aspirant à un idéal de parents parfaits et irréprochables, se sacrifient pour le bonheur de leur progéniture. Il est, à l'inverse, quasiment impossible de rencontrer un père ou une mère réellement maltraitants, physiquement ou psychologiquement, susceptibles de ressentir et d'exprimer la moindre autocritique ou remise en question sincère. D'ailleurs, si le sentiment de culpabilité leur était un tant soit peu familier, ils n'auraient certainement pas pu passer à l'acte maltraitant.

Non, les parents de Julien ne sont fautifs de rien. Ils ont agi comme ils ont pu, avec ce qu'ils avaient et étaient, il ont même peut-être trop bien agi, sans s'être suffisamment souciés d'eux-mêmes, de leur intériorité, de leurs bonheur et devenir personnels. Est-ce leur faute si, l'un comme l'autre, ils ont vécu des enfances blanches, ont été abandonnés par leur père, contraints de soigner une mère malheureuse ? Moi, je réponds non. Eux, à l'inverse, en sont convaincus !

Je dirais, pour exprimer clairement ma pensée, qu'au

fond la culpabilité des parents à l'endroit de leurs enfants constitue la survivance de la culpabilité et de l'inquiétude qu'ils éprouvaient, quand ils étaient petits, vis-à-vis de leurs propres parents. C'est donc leur enfant intérieur, sous l'emprise du fantôme, qui se croit fautif du fait d'avoir été victime innocente et impuissante, et non la personne adulte, dans l'Ici et Maintenant.

Le second thème dans le parcours de Julien est relatif à la bravade. Pourquoi, tout en étant parfaitement conscient des risques graves que ses deux héroïnes, la drogue et Sonia, lui font courir, se place-t-il sous leur emprise, se jetant « dans la gueule du loup », comme on dit ?

Je crois que Julien se situe face au danger dans une attitude fanfaronne de défi et de provocation, dans une perspective ordalique. Qu'est-ce à dire ? Le mot « ordalie », du latin *ordalium*, signifie « jugement de Dieu ». Il s'agit d'une épreuve pratiquée dans l'Antiquité et au Moyen Âge, qu'on imposait à un individu dont l'innocence ou la culpabilité paraissait douteuse, en utilisant la noyade, le fer rougi ou le poison. À titre d'exemple, l'enfant suspecté d'illégitimité était jeté à l'eau. S'il se noyait, cela prouvait qu'il était de naissance damnable, honteuse. S'il était sauvé, sa légitimité était démontrée. De même, on faisait boire un breuvage vénéneux à un individu soupçonné de sorcellerie, ou on l'obligeait à marcher sur un lit de braises. S'il vomissait le poison ou si le contact avec le feu ne laissait pas de traces, son innocence était prouvée. Dans tous les cas, l'issue favorable ou non de ce flirt avec la mort était décidée par Dieu.

Évidemment, ces conduites, qu'on aurait tendance à qualifier aujourd'hui de barbares et d'archaïques, n'ont nullement disparu. Elles sont simplement devenues invisibles. En outre, contrairement au passé, elles ne sont plus imposées de l'extérieur ni arbitrées par Dieu, mais briguées par l'individu lui-même. Il en existe de nombreuses variétés « modernes », comme le jeu du foulard, baptisé aussi le « rêve indien », la « grenouille » ou la « tomate », dans lequel deux adolescents se passent mutuellement un foulard autour du cou et le serrent jusqu'à tomber inconscients, éprouvant au passage des sensations grisantes, hallucinatoires. Une dizaine d'enfants succombent chaque année à ce jeu avec la mort. Certains, bien plus nombreux, conservent des séquelles peut-être irréversibles, céphalées, crises d'épilepsie, tremblements, etc.

On peut citer également les overdoses sexuelles sans protection d'un partenaire à l'autre, à l'heure où le monstre sidaïque de la mort rôde dans les back-rooms, déguisé en Dionysos ; le rodéo en voiture, en brûlant les feux rouges et les stops sans regarder à droite ni à gauche ; le jeu de « chicken », enfin, made in USA, consistant à rouler en voiture ou à moto face à son concurrent arrivant en sens opposé, la nuit, toutes lumières éteintes, sur les immenses parkings déserts d'hypermarchés géants, jusqu'à ce que l'un cède in extremis – c'est lui le « chicken », le dégonflé, la poule mouillée !

Avez-vous aussi entendu parler d'un tout nouveau

« jeu », très à la mode, dénommé « torero » ? L'adolescent, repérant l'arrivée imminente d'un train, se place face à lui sur les traverses de bois, entre les rails. Dès que la locomotive, certainement prise pour un taureau, s'approche, prête à le faucher, le jeune « torero » s'écarte précipitamment. Certains, cherchant sans doute à prolonger le défi et à intensifier l'orgasme ordalique, se laissent écraser par la bête. Ne parlons pas ici des tatouages, des piercings ni des scarifications, au couteau ou au fer rouge, pratiqués autrefois sur les bêtes de boucherie, avant ou après l'abattage, et très en vogue chez nos ados d'aujourd'hui. Ils proviennent parfois du fin fond des tribus primitives africaines. Toutes ces inscriptions sur le corps, qui n'étaient chez ces peuplades nullement caractéristiques d'une « pensée sauvage », servaient en définitive de rites religieux, de cérémonies d'initiation et d'étayage, aidant le sujet à transiter d'une étape de sa vie à la suivante, de l'adolescence à l'âge adulte, par exemple.

On pourrait se demander justement si ces comportements ordaliques ne viennent pas remplir, notamment chez nos jeunes, le vide laissé dans nos cultures par la disparition des rituels d'accompagnement et de passage. Je crois que l'addiction représente dans ce sens une conduite ordalique, de mort et de renaissance malheureusement crue, asymbolique. Certes, le drogué cherche à s'autodétruire en s'exposant aux dangers, mais c'est dans l'espoir de renaître après avoir exorcisé par ses danses funèbres les peurs de l'enfant en lui. Son jeu avec la mort ne représente donc pas un simple suicide, mais également un défi, une quête, que certains appellent mystique ou religieuse. S'il s'expose en risquant sa peau et en frôlant la mort, à petit feu ou à travers ses overdoses, c'est pour renaître, ressurgir, ressusciter, mais à la roulette russe, à quitte ou double ! Comme l'exprime si bien un cocaïnomane, « c'est pour me déterrer que je me défonce. Je ne m'en sortirai pas tant que je n'aurai pas touché le fond ».

De même, chez le vrai joueur, « accro », qualifié de dostoïevskien, la passion impulsive et compulsive ne réside nullement dans le seul désir de gagner, ce serait trop simple, mais aussi dans celui de tout remiser incessamment, quitte à tout perdre, en frôlant la ruine pour se « refaire », comme il le croit. Il ne s'agit au fond pour lui ni de gagner de l'argent ni d'en perdre, mais de se remettre constamment dans la balance ordalique, douloureuse, certes, mais jouissive. Il mise donc sa vie pour la regagner, après avoir défié et vaincu la mort. Tous les « fanas » de sports à haut risque, cascadeurs, alpinistes, skieurs hors piste, toreros, plongeurs en apnée ou spéléologues, sont titillés, à des degrés divers, par le même fantasme ordalique.

Ainsi, Julien cherche inconsciemment à travers ses deux addictions, Sonia et la drogue, à se mettre en danger, à se faire violenter, afin de conjurer, d'exorciser ses peurs, celles de son enfant intérieur. Tout se passe comme s'il voulait se prouver à lui-même et prouver aux autres qu'il n'était plus un « bébé », un petit garçon timide et peureux, accroché aux jupons de sa maman, mais un homme adulte, « grand », fort et audacieux, ne craignant plus rien ni personne.

« Nous habitions, quand j'avais 10 ans, dans une

maison face à un terrain de sport, de l'autre côté de la rue. J'avais souvent envie de m'y rendre pour faire du vélo, mais ma mère m'en empêchait. Elle avait peur que je me fasse écraser en traversant la rue, ou que je me blesse en chutant de vélo. Elle n'avait pas confiance en moi. Elle était sans cesse inquiète qu'il m'arrive quelque chose. À 16 ans, elle s'est opposée aussi à l'achat d'une petite mob. Ensuite, elle m'a interdit de sortir avec mes copains le soir. Plus tard, elle y a consenti, mais à contrecœur, à condition que je rentre avant dix heures du soir. Je rentrais toujours à l'heure, sachant que ce serait un drame pour elle si je la dépassais, même de très peu. Cependant, en cachette, je faisais toutes les bêtises possibles et imaginables, fumer du shit, casser les vitres des cabines téléphoniques et des abribus, rouler avec la moto des copains à 110 à l'heure, sans casque, ou conduire leur voiture sans permis, etc.

« Dans la journée, je traînais avec le caïd du quartier pour que les gens, en me remarquant en sa compagnie, me considèrent comme quelqu'un de fort et dur, alors que je savais que j'étais faible et froussard. En cours, j'ai été viré une centaine de fois. Mes parents l'apprenaient, m'engueulaient, me punissaient gentiment en me privant de sortie ou de télé, me faisaient la morale, mais ça ne m'impressionnait pas, ça n'avait pas d'effet sur moi. Je recommençais plus tard. Ce qui m'a manqué, je crois, c'est que mon père n'ait jamais levé la main sur moi, ne m'ait jamais donné, par exemple, une paire de claques. Un jour, j'avais 18 ans, les gendarmes sont venus fouiller chez moi. Ils n'ont rien trouvé, évidemment, parce que je ne rapportais rien à la maison. Je fumais en cachette dehors, avec les copains. Cette fois, mon père ne m'a même pas engueulé. Il m'a juste récité comme d'habitude sa petite leçon de morale. Après cet événement, toutes les nuits, je dormais mal. J'avais tout le temps peur qu'on me dénonce à nouveau et que les gendarmes m'embarquent. Plus tard, je paniquais dans la rue à l'idée de croiser les dealers. J'ai demandé qu'on m'offre un berger allemand pour mes 18 ans. Mes parents ont accepté tout de suite. Avec lui, je me sentais en sécurité. C'étaient les autres, désormais, qui avaient la trouille de moi. J'adore les animaux. Je retrouve en eux ce que je ne trouve pas chez les humains, les câlins, la fidélité, et ils sont toujours à mes pieds. Sentant ma tristesse, mon chien était le seul à pouvoir me consoler. »

Toutes les attitudes maternelles hyperprotectrices ont non seulement échoué à apaiser Julien, mais elles ont, à l'inverse, épouvanté son âme. D'abord en lui fourguant toutes les angoisses de sa mère, ensuite en lui présentant la vie comme une aventure effrayante, agressive, hostile, parsemée d'embûches et de dangers.

Peut-être s'agit-il pour Julien, lorsqu'il brave la loi et ses limites, de rassurer sa mère, comme pour lui dire : « Je suis un homme, maman, escorté par le caïd et le berger allemand. Cesse de t'inquiéter et laisse-moi m'envoler de mes propres ailes maintenant. »

Il arrive très souvent qu'un enfant sombre dans un excès dans le dessein inconscient de rectifier, de contrebalancer l'excès inverse dont se trouve prisonnier l'un de ses parents. À père avare, fils prodigue ; à mère volage, fille frigide ; à père puritain, fils immoral et pervers. Tout se passe comme si l'enfant recevait en héritage, du vivant même de ses parents, le refoulé de ceux-ci mué en fantôme en raison de sa non-élaboration consciente.

Julien cherche aussi et surtout, en se mettant en péril à travers ses comportements ordaliques, à s'infliger crûment à lui-même les souffrances que ses parents hyperprotecteurs ne lui ont pas permis d'éprouver. Le fantôme témoigne justement du retour sauvage d'une souffrance blanche, non ressentie jadis pour être métabolisée et transformée en terreau nourricier.

L'enjeu de cette confrontation ordalique, porteuse de mort et peut-être de résurrection, est d'aider Julien à sortir de la matrice, à passer de l'enfance à l'âge adulte, du principe de plaisir à celui de réalité. Je ne suis évidemment pas partisan de la violence ni de la maltraitance, mais je me demande si, au nom d'une idéologie maternelle compassionnelle et pacifiste, nous ne sommes pas passés d'un extrême à l'autre, clouant au pilori, un peu trop hâtivement, les punitions physiques. Celles-ci, à condition de ne pas glisser vers l'arbitraire, l'injustice et la brutalité, peuvent se révéler parfois plus éducatives que certaines menaces, certains chantages affectifs déguisés ou certaines leçons de morale, paradoxalement bien plus traumatisants. Redouter fantasmatiquement une punition hypothétique peut être plus nocif que recevoir une petite fessée. Celle-ci comporte le précieux avantage non seulement de résoudre immédiatement la tension et de clore l'incident, mais surtout d'empêcher le sujet de se faire inconsciemment justice lui-même en se maltraitant masochistement de façon disproportionnée, sous forme de maladie ou d'échec.

Chez Julien, la quête d'autopunition et de torture, à travers les conduites à risque ordaliques, constitue fondamentalement un appel lancé à son père, « qui ne parle pas », pour qu'il s'occupe enfin de lui, assumant la fonction qui lui revient au sein du triangle familial. La fonction paternelle symbolique consiste précisément à délivrer Julien de l'emprise fusionnelle et incestueuse de sa mère, en lui donnant un cadre et des limites pour qu'il apprenne à se différencier d'elle et de son désir. Ainsi, l'ordalie ne se réduit pas crûment à une histoire de mort, et peut-être de renaissance grâce au bon vouloir du Tout-Puissant. Elle signifie symboliquement mourir à la mère, quitter la matrice pour renaître au père, chargé d'initier son héritier au symbole, à la loi, à la patience et au contrôle. Si le père encourage à grandir, à devenir adulte, psychiquement autonome, homme ou femme, la mère cherche à retenir la « chair de sa chair » près d'elle, collée à son sein.

L'addiction plonge ainsi ses racines dans un défaut d'éducation/sublimation pulsionnelle en raison de la défaillance de la fonction paternelle. Le sujet, allergique au manque et à la souffrance, soumis au principe de plaisir, éprouve le besoin de soulager impulsivement ses tensions internes par le recours à des produits, objets ou personnes extérieurs, dans une totale confusion entre le dehors et le dedans, le désir et le besoin, l'interdit et l'autorisé, le nuisible et le bénéfique. Malheureusement, sa passion ne fera que grignoter, jour après jour, sans espoir de renaissance, son énergie vitale, son corps et son âme, sous le regard malicieux et goguenard du fantôme.

Cependant, l'addiction ne s'explique pas entièrement par les sinuosités des interactions entre le petit, la maman et le papa. Elle représente également un phénomène culturel, collectif, de civilisation, d'une grande importance. Elle semble se substituer, en premier lieu, en tant que conduite ordalique, aux rituels d'initiation aujourd'hui inexistants et qui avaient naguère pour fonction d'accompagner l'adolescent d'une étape de sa vie à la suivante en exigeant de lui, comme prix de la traversée, une petite dose de souffrance.

Il est très significatif en effet de constater que les comportements à risque, motivés par le défi lancé à la mort, ainsi que la recherche masochiste de la souffrance crue foisonnent dans nos civilisations hédonistes, dominées par le principe de plaisir, le refoulement de la mort, l'éradication du risque, la recherche du confort, de l'assurance et de la sécurité. Ce n'est point un hasard si l'addiction fleurit dans les sociétés elles-mêmes droguées, repues, anesthésiées par toutes sortes d'objets que le marketing et la publicité nous incitent à consommer, pour le plus grand bonheur du capitalisme moderne, arrogant et hégémonique, obsédé par le seul profit. Où et comment les « adultes » trouveront-ils désormais l'audace d'empêcher leurs petits de se shooter s'ils se précipitent eux-mêmes, au moindre bobo ou à la plus petite contrariété, vers les cachets roses, blancs ou bleus, généreusement remboursés par Mère Sécurité sociale en dépit de ses trous insécurisants ? Comment persuader nos jeunes de ne pas s'abîmer la santé avec le shit et la vodka si nous nous défonçons complaisamment nous-mêmes, fuyant l'ennui et le tragique de l'existence dans le piège d'une flopée de drogues à visée antidépressive et anxiolytique, qu'elles soient licites ou illicites, avec ou sans toxiques : le tabac, l'alcool, la « bouffe », le travail, le sexe, les jeux, l'argent, le pouvoir, le sport à outrance, l'ordinateur, la télé, le portable, les vacances ?

Dès lors, la meilleure manière d'aider nos enfants à devenir grands pour se libérer de l'emprise du fantôme, c'est de leur donner l'exemple, en nous érigeant nous-mêmes au rang d'adultes. Cela suppose la capacité d'assumer, sans affolement, les hauts et les bas de l'existence, sans tomber à la moindre contrariété dans l'addiction, notamment dans les pires de toutes, la consommation et les médicaments !

7

FILIATIONS

ÉDOUARD

Édouard a 19 ans. Je suis étonné de voir que ce jeune homme mince et de petite taille, aux yeux bridés, aux cheveux noirs et au visage rond, de type manifestement asiatique, porte un tel prénom, plutôt aristocratique. Son nom de famille, que je tairai ici, rappelle aussi de vieux patronymes français tels que Dupont ou Durand. Je devine rapidement qu'Édouard a été adopté.

En réalité, ce n'est pas du tout Édouard qui a souhaité me consulter. Il a obéi aux injonctions récurrentes de ses parents, le harcelant pour qu'il voie un « psy » afin qu'il l'aide à corriger les deux principaux défauts de sa personnalité, le vol et le mensonge. Édouard a fini par céder, après maints refus, « pour avoir la paix », à la condition expresse cependant que je m'engage, moi thérapeute, à ne pas rencontrer ses parents ni leur dévoiler quoi que ce soit de ses confidences. Il commence par nier les accusations qui sont portées contre lui, avant de les reconnaître au cours des séances suivantes.

« Je n'ai rien à voir avec la disparition des objets et des vêtements de sport dans les vestiaires du lycée. Ce n'est pas parce qu'il m'est arrivé par le passé de prendre quelques babioles que tout ce qui manque maintenant, même une simple éponge, est de ma faute. Il est vrai que j'ai la mauvaise habitude, depuis mes 12-13 ans, de prendre des choses chez moi, sans toujours demander l'autorisation, de l'argent à mon père, une fois son chéquier, un collier à ma mère, etc. Quand ils l'ont découvert, ils m'ont engueulé. Ils étaient déçus parce qu'ils avaient insisté pour me donner une bonne éducation, la franchise et l'honnêteté. Je ne sais pas pourquoi je faisais tout cela. Je ne manquais avec eux de rien. Mon intention n'était pas de voler, je ne comprends pas.

« Depuis le départ, ma mère attache une grande importance à la scolarité. Elle insiste pour que je me trouve parmi les meilleurs. Mais ça ne m'a jamais intéressé, les cours, les devoirs, l'école. J'ai redoublé mon CE2 et ma cinquième. Elle affirme que ce qui l'énerve le plus, c'est que j'ai des capacités, mais que je ne les exploite pas. J'ai fugué plusieurs fois vers 13-14 ans. Je faisais semblant de partir pour le collège, mais en réalité j'allais me promener tout seul dans les bois à la périphérie du village. Alors mes parents, alertés par le proviseur, me rouspétaient en me faisant la morale. Ma mère est quelqu'un de rigide, de cassant et même d'explosif. Elle se met facilement en colère, sans réfléchir. Elle vient s'excuser ensuite. Justement, pour qu'il n'y ait pas trop d'histoires, je ne les informais pas des réunions entre les profs et les parents d'élèves, de peur qu'ils s'allient tous contre moi. Je ne veux pas qu'on mélange l'école et la famille. Elle insistait beaucoup aussi pour que je sois suivi par un psychologue, à qui je parlerais de mes problèmes. J'y suis allé deux, trois fois, mais je n'y trouvais aucun intérêt. Le psy ne me répondait rien. J'ai refusé de continuer. Mes parents me reprochent enfin de ne pas leur présenter mes copains. Ils croient d'ailleurs que je n'en ai aucun. Ils me questionnent sans arrêt pour que je leur avoue si j'ai une petite amie ou pas. Ils n'ont pas à tout savoir sur moi, où je vais, qui je vois... »

À ce stade de nos entretiens, je repère chez Édouard, outre les deux thèmes principaux, le mensonge et le vol, un troisième, plus discret, à savoir un fonctionnement psychique opaque, mystérieux, organisé en secteurs, clivé, cloisonné, à l'image des services secrets de renseignement où chacun doit impérativement ignorer l'identité des autres agents. Il a, en effet, réparti sa vie en cases qu'il s'efforce de maintenir hermétiquement isolées, coupées les unes des autres. Son existence familiale, ses relations amicales, sa vie scolaire et sa psychothérapie avec moi doivent demeurer séparées, ne jamais se croiser ni se rencontrer. Nul n'est autorisé à saisir Édouard dans son entièreté, dans la pluralité de ses divers visages.

Pourquoi ce jeu de cache-cache, ces vols, ces mensonges ? Écoutons son histoire : « Je suis né, enfin c'est ce qu'on m'a dit, en Corée, de père inconnu. J'ai vécu, c'est ce qu'on m'a raconté aussi, je n'en ai gardé aucun souvenir, avec ma mère et ma petite sœur, d'un an plus jeune, jusqu'à mes 2 ans et demi. Ma mère nous a abandonnés ensuite, je ne sais pas où, ni pourquoi, ni comment. Nous avons été rapidement adoptés par un couple habitant Paris, qui, ayant déjà trois garçons mais ne pouvant plus concevoir, souhaitait adopter une petite fille. Cependant, les autorités coréennes n'ont accepté l'adoption de ma petite sœur que s'ils me prenaient aussi avec elle, pour que nous ne soyons pas séparés. J'ai donc été accueilli à contrecœur. Je suis resté chez mes premiers parents pendant quatre années, jusqu'à l'âge de 7 ans. C'était l'enfer ! J'étais maltraité, sans raison. Je me sentais de trop. Une fois, mon père m'a soulevé et jeté à terre. J'ai eu la jambe cassée et je suis resté plâtré plus de trois mois. Sa femme était encore pire que lui. Elle m'a obligé un vendredi soir, en hiver, à rester plongé dans l'eau glacée de la baignoire. J'ai failli mourir. Je ne parle pas de tous les coups de martinet ni des raclées que je prenais, pour des futilités. Ma petite sœur, par contre, était bien traitée, comme une princesse. Un jour, lors d'un examen médical, le médecin scolaire, ayant décelé des bleus sur mon corps, a exigé une enquête. J'ai alors tout raconté à l'assistante sociale. Le juge m'a retiré pour me placer dans un foyer, en attendant une nouvelle adoption, par mes parents actuels. Ils ont une fille aînée de 22 ans, ma demi-sœur, danseuse à l'Opéra. Ils ont eu un fils né la même année que moi et décédé à l'âge de 8 ans d'une tumeur au cerveau. C'est alors qu'ils ont voulu adopter un garçon du même âge que le leur. J'ai gardé mon ancien prénom, mais ils ont changé mon patronyme pour me donner celui de mon père adoptif actuel. C'est une bonne famille. Ils sont très gentils avec moi. Ils me demandent... non, je veux dire qu'ils me donnent beaucoup d'affection, mais je n'en veux pas. Je me dis des fois que, s'ils mouraient tous les deux dans un accident, je ne sais pas comment je réagirais. Je n'aurais pas de peine, je crois ! Mon parrain aussi, riche homme d'affaires de nationalité américaine, s'il meurt, ça me sera égal. Il est d'origine coréenne et a été adopté, comme moi.

« À Noël et pour mon anniversaire, mes parents m'offrent plein de cadeaux. Je ne sais pas si je suis content, peut-être bien, mais je ne le montre pas. Je sens, je sais qu'ils cherchent à me rendre redevable. Ils voudraient que je crie de joie, que je les remercie en leur disant qu'ils sont les meilleurs parents du monde. Pareil, quand ils m'emmènent au restaurant, ils me reprochent de ne pas réagir avec enthousiasme, de ne pas montrer que j'apprécie les plats.

« Mon père ne s'occupe pas du scolaire. Mais, par contre, depuis mon arrivée, ma mère me stresse pour les devoirs. Ça ne m'intéresse pas. Je veux aimer et qu'on m'aime pour moi. Mon père me reproche de fouiller dans ses affaires. Il est complètement maniaque. Il veut que rien ne bouge, que tout soit toujours exactement à la même place.

« Je n'ai pas de nouvelles de ma petite sœur. Je ne sais pas ce qu'elle devient. J'attends qu'elle soit majeure pour la rechercher. Je voudrais aussi pouvoir retrouver un jour ma vraie mère. »

J'avoue ressentir un certain trouble en écoutant Édouard. Ce garçon me paraît cynique, inaffectif, froid, détaché, de marbre. Comment ose-t-il se montrer si indifférent à l'évocation du fantasme de la disparition de ses parents et de son parrain ? Ce qui m'inquiète, en outre, c'est que mon jeune patient n'exprime au fond aucune souffrance morale ni angoisse, ne formulant par conséquent aucune demande de soins : « Oui, c'est vrai, on me dit que je ne montre pas assez mes sentiments. C'est possible. Je fais comme si je n'en avais pas. Je suis blindé. Je n'éprouve plus rien. Je ne pleure jamais. Je me suis construit des barrières pour que plus rien ne puisse m'atteindre. J'ai placé un vide entre moi et ce qui se passe. Je pratique la musculation pour devenir intouchable. »

Encore une fois, il ne faut pas se fier aux apparences trompeuses, s'imposant d'emblée aux sens, se donnant à voir et à entendre. L'insensibilité représente l'arbre qui cache la jungle, le voile qui masque le volcan incandescent. Les extrêmes se ressemblent. En cas de DIP et de culpabilité, consécutives à des carences narcissiques au cours de la petite enfance, comme cela est sans doute le cas chez Édouard, l'énergie vitale, empêchée de circuler librement et de manière fluide dans les allées de l'âme, se cabre, s'irrite, s'emporte, se radicalise en se coinçant dans l'un des deux extrêmes, la dépression ou la perversion. Édouard, ne s'autorisant pas à ressentir, en raison de sa chétivité psychologique, les affects anxiodépressifs, insupportables pour lui, s'est vu contraint de se réfugier dans le blockhaus pervers. Ce mot ne renvoie pas ici aux déviations classiques de l'instinct sexuel par rapport aux normes morales ou culturelles, comme la pédophilie, le sado-masochisme, etc. Il définit plutôt un fonctionnement psychologique particulier, y compris chez le sujet ayant une sexualité « normale », conventionnelle, dans le but d'empêcher son psychisme, tel un château de sable ou de cartes, de s'écrouler.

D'un côté, le déprimé, en raison de la présence d'une forte culpabilité, souffre de l'extinction libidinale, du manque de goût et d'*en-vie*. Il se replie sur lui-même en s'interdisant de jouir, préférant se sacrifier masochistement à autrui. De l'autre côté, et à l'inverse, le pervers, déniant toute culpabilité, inapte à l'empathie, est capable de sacrifier d'une façon maligne et égoïste, parfois même amorale et sadique, ceux qu'il prétend aimer, pour assouvir ses besoins pulsionnels. Ces deux tableaux, le pervers et le dépressif, s'inscrivent, par-delà leur opposition de façade, dans une même problématique, la carence narcissique maternelle entraînant la DIP et la culpabilité d'avoir été malmené.

Mais pourquoi alors, si deux individus subissent une semblable blessure dans la petite enfance, l'un souffrira-t-il à l'âge adulte d'une dépression, tandis que l'autre présentera des traits pervers ? Pourquoi l'un aura-t-il tendance à occuper une place de victime émissaire, s'interdisant le bonheur, soucieux exclusivement de ses devoirs, se sentant coupable quoi qu'il fasse ou dise, tandis que le second, ne revendiquant que des droits, se permettra de jouir sans gêne et sans culpabilité, insensible à la souffrance et au désir d'autrui ? La différence tient au fait que le pervers, aux prises avec une culpabilité et une DIP encore plus massives et enfouies que celles du déprimé, se voit contraint, pour survivre, de dénier ces affects, de les censurer, les expulsant hors du champ de l'éprouvé et du ressenti conscient. Il est ainsi comparable à un appareil électrique qui aurait disjoncté en raison d'une augmentation exagérée de la tension pour ne pas exploser. Dans cette perspective, le pervers, bien que portant le vernis séducteur de la confiance en soi, de la solidité et de la maîtrise, souffre de césures narcissiques et identitaires bien plus graves que le déprimé. C'est le motif pour lequel ce qu'on pourrait lui souhaiter de meilleur en définitive, c'est de réussir un jour à déprimer pour pouvoir ôter son masque et quitter son blindage, afin de retrouver son enfant intérieur et d'accéder à sa vérité profonde longtemps dissimulée.

Revenons à la triple question concernant Édouard : pourquoi vole-t-il ? Pourquoi ment-il ? Pourquoi cherche-t-il à cliver sa vie, la scindant en cases nettement cloisonnées ? Je vous propose, avant d'esquisser des réponses, une petite promenade dans le musée de l'abandon et de l'adoption. Ce qui se déroule Ici et Maintenant dans le psychisme d'un individu peut certes s'éclairer par l'examen de son passé individuel, mais d'autant plus aisément lorsque celui-ci est restitué dans son histoire transgénérationnelle et collective.

L'humanité n'a commencé à s'intéresser vraiment aux enfants qu'à partir du XVIIIe siècle. La parution de l'*Émile*, le fameux ouvrage de Jean-Jacques Rousseau datant de 1762, constitue aussi bien le témoin de cet intérêt que le moteur d'un nouveau regard sur les enfants. Il encourage à les considérer comme des êtres précieux ayant des droits et des besoins propres. On commence alors à limiter leur nombre pour pouvoir mieux s'occuper de chacun d'eux. Il faut cependant attendre la première moitié du XXe siècle pour que l'enfant devienne une personne à part entière, un sujet de plein droit intéressant le législateur. L'enfant-roi que nous connaissons aujourd'hui, désiré, attendu, choyé, objet d'un tel investissement matériel et affectif, tout-puissant, à qui l'on s'interdit d'interdire pour ne pas le frustrer et qui joue, de ce fait, un rôle décisif dans les achats familiaux (logement, voiture, vacances...), ne date que des trente dernières années. Cette sacralisation, il est intéressant de le souligner, est proportion-nelle à la lente et insidieuse décroissance de l'autorité paternelle, celle du fameux *pater familias*, sacro-saint encore au début du XIXe siècle.

Les enfants ont été considérés durant de nombreux siècles comme des êtres négligeables, ou comme des bouches à nourrir, parfois malvenues en raison de leur surnombre et des conditions matérielles de vie misé-reuses. L'abandon, connu sous le nom d'« exposition », visant surtout les filles, a été couramment pratiqué dans l'Antiquité, sauf chez les Égyptiens et les juifs, en tant que contrainte normale de l'existence, sans être jamais regardé comme un crime ni susciter de honte ou de culpabilité. Le rituel de l'exposition n'impliquait pas forcément de tuer. Il s'agissait d'une décision prise par le père avant même la naissance, sans que le lien de paternité et de filiation soit rompu. L'enfant, ni lavé, ni pris dans les bras, parfois protégé par sa mère, pou-vait aussi être vendu ou offert à des femmes stériles. D'après la légende, certains « exposés » étaient promis aux plus hautes destinées et sont devenus de grands chefs fondateurs : Moïse, Cyrus, les jumeaux Romulus et Rémus. À la suite de son interdiction par la loi au vi^e siècle, l'exposition a dû changer de nom et de forme, devenant l'« oblation ». On offrait alors ses enfants aux Pères de l'Église, bien avant la création de l'Assistance publique.

Quant à l'adoption qui était pratiquée dans l'Antiquité romaine, elle n'est nullement comparable non plus à ce qui existe de nos jours. Elle n'était jamais le fait d'un couple, mais de l'homme seul, le *pater familias*, qui pouvait également, en sens inverse, « désadopter », exclure un de ses fils ou petits-fils en le donnant en adoption sans son accord. L'adopté n'était pas forcément un jeune enfant ou un nourrisson, il pouvait aussi bien s'agir d'un adulte, et il ne provenait pas obligatoirement de l'étranger ou de l'extérieur de sa famille propre : ce pouvait être un petit-fils ou un neveu. En outre, l'adoption ne se pratiquait pas dans le secret et l'anonymat. Elle mettait publiquement face à face les deux pères, adoptif et de sang. Il n'y avait ainsi aucune rupture de liens entre les deux familles. L'adopté demeurait inscrit dans sa filiation de naissance et portait dans son nom la marque de ses origines, son appartenance aux deux familles, un peu comme un mariage scellant une alliance entre deux groupes, le donneur et le receveur. L'adopté n'était donc point déshérité par son père de sang. Enfin, l'adoption n'était pas exclusivement motivée par le souhait affectif d'entretenir avec un enfant une relation de paternité/maternité pour compenser une impossible conception naturelle, ou encore par le désir altruiste de procurer une famille à celui qui s'en trouvait dépourvu. Certes, elle se pratiquait comme substitut de la filiation naturelle, pour pouvoir transmettre son nom, sa fortune ou son culte, les sauvant ainsi de la disparition, mais le *pater familias* pouvait également se donner le droit, dans son unique intérêt et par sa seule volonté, de changer les rangs successoraux au bénéfice ou au détriment de l'un de ses héritiers, ou encore les statuts civiques, transformant par exemple par l'adoption un esclave en homme libre.

De nos jours, en raison de profonds bouleversements sociaux, économiques et culturels influant sur les mentalités, les liens, au sein de la famille moderne, entre le père, la mère et l'enfant ont, par ricochet, fondamentalement évolué. L'enfant, jadis le membre le plus insignifiant et négligé du triangle, est devenu l'objet d'une idolâtrie extravagante, s'adjugeant le trône du *pater familias*. Celui-ci, accusé d'avoir durant des siècles tyranniquement inféodé son épouse et sa progéniture, rabaissées au rang d'objets, s'est vu de surcroît supplanté par les nouvelles matriarches se voulant désormais dégagées de sa tutelle. À la suite de tous ces remaniements, les rapports de force entre les membres du triangle, la fréquence, le nombre, ainsi que la nature des deux phénomènes de l'abandon et de l'adoption, se sont trouvés considérablement modifiés, voire, en ce qui concerne leurs données respectives, inversés. On ne compte plus aujourd'hui annuellement que moins d'un millier d'abandons et d'infanticides. Par contre, plus de 25 000 demandes d'adoption sont déposées chaque année. Environ 5 000 enfants se trouvent ainsi adoptés, dont 90 % viennent de l'étranger.

Étrange paradoxe ! Soutenus et encouragés désormais par les progrès fantastiques accomplis dans les domaines de la contraception et de la fertilité, ceux qui sont capables de procréer autant qu'ils le voudraient peuvent refuser d'engendrer, et ceux qui souffrent d'infécondité, au contraire, s'acharnent à concevoir et à adopter des enfants, à tout prix, par tous les moyens.

C'est dans un tel contexte de filiation que se meut Édouard. Son fonctionnement psychologique, tributaire de son histoire, devrait donc être examiné et compris en tenant compte de la place et du sens de l'abandon et de l'adoption dans la mémoire collective.

J'avoue franchement m'être posé plus d'une fois cette question, naïve et de bon sens, à son sujet : pourquoi mon jeune patient se complique-t-il si masochistement l'existence ? Pourquoi ne profite-t-il pas, en bonne intelligence, de tout ce dont il dispose dans l'Ici et Maintenant, des parents adoptifs riches et compréhensifs, lui offrant de merveilleux cadeaux et l'emmenant dans de bons restaurants ? Pourquoi ne saisit-il pas la chance qui lui est donnée, avec tous ces atouts formidables que plus d'un jeune pourrait lui envier ? Pourquoi, alors qu'il a tant souffert de maltraitances et d'humiliations, « crache-t-il dans la soupe », recherchant des bâtons pour se faire frapper ?

La réponse est simple. Édouard « ne fait pas exprès ». C'est plus fort que lui. Cela signifie qu'il n'est point décideur, acteur, artisan de sa vie, psychiquement autonome, maître à bord, à la barre de son bateau. Il est manipulé, agi, parlé, envahi par le bébé en lui, l'autre Moi, l'autre je, son double ou son ombre, totalement inféodé au fantôme. Il s'autopunit pour apaiser une intense et vénéneuse culpabilité, persuadé que tout ce qui est arrivé de négatif à lui et à ses proches est de sa faute. Une force mystérieuse et étrange le pousse à expier ces souffrances subies personnellement ou auxquelles il a assisté en tant que témoin impuissant : la disparition de son père, le reniant ainsi que sa petite sœur et sa mère, l'abandon imposé par celle-ci, l'exil de son pays, la coupure, la cassure, le divorce avec sa famille de sang, sa culture, sa langue d'origine, ajoutés à une autre rupture, plus tard, avec sa première famille adoptive. Cette culpabilité imaginaire de la victime innocente devient sans doute la source d'une image négative de soi, en tant que personne mauvaise et mortifère, portant et répandant la poisse et donc, par représailles, méritant le rejet. C'est le motif pour lequel Édouard s'interdit de jouir paisiblement de ce qui lui est offert ou d'exprimer sa satisfaction lorsque ses parents cherchent à le gâter avec de beaux cadeaux et des dîners au restaurant.

Ce que je trouve saisissant, en raison de l'inscription de tous ces événements dans le psychisme d'Édouard, c'est qu'il est porteur, contrairement au commun des mortels, non pas d'une seule, mais de plusieurs enfances, une en Corée et deux en France, de trois mères, de trois pères, de trois familles, de trois patronymes aussi, dans une succession désordonnée et discontinue. Trop étant synonyme de rien, Édouard, l'enfant de personne et de nulle part, se trouve paradoxalement orphelin de père, de mère et de famille. L'adoption ne s'effectue pas en sens unique. Il faudrait qu'il réussisse lui aussi à adopter un jour ses parents

adoptants, à les accepter, à les intégrer à lui. La filiation représente l'invisible fil d'Ariane qui relie, rattache
et rassemble les diverses séquences d'une histoire forcément en dents de scie, avec ses aléas. Elle cimente,
allie, fédère, articule, conjugue les différents morceaux
du puzzle pour leur donner unité et sens, continuité et
cohérence. Elle ne se réduit nullement aux origines,
bien qu'elle y prenne racine. Elle constitue l'axe vertical, le pivot central, la colonne vertébrale de l'âme,
permettant au sujet de s'approprier le présent, orienté
vers l'*à-venir*. Les trois dimensions du temps se trouvent indissolublement reliées. La pratique de l'adoption
dans l'Antiquité comportait ainsi le précieux avantage
de ne pas déposséder l'adopté de son père de sang, de
son patronyme, de sa famille et de ses origines. Elle
n'exigeait pas la coupure entre les deux familles, la
passée et la présente. Elle n'effaçait pas à jamais la
première par l'anonymat. Elle se voulait, à l'inverse,
comme un mariage, une alliance. La filiation se trouvait de cette façon sauvegardée, garantie, par-delà la
chair et le sang.

Ce trouble de la filiation chez Édouard a contribué
à fragmenter son existence en cases isolées, hermétiquement cloisonnées : la famille, l'école, les amis, sa
thérapie. Voilà pourquoi il se voit empêché de s'intégrer dans sa famille adoptante en l'adoptant à son
tour. Il s'arrange inconsciemment au contraire pour
précipiter par sa mauvaise conduite ce qu'il redoute
le plus au monde, l'exclusion, telle une répétitive et
inexorable malédiction. J'avoue n'avoir pas souvent eu
l'occasion de rencontrer de cas d'adoption heureuse,

notamment durant cette phase si explosive et si per-
turbée/perturbante qu'est l'adolescence, où la quête
identitaire se trouve exacerbée au maximum.

Les troubles dus au manque de filiation se traduisent
chez l'adolescent par la vague sensation de ne plus
savoir qui il est, ne sachant pas d'où il vient ni où et
vers quoi il pourra se diriger. Tout se trouve chamboulé
et remis en question dans son esprit. Les parents adoptifs dépensent parfois une énergie extraordinaire pour
paraître de bons parents, parfaits ou presque. Ils se
croient obligés de gâter l'adopté bien plus que s'il
s'agissait de leur progéniture naturelle. Ils se sentent
aussi coupables de se montrer sévères en lui imposant
certaines privations et en lui fixant des limites, pourtant indispensables à son équilibre. Cette quête
d'impeccabilité, ce perfectionnisme, est destinée en
définitive à compenser l'échec de la procréation naturelle, dont le deuil n'a pu véritablement s'effectuer. Ce
deuil blanc, sauté, se transforme par conséquent en
fantôme, poussant les adoptants à s'identifier aux sauveurs, avec l'illusion de réussir l'adoption sans rature,
mieux qu'un engendrement naturel. Si le taux d'échec
scolaire paraît si élevé chez les enfants adoptés, cela ne
s'explique nullement par des capacités intellectuelles
inférieures à celles des autres, mais découle plutôt
d'une sorte de névrose d'échec en raison du manque
de confiance en soi, amplifié par une pression, proche
du harcèlement, exercée sur eux. Certains psychologues conseillent aux adoptants, afin de les aider à
prévenir les nombreux écueils inhérents à cette odyssée, de révéler le plus tôt possible à l'enfant la vérité

sur son adoption, de lui répéter que, s'il n'a pas été possible à sa mère de naissance de le garder auprès d'elle, il a par contre aujourd'hui d'autres parents qui, eux, ne l'abandonneront jamais. Ils conseillent de même d'éviter de les placer dans des situations risquant de raviver leur crainte d'être délaissés.

Ces recettes ne servent évidemment à rien. Contrairement à une certaine croyance naïve, la parole n'a pas de vertu magique, n'est pas capable d'emblée de réparer les travers et de combler les failles. Il ne suffit point de prononcer tel mot ou telle phrase pour résoudre par enchantement tous les problèmes.

Un père de famille me répondit un jour crûment, alors que je l'invitais à se représenter, en se mettant à la place de ses proches, de sa femme et de ses enfants notamment, la douleur que ceux-ci pourraient ressentir lors de son *coming-out* : « Je les enverrai voir un psy pour évacuer ! »

Cela me rappelle la pratique religieuse de la confession, avec l'idée que la reconnaissance et l'aveu de ses fautes auprès d'un prêtre sont à même de libérer le sujet en lui procurant l'absolution et la paix. Les Aztèques avaient un rituel lors duquel ils pouvaient s'adresser, une fois au cours de leur vie, à la déesse de la luxure Tlazolteotl, appelée aussi mangeuse d'ordures, puisqu'elle avalait les salissures morales des fidèles, lavant leurs fautes, aussi bien présentes sur terre que futures dans leur vie post-mortem, à l'égard des dieux et des hommes.

Quant à Édouard, son âme contient non pas deux, mais plusieurs personnes, plusieurs je, de nombreux fantômes, en raison du défaut de filiation qui aurait pu cimenter les divers morceaux de son histoire les uns avec les autres, en leur procurant continuité, unité et cohérence. Mon patient devient donc le théâtre d'une multitude d'affects et de croyances antinomiques, tirant à hue et à dia. « Je me rends bien compte qu'ils sont de bons parents, qu'ils ne me battent pas et qu'ils ne me privent de rien, contrairement à ma première adoption. Ils veulent me donner une bonne éducation, m'inculquer de bons principes, la persévérance, l'honnêteté. On dirait qu'ils me forcent à les considérer comme mes vrais parents. Mais je ne suis pas leur fils, moi, il est mort, celui-là. Je ne veux pas le remplacer. Je rejette leur affection, leur famille et leurs amis. D'ailleurs, je ne les crois pas quand ils disent qu'ils m'aiment. Si mes parents biologiques ne voulaient pas de moi, s'ils n'ont pas eu envie de me garder avec eux, alors comment les autres pourraient-ils m'aimer ? Ça me paraît impossible.

« J'ai honte de les présenter comme mes parents aux professeurs, alors qu'ils ne sont pas mes parents, c'est un mensonge. Je ne leur ressemble pas du tout. Au collège, certains enfants m'appelaient "chinetoque" ou me traitaient de "mongolien". Moi, je suis brun aux cheveux noirs, tandis que mes parents sont blonds aux yeux clairs. Ça ne peut donc pas être mes parents. Si je n'avais pas été abandonné la première fois, je n'en serais pas là aujourd'hui. J'aurais préféré rester en Corée, sans personne, tout seul. Pourquoi m'a-t-on enlevé de chez moi ? C'est paradoxal, ils veulent m'aider à retrouver ma mère, mais je sais qu'au fond d'eux-mêmes ils ne le souhaitent pas. Ils ont tellement peur que je les quitte pour retourner avec elle. Je ne veux pas de leur aide. C'est d'ailleurs pareil pour le travail. Moi, je voudrais laisser tomber l'école pour me mettre à exercer un métier. D'un côté, ils me donnent des conseils, mais ensuite ma mère me dit que je n'en serai pas capable, comme si elle avait du mal à accepter que je puisse me passer d'elle. On dirait qu'elle a besoin que j'aie besoin d'elle. »

Deux forces, d'une égale puissance, paraissent s'affronter chez Édouard. Il semble d'abord ployer sous le poids d'une dette insolvable à l'égard de ses « sauveurs », qui lui offrent des conditions de vie inespérées, dans le confort et la sécurité. L'adulte qu'il est, bien qu'âgé d'à peine 19 ans, capable d'un minimum de réflexion et de distance, se montre tout à fait conscient de sa chance. Toutefois, son enfant intérieur, je devrais plutôt dire *ses enfants intérieurs*, en raison d'une trajectoire existentielle en lambeaux, faute de filiation unificatrice, se croit indigne de tous ces bonheurs. Il les refuse pour expier la culpabilité d'avoir jadis souffert de rejet et de maltraitances, celle aussi d'avoir été impuissant à rendre sa mère heureuse. En quête inconsciente d'autopunition, Édouard cherche, par tous les moyens, à se faire éjecter, répétant ainsi l'éviction et l'exil qu'il a subis dans son Ailleurs et Avant. Peut-être aussi prend-il sur lui, par procuration, les souffrances de sa vraie mère, dont il n'a gardé aucune souvenance. « J'ai souvent lu dans les journaux que les mères qui se voient obligées d'abandonner leur bébé sont soit des femmes très pauvres, privées de tout moyen de le nourrir, soit des prostituées et des mineures victimes de viol et d'inceste. »

Un des motifs principaux de l'échec de certaines adoptions, à l'image des greffes d'organes qui ne prennent pas, renvoie à l'illusion des adoptants d'être capables de compenser, de restaurer tout ce qui a été perdu ou perturbé à l'aide de l'amour et de l'argent. Ce fantasme de thérapeute, voire de sauveur, les conduit forcément à ne plus supporter les souffrances de l'adopté en tant que phénomène sain et légitime, contre lequel tout combat serait vain. Le fantôme provient de la souffrance non vécue, blanche.

J'ai également découvert chez Édouard, parallèlement à ses sentiments inavouables de dette et de reconnaissance à l'égard de ses « sauveurs », une sourde et puissante colère. Tout se passe comme s'il avait été volé, kidnappé, enlevé, arraché par ses parents adoptifs à sa mère de sang, déraciné de son pays et de ses origines, tel un objet extorqué à ses propriétaires légitimes. Il sait bien entendu parfaitement qu'il a été abandonné par sa mère. Cependant, ce n'est point cette réalité qui préside à l'ossature de son psychisme, mais bien le fantasme inconscient du rapt. Sa mère adoptive n'a pas vécu avec lui les neuf mois de grossesse/fusion dans son ventre (grossesse blanche), ni toutes les émotions qui en découlent, la joie, l'angoisse par moments, surtout l'émerveillement de voir son ventre s'arrondir, jour après jour, à l'image du firmament. Elle n'a pas vécu les nausées, ni les coups de pied dans le ventre, ni enfin les douleurs de l'accouchement, qualifiées par certaines parturientes de « délicieuses ». Que deviennent toutes ces séquences sautées, forcloses, toutes ces pages non écrites ? Des fantômes errants, rendant l'affiliation et la filiation équivoques.

Ce fantasme de l'enlèvement se retrouve assez fréquemment chez les adoptés, notamment ceux issus d'une culture étrangère. Bien que dénué de tout fondement objectif, il se trouve amplifié par la dissemblance, parfois frappante, avec les parents adoptifs des caractéristiques visibles, immédiatement perceptibles, comme la taille, la couleur de la peau, des yeux, des cheveux, etc. D'ailleurs, l'existence et l'importance de ce fantasme sont, *a contrario*, démontrées lorsqu'on songe à l'arsenal législatif et administratif, à toutes les précautions et formalités dont les pays pauvres pourvoyeurs d'enfants s'entourent afin de lutter contre les rapts et les trafics éventuels à destination des pays riches demandeurs. Certaines voix commencent d'ailleurs à s'élever contre ce qu'elles qualifient de « nouveau colonialisme », à savoir le pillage du patrimoine humain frappant les peuples économiquement déshérités, après celui de leurs richesses naturelles. Le scandale qui a éclaté récemment dans un pays africain, mettant directement en cause une association « humanitaire » européenne accusée de vol déguisé d'enfants, présentés mensongèrement comme en détresse ou orphelins pour qu'ils soient légalement adoptables, vient malencontreusement légitimer cette crainte.

Ce fantasme se trouve enfin corroboré par cette réalité incontestable : l'adoption d'Édouard ne vient pas satisfaire un désir gratuit d'enfant, comme fruit et témoin de l'amour entre ses parents. Mon patient, tel un clone, est appelé à boucher le trou béant laissé par la disparition d'un fils chéri dont le deuil n'a pu s'accomplir et qui aurait eu l'âge précis d'Édouard au moment où celui-ci fut adopté ! Ce dernier n'a donc pas pu être authentiquement aimé, dans la gratuité du désir, pour ce qu'il est, mais, pris pour l'autre, il s'est trouvé dans une place fantasmatique qui n'était point la sienne afin d'apaiser, tel un médicament, l'inconsolable douleur de la perte.

Peut-être Édouard a-t-il été empêché de s'intégrer dans cette famille, de l'adopter à son tour, par ce fils transformé en fantôme errant et sans sépulture qu'il est appelé à réincarner. Pourrait-il s'approprier cette place, finalement ni occupée ni vacante, sans éprouver la crainte d'être contaminé par la mort en subissant le même sort que son prédécesseur ?

C'est ici, sans doute, que réside le motif des inconduites manifestes de mon jeune patient, le vol et le mensonge. Au fond, en volant certains objets et en mentant, c'est-à-dire en falsifiant les réalités ou en faussant la vérité, il répète, en s'identifiant à l'agresseur, le vol et le mensonge dont il croit avoir été victime. Il se donne ainsi l'illusion de maîtriser ce qui lui arrive au lieu de le subir passivement, puisqu'il est convaincu d'avoir été « volé » par ses « sauveurs », en mal d'enfant, pour être substitué à leur puîné défunt, dont le deuil se voit ainsi avorté.

La thérapie d'Édouard, entreprise à contrecœur, puisque, dit-il, « ce n'était pas mon choix de voir un psy, mais celui de mes parents », put être néanmoins adoptée au bout de quelques séances, je l'avoue à mon grand étonnement. Elle eut l'avantage de faire sentir au jeune homme que, par-delà la réalité de ses manques, jamais concrètement réparables, son projet de vie devait s'orienter désormais vers l'objectif de s'aimer soi, de s'accepter déjà lui-même tel qu'il était, tout simplement, sans se juger.

Tout être humain, d'où qu'il provienne, avec ou sans famille de sang, quelle qu'ait été son histoire, se doit un jour d'accepter son statut d'être vivant parmi les vivants, dans son corps d'homme ou de femme, portant tel nom et tel prénom, donnés par ses ascendants, que ceux-ci soient génétiquement les siens ou pas. Seule cette adoption, en agréant ce qui n'a pu être décidé et choisi selon sa volonté propre, permet de devenir soi, délivré de ses origines, libre comme l'air, ancré dans la filiation, pour que les fantômes cessent enfin leur persécution. Ce recentrage vers l'intériorité, qui permet d'arrêter de livrer la guerre contre soi-même, orienta du coup Édouard vers une autre perspective existentielle : « Je ne souhaite plus m'enrôler dans les services de renseignement pour réussir un jour à retrouver mes parents. J'ai décidé de devenir éducateur. »

« La meilleure façon d'apprendre quelque chose soi-même consiste à l'enseigner aux autres », suggère le Talmud.

BÉATRICE

Béatrice est une jeune femme de 36 ans. On lui donne facilement dix ans de plus que son âge. Ce qui me frappe d'emblée quand je la rencontre pour la première fois, c'est sa présentation, son look. Sa façon de s'habiller manque totalement d'harmonie. Diverses pièces de style, de tissu et de couleur disparates, inadaptées de surcroît au froid sibérien sévissant ces derniers temps, jurent avec son physique.

Elle s'excuse, en guise d'introduction, d'avoir annulé à la dernière minute ses deux précédents rendez-vous, ainsi que pour son retard d'aujourd'hui, jour de notre première entrevue.

« Je ne sais par où commencer. Ce serait plus simple si vous me posiez directement des questions. Au fond, je ne sais pas ce que je veux. Je ne sais pas où j'en suis, ni de quoi sera fait le lendemain. L'avenir me tracasse. Je ne sais pas ce que je dois faire pour que ma vie soit plus agréable. Elle ne me paraît pas très drôle en ce moment. Je ne suis pas heureuse. Ce n'est pas exactement ce que j'attendais. Je n'ai plus confiance en moi. Je ne sais pas d'où ça vient. Je n'ai pas d'idées noires, mais je ne sais pas non plus si j'ai vraiment envie de vivre. Je me dis parfois que je devrais tout changer et repartir de zéro, aller dans une autre ville, prendre un autre logement, faire un autre travail. Enfin, ça dépend des jours et des gens que je rencontre. Je suis assez changeante dans l'ensemble. Une de mes copines m'appelle "Girouette". Je suis facilement influençable. Je demande souvent l'avis des autres. Je crains leur jugement. J'essaie de suivre la mode, en dépensant un peu trop d'argent peut-être dans les fringues, que je ne porte même pas quelquefois, quand je suis déçue ou que je regrette mes achats. »

Je suis quelque peu étonné par l'emploi abusif, qui ressemble à un tic verbal chez Béatrice, des formules négatives, notamment des « je ne sais pas ». « Je ne sais pas, mais c'est peut-être une histoire d'accumulation, quand je pense à tous ces événements que j'ai dû affronter ces derniers temps. J'ai divorcé il y a cinq ans, après onze années de mariage. Je me suis rendu compte que mon mari me trompait avec ma meilleure amie. Je l'ai appelé sur son portable un soir où il était censé faire des heures supplémentaires, et c'est sa maîtresse qui a décroché. Reconnaissant tout de suite sa voix, j'ai raccroché sans rien dire. Il m'avait donc menti. Il n'a pas cherché à contester la réalité, mais il a essayé de se dédouaner en soutenant que, étant sexuellement frustré avec moi, il n'avait pas été capable de résister à la tentation. Il m'a demandé pardon, jurant que c'était la première fois et qu'il ne recommencerait plus.

« Tout en me disant que c'était en effet, sans doute, ma faute s'il m'avait trompée, j'ai néanmoins décidé de m'en aller du jour au lendemain, de quitter le domicile conjugal. C'était vraiment insupportable. Je ne pouvais plus le voir. Il me dégoûtait, ça me rappelait trop de mauvais souvenirs de mon enfance. Je n'étais pourtant pas malheureuse avec lui pendant les onze années de notre vie commune. On travaillait, on élevait nos enfants. On avait construit une maison, une famille, en menant une vie tranquille. Je croyais que je l'aimais. Sa trahison a remis en cause notre contrat et ma confiance. J'ai habité quelque temps chez une tante en attendant de me trouver un logement. Je voulais d'abord récupérer mes deux enfants, avant de chercher à m'installer définitivement. Entre-temps, c'est leur père qui a réussi, en payant un avocat, à obtenir leur garde. Depuis notre divorce, il est d'ailleurs devenu très agressif contre moi. Il ne rate plus une occasion de me rabaisser et de m'humilier, par ses réflexions désobligeantes, devant les enfants. Il m'accuse de ne pas les aimer, de ne pas bien m'occuper d'eux quand je les prends. Il a refait sa vie avec une autre femme, mais il n'a pas encore vraiment accepté que je le quitte, je crois.

« Jusqu'à la naissance de mon aîné, Fabrice, 13 ans aujourd'hui, notre couple n'allait pas trop mal. Après j'ai reporté tout mon amour sur le bébé, négligeant mon mari. La sexualité m'attirait de moins en moins. Ensuite j'ai souhaité un deuxième bébé. J'aurais voulu une petite fille, pour que Fabrice ne soit pas l'enfant unique, comme je l'ai été moi, et qu'il puisse s'amuser avec sa petite sœur. Après la naissance de mon second garçon, 10 ans aujourd'hui, j'avais encore moins de désir. Je ne supportais plus que mon mari me touche.

« Un autre événement, peu après ce divorce, a été la mort de ma grand-mère maternelle, que j'aimais par-dessus tout. Encore maintenant, quatre ans plus tard, je pleure chaque fois que je pense à elle. Je me rends sur sa tombe deux, trois fois par semaine. Et puis, il y a trois ans, je suis tombée enceinte. Il m'était impossible de garder le bébé. Le père, un homme marié et bien plus âgé que moi, insistait aussi pour que je pratique rapidement une IVG. Je n'ai pas encore réussi à tourner cette page. Je me sens très coupable. Je n'ai jamais été croyante pourtant. Ce n'est pas du tout par rapport à la religion ni à la morale. Je ne sais pas. Cette histoire m'a rendue malheureuse, l'avortement bien sûr, mais aussi mon amant qui en a profité pour me laisser tomber.

« Après notre rupture, pour me venger peut-être, je me suis lâchée, sans réticence, sans frein. Je m'amusais avec les hommes. Je les prenais, je les jetais. Mon insta-bilité me faisait du bien. Je plaisais et je n'étais pas seule. Je me demande si je serai capable un jour d'ai-mer un homme et de m'engager avec lui. Enfin, je ne suis pas très heureuse non plus dans mon travail. Je subis depuis l'an dernier un harcèlement sexuel de la part du patron, par ailleurs l'amant de ma tante, de vingt ans plus vieux que moi. Je n'ose rien dire à per-sonne, d'un côté pour ne pas perdre mon emploi et de l'autre pour ne pas décevoir ma tante. J'ai peur du scandale. Voilà ! L'accumulation de toutes ces contra-riétés depuis cinq ans a sapé mon moral. Je me demande certains jours si la vie vaut vraiment la peine d'être vécue dans de telles conditions.

« Je fréquente en ce moment deux hommes. Le premier est marié et vit en province. Je le vois deux, trois fois par mois, à l'occasion de ses déplacements professionnels. Le second est un collègue de travail que je n'aime pas suffisamment pour me mettre en ménage avec lui. Je ne souhaite pas rompre, néanmoins, pour ne pas me retrouver toute seule tous les soirs. C'est compliqué, les hommes, vous ne trouvez pas ? »

Je trouve que cette dernière phrase, qui renverse le cliché habituellement proféré à propos des femmes pour souligner la complexité de leur âme, mystérieuse et insaisissable, résume assez bien les relations effectivement compliquées et confuses que Béatrice entretient avec les divers représentants du genre masculin, son époux, ses deux fils, ses amants et son patron. Pourquoi ne supportait-elle plus, après la naissance de ses fils, que son mari l'approche et la touche ? Pourquoi a-t-elle fugué impulsivement de son foyer, du jour au lendemain ? Pourquoi pleure-t-elle encore sa chère grand-mère, décédée quatre ans auparavant, alors qu'elle n'exprime aucune émotion maternelle à l'adresse de ses deux fils, quelque part délaissés ? Pourquoi enfin subit-elle complaisamment à son travail, sans se révolter, le harcèlement sexuel de l'amant de sa tante ?

Toutes ces interrogations renvoient en définitive à une seule problématique centrale : la façon dont la petite fille en elle se situe face au père, à l'homme, au masculin. Béatrice ne parvient pas à se comporter en femme adulte, mère et amante, dans l'Ici et Maintenant, actrice de son désir et de son destin. Elle est prisonnière de son passé, otage du fantôme !

Écoutons son histoire : « Je suis née de père inconnu. Je sais maintenant qui il est, mais je n'ai jamais rencontré cet homme. Lui, par contre, ignore totalement mon existence. Ma mère avait 19 ans quand elle l'a connu. Il était médecin et elle travaillait comme infirmière dans son service. Dès qu'il a su qu'elle était enceinte, assez tard, à plus de quatre mois de grossesse, il l'a plaquée pour préserver sa réputation et sa vie d'homme marié. Ma mère n'a pas insisté. Elle aurait voulu, m'a-t-elle dit, se faire avorter, mais d'abord elle n'était pas majeure, ensuite, à l'époque, c'était totalement interdit. Elle m'a donc gardée à contrecœur, d'autant plus qu'elle était victime de mépris et de rejet de la part de sa famille. Elle m'a souvent répété que c'est depuis ma naissance qu'elle ne s'entend plus avec ses parents et ses frères et sœurs. J'ai bousillé la vie de ma mère. Ma plus grande culpabilité, c'est d'être née !

« À ma naissance, personne ne voulait de moi, paraît-il. Ma mère a menacé ses parents de me confier à la Ddass s'ils refusaient de s'occuper de moi. J'ai donc été élevée par mes grands-parents maternels. Curieusement, malgré leur froideur initiale, ma grand-mère, mes oncles et mes tantes se sont bien occupés de moi, me traitant comme une princesse. Je ne me souviens pas du tout de mon grand-père. Il est mort vers la cinquantaine, quand j'avais 2 ans, je crois. Ma mère s'est mariée justement à cette période, mais elle n'a pas voulu me reprendre. Je n'allais d'ailleurs jamais dans sa maison. Elle venait parfois seule, sans son mari et ses trois enfants, me voir chez ma grand-mère. Brouillée avec les siens justement à cause de ma naissance, elle n'assistait jamais aux diverses réunions de famille. Au fond, elle était un peu comme une étrangère pour moi. Je ne l'ai jamais appelée "maman", mais toujours par son prénom, Viviane. Mes trois demi-sœurs, je ne les connais même pas.

« Mes grands-parents ont eu dix enfants. Ma mère était l'avant-dernière. Le cadet, mon parrain Noël, célibataire et sans enfant, je l'aimais bien. On était très proches tous les deux. Il s'est malheureusement suicidé quand j'avais 11 ans, en se jetant sous un train après un échec sentimental. Un deuxième oncle est décédé d'un cancer de la gorge, il y a une dizaine d'années. Lui aussi est resté célibataire, sans descendance.

« J'ai appris un jour, à la suite du suicide de mon parrain, en discutant avec ma grand-mère, que mon grand-père était aussi de père inconnu. Il avait été retiré par la Ddass à sa mère alcoolique pour être placé en tant que commis dans la ferme de mes arrière-grands-parents quand il avait une dizaine d'années. Mes deux grands-parents ont donc grandi ensemble, dans la même maison, comme frère et sœur pratiquement. Une fois majeurs, ils ont décidé de se marier. Ils ont alors quitté la ferme pour s'installer dans la ville proche comme ouvriers. »

Je trouve extraordinaire de constater à quel point, chez certains sujets et dans certaines familles, des motifs se répètent, apparaissent de façon récurrente, tel un sort. Ma patiente se sait de père inconnu, comme, bien avant elle, son grand-père maternel. Elle porte le nom de jeune fille de sa mère, sur le modèle de ce grand-père. Ils se trouvent ainsi tous les deux privés du Nom du Père, agent, fondement de la filiation et de la fonction paternelles. De manière générale, chez Béatrice, tout ce qui évoque le masculin se voit troublé, frappé de négativité. Au commencement, ce grand-père privé de parents est placé comme larbin dans une ferme par la Ddass. Il meurt vers la cinquantaine. Son fils déprimé, parrain de Béatrice, se suicide, sans être parvenu à s'ériger en homme adulte et père. Un autre disparaît également, emporté par le cancer. Quant à Béatrice, elle refuse de se donner véritablement, avec son corps et son cœur de femme, dans l'amour et la sexualité, à son époux, qu'elle quitte impulsivement lorsqu'elle découvre son infidélité. Phénomène tout à fait saisissant, elle se montre aussi passablement rejetante à l'égard de ses deux fils, quand beaucoup de mères auraient fait preuve d'une grande combativité pour obtenir la garde de leurs « bouts de chair ». Elle s'inscrit, de même, après son divorce, dans un contexte de vagabondage sentimental, nouant et dénouant des relations éphémères et ambiguës avec des amants indisponibles, appartenant à d'autres femmes, sans parler de son employeur, harcelant et amant de sa tante. Les principaux hommes de la vie de Béatrice brillent ainsi par leur absence, physique ou psychologique. Ils sont morts, malades, dépressifs, immatures, falots, harcelants, agressifs. Ayant été dès sa naissance privée de son père et, pire encore, ignorée dans son existence même par lui, Béatrice se situe répétitivement, face à tous les mâles, dans un contexte de non-lien, de non-attache, de non-alliance. De quelle malédiction les hommes sont-ils frappés dans cette famille ?

Je l'ai souligné tout à l'heure à propos d'Édouard, la filiation a pour fonction, telle une colonne vertébrale, un fil d'Ariane, un axe vertical, de fédérer autour d'elle, d'intégrer ensemble, dans une unité continue et cohérente, les trois dimensions du temps, le passé, le présent et l'avenir. Elle cimente également les divers morceaux de soi, les différents pans de l'identité plurielle, impliqués dans son existence. Opérant de manière paradoxale, elle relie ainsi ce qui a été, au préalable, différencié. En l'absence de cette filiation, le sujet se présente, telle une marionnette, comme désarticulé, disloqué, privé d'unité architecturale. Les différents domaines de sa vie paraissent être en cases, sans communication entre eux, le travail, l'amour, la famille, la société, l'argent, la spiritualité, etc. Les marionnettes sont des petites figures faites en bois, en carton, en tissu ou en ivoire, actionnées à la main ou par des fils, manœuvrées par un artiste invisible qui peut aussi leur prêter sa voix. Elles représentent les personnes facilement influençables, sans consistance propre, qui cèdent aux impulsions, aussi bien intérieures qu'extérieures, privées de self-control. Il s'agit de sujets frivoles, changeants, ambivalents, comme une plume emportée par le vent. Belle image évoquant l'assujettissement de l'« adulte » agi et parlé, bien que se croyant acteur et parlant, sous l'influence de l'invisible fantôme, de l'autre en soi.

Béatrice, ne l'oublions pas, se présente justement à ma première consultation, dans son allure vestimentaire, son « look », telle une marionnette. En ce qui concerne l'écoulement du temps, elle souffre d'ignorer d'où elle vient, où elle se trouve et vers où elle s'oriente. Elle se dit insatisfaite de son présent, tout en appréhendant son avenir, qu'elle considère comme désert, vide de promesses, de projets et de sens, à tel point qu'elle se demande si cela vaut vraiment la peine de continuer le chemin. Ce défaut d'envie et d'énergie provient d'une carence de fondement et d'assise, comme un arbre qui, coupé de ses racines, voit dépérir son tronc et sa cime. Les trois dimensions du temps, enchevêtrées, se succèdent dans une ascension de type hélicoïdal, hier intégré dans aujourd'hui orienté vers demain. C'est le motif pour lequel, dans son histoire familiale, la lignée, la descendance, la succession des générations, notamment du côté des mâles, s'effectue mal, présentant des coupures et des lacunes : pères inconnus, suicide et mort des oncles, abandon des fils, etc. Le présent est un cadeau, tout comme un cadeau est un présent, récompensant celui qui, enraciné dans la terre de l'ancêtre mort, se penche vers l'horizon du fils à naître. Plus simplement, il n'est possible d'habiter le moment présent, porté par l'espérance, que si l'on est relié à son passé et réconcilié avec lui. Sinon, tout passé blanc, oublié, fui et combattu se transforme en fantôme, hypothéquant les deux autres séquences, perturbant la libre et fluide circulation libidinale.

Cette idée d'intrication des trois émanations du temps grâce au socle de la filiation et à l'héritage transgénérationnel est joliment illustrée par Farîd-od-Dîn Attâr, poète mystique persan du XIIIe siècle.

Un jour, Sa Majesté le roi se promenait, assis sur son cheval blanc, à travers les champs et les forêts de son immense royaume. Il aperçut soudain un vieux paysan, courbé sous le poids des ans, en train de semer des graines, du blé probablement.

Étonné, il lui demanda :

– Que fais-tu là, vieillard ?

– Je sème du blé, Votre Majesté le roi.

Ébahi par la réponse du vieux paysan, le roi rétorqua nerveusement :

– Du blé, à ton âge ? As-tu retrouvé la jeunesse par miracle ? Crois-tu jouir de la vie éternelle ? Penses-tu, plié comme tu es maintenant, être encore au rendez-vous de la prochaine récolte ?

Le vieillard répondit malicieusement :

– Nos parents ont semé et nous avons mangé. Je sème pour que mes enfants mangent.

Sa Majesté le roi fut enchanté par la réponse du vieux paysan et lui lança une bourse en récompense, remplie de pièces d'or et d'argent.

Le vieillard lui dit alors, en guise de remerciement :

– Je n'aurai même plus à attendre le temps des moissons. J'ai déjà les fruits de ma semence !

De même, en raison du défaut de filiation, garante de l'union indivise des divers visages de l'identité plu-rielle, associés et complémentaires, Béatrice se présente comme un être en lambeaux. Elle est génétiquement la fille d'un homme, mais qui lui reste inconnu. Elle connaît par contre sa mère. Ce n'est cependant pas celle-ci qui l'a aimée et élevée, mais sa grand-mère et ses tantes, organisées en gynécée, dominant les mâles, utilisés comme de simples objets sexuels. Devenue « adulte », Béatrice n'a pas réussi à s'épanouir en tant que femme et mère. Son corps apparaît pour cette raison souvent dissocié de son cœur et de son esprit, non dirigés, non investis solidairement sur le même homme. Quant à ses deux fils, en quelque sorte abandonnés, elle ne manifeste aucun empressement pour les reprendre, ni n'exprime aucune douleur du fait de leur absence.

En un mot, ma patiente éprouve une grande difficulté à être elle-même, entière et unifiée pour pouvoir surfer à travers les différentes aires de son identité plurielle. Elle a du mal à s'affirmer conjointement comme fille, femme, épouse, amante et mère, sans tiraillement et sans déchirure. Voilà pourquoi, à la suite de la naissance de ses deux garçons, elle n'a plus ressenti de désir pour son mari, tout son amour se trouvant désormais reporté sur ses deux fils, qu'elle a étrangement abandonnés par la suite. Seule la filiation, mise en place par la fonction paternelle symbolique, rend la femme apte à différencier ses différentes amours, de qualités totalement hétérogènes. Elle peut, dès lors, s'aimer soi-même, égoïstement, tout en aimant ses parents, ses amis, son fils, son compagnon, etc., sans nulle rivalité ni antinomie, dans la paix et la complémentarité, chaque amour nourrissant et consolidant l'autre.

C'est également le motif pour lequel Béatrice ne sait jamais ce qu'elle désire, se montrant influençable par l'ambiance extérieure, l'avis, les jugements et les conseils des autres, notamment ses tantes, décrétant la pluie et le beau temps dans le ciel de son humeur.

« J'étais très gâtée, traitée comme une princesse par ma grand-mère et mes tantes, alors qu'à ma naissance je n'intéressais personne. Je me rends compte maintenant, avec du recul, qu'en réalité je n'avais aucun droit de me plaindre, ni de m'opposer, ni surtout d'affirmer mes désirs propres. Ma grand-mère et mes tantes décidaient de ce qui devait me faire plaisir, de ce qui était bon ou mauvais pour moi. Je portais certes de jolies robes, mais ce n'était pas moi qui les choisissais. Je devais leur exprimer ma gratitude en leur montrant avec enthousiasme mon bonheur. L'une avait jugé que j'étais douée pour le piano. L'autre avait décrété que je devais adorer le tennis, qui m'aiderait, de surcroît, à perdre quelques kilos.

« Je me pliais à leurs souhaits sans broncher, mais ça ne me dérangeait pas outre mesure. Ignorant moi-même ce dont j'avais vraiment envie, j'étais soulagée de pouvoir leur être agréable. C'est d'ailleurs l'une de mes tantes qui a insisté pour que je suive une formation en secrétariat comptable. Son amant, mon patron actuel, lui avait promis de me trouver une place dans sa menuiserie dès que j'aurais décroché mon certificat. L'autre tante aurait souhaité, par contre, que je devienne coiffeuse. Mais je me dis, en y réfléchissant, que ce qui m'a finalement le plus troublée, entre mes 9 et mes 15 ans, c'est la façon dont j'ai été mêlée à leurs aventures extraconjugales. C'est bizarre. J'avais longtemps zappé cette histoire, ça me revient maintenant. Ça me chiffonne. Je suis mal avec ça. Mes deux tantes se servaient de moi pour tromper leur mari. Sous prétexte de m'emmener me balader ou au cinéma, elles me prenaient, à tour de rôle, le week-end chez elles. Elles pouvaient ainsi s'évader et retrouver, en toute tranquillité, leur amant. Je les attendais parfois dans la voiture, ou dans le salon d'une maison de campagne, une fois dans un hall d'hôtel ou même à piétiner au bord de la route. Elles me gâtaient ensuite en m'offrant des cadeaux pour que je ne dévoile rien. Ça me gêne énormément maintenant d'avoir été l'alibi de leurs tromperies, l'intermédiaire, l'instrument, leur complice en quelque sorte. J'ai donc été utilisée. Ce n'est pas moi qu'elles aimaient vraiment. Je me sens coupable, sale. »

Ce vagabondage sentimental, ce manque de principes, de limites et de cadre, en raison d'un défaut de filiation, n'est donc pas spécifique à Béatrice. Il touchait également ses tantes, dans le roman familial, au niveau transgénérationnel. On trouve ici la raison pour laquelle ma patiente ne sait jamais ce qu'elle veut, selon ses propres termes, ressentant un vide intérieur. Pendant toute son enfance, ses tantes désiraient pour elle, sans la désirer elle-même, simplement, pour la petite fille qu'elle était. On découvre aussi la place démesurée accordée dans cette famille, et aux yeux de Béatrice, au sexe. Celle-ci fantasme, en effet, la sexualité de manière dépressive, comme un mal dévastateur, source de déloyautés et de discordes, séparant les uns et les autres et les dressant entre eux. Elle m'a dit une fois : « Vous savez, si ma mère n'avait pas fait l'amour avec son médecin-chef, je ne serais pas née pour gâcher sa vie, elle n'aurait pas été éjectée de sa famille, je n'aurais pas grandi sans père et mère et enfin je n'aurais pas été salie par toutes ces tromperies. De même, si mon ex-mari n'avait pas couché avec ma meilleure amie, j'aurais sûrement continué ma vie auprès de lui et de mes fils. » Ces ruminations négatives expliquent, en partie, pourquoi Béatrice ne s'autorise pas à jouir sainement de sa féminité. Aimer, s'offrir corps et âme, s'attacher à un homme devient pour elle une affaire risquée, périlleuse !

Cependant, la sexualité représente pour toutes ces femmes, y compris Béatrice, au-delà de ses vertus anxiolytiques et antidépressives, une quête effrénée du phallus. Ce mot est, regrettablement, assimilé au pénis chez le grand public. Le phallus représente certes symboliquement le membre viril en érection, mais il ne doit pas être confondu avec cet organe anatomique. Dans les fêtes d'initiation religieuse d'Osiris en Égypte, de Dionysos en Grèce et de Bacchus à Rome, mais également dans l'hindouisme et la kabbale juive (dans le *Sefer Yetsirah*), le phallus représente, dans des vocables et des métaphores divers, ce que signifie l'idée de filiation. Il est décrit comme l'axe, la colonne, le soubassement, le lieu d'équilibre et de lien, comme l'échelle de Jacob, entre le ciel et la terre. Il est le centre autour duquel se greffent le monde et la vie, avec ses deux caractéristiques majeures : la puissance génératrice et le principe d'ordre et d'organisation.

Mais pourquoi la filiation est-elle constamment présentée comme un attribut masculin, tributaire du paternel ? S'agirait-il encore là d'un préjugé machiste, injustement sexiste, misogyne, phallocrate ? Évidemment non ! C'est le père qui, en donnant son nom, inscrit l'héritier dans la filiation des ancêtres, dans la lignée symbolique des générations, dans une histoire verticale qui procure légitimité à l'enfant en donnant sens à son existence.

Mais quelle est l'importance symbolique de la nomination ? Pourquoi ne serait-ce pas plutôt la mère qui détiendrait ce privilège ? Donner son nom à l'enfant signifie, en premier lieu, que celui-ci n'a pas pu s'auto-engendrer spontanément, *ex nihilo*, avec rien, depuis le néant, qu'il n'est pas non plus le commencement, le centre et la fin, que d'autres lui ont préexisté et existeront après lui, placés sur la grande chaîne du vivant. Le Nom du Père sert, en second lieu, à situer le géniteur en tant que tiers auprès de la mère, pour signifier cette fois à celle-ci qu'elle n'a pas créé l'enfant toute seule, parthénogénétiquement, comme chez les pucerons, qu'elle n'est donc pas toute, complète, incastrable, sans manque. Le nom contrebalance le duo de la fusion et lui fait face. Il met en place le triangle père-mère-enfant.

En troisième lieu, le père, en nommant et en occupant ainsi la fonction du tiers au sein du triangle, tente de pondérer son fantasme d'inutilité et d'insignifiance, étant donné sa non-participation au processus biologique de grossesse et d'accouchement. Il est vrai qu'il n'a aucune sécurité, ni certitude, ni garantie quant à sa paternité. L'enfant provient incontestablement de sa mère, mais qui est son père ? Question déroutante ! L'homme ne peut que faire confiance à la parole de sa femme : « Il est de toi, cet enfant ! »

La paternité est toujours incertaine. Nul n'est le père

de son enfant ni l'enfant de son père naturellement. *Mater certissima, pater incertus*, disaient les Latins. La paternité apparaît souvent pour le père, biologiquement à l'écart de la grossesse et de l'accouchement, comme quelque chose de magique, d'abstrait, d'irréel. Difficile pour lui d'établir un lien de cause à effet entre l'enfant en chair et en os, ici présent, et l'acte d'amour, un parmi tant d'autres, accompli neuf mois auparavant. De même, sur le plan collectif, le rapport de cause à effet, évident pour tous aujourd'hui, entre le coït et la reproduction par le biais de la rencontre entre le spermatozoïde et l'ovule ne constitue, dans l'histoire de l'humanité, qu'une découverte intellectuelle récente. On a cru pendant des milliers d'années que c'était Dieu qui rendait les femmes fécondes, quand ce n'était pas le vent, les esprits ou les vagues de l'océan.

D'où parfois la détresse et la brutalité des hommes face à l'infidélité de leur épouse. D'où également le motif majeur pour lequel les religions, volant à leur secours, ont interdit, afin de ne pas brouiller la piste de la filiation, de convoiter la femme de son prochain. Nul ne peut être issu de deux pères, en cas de mélange des semences dans la matrice. Dans le même ordre d'idées, si le « bâtard », l'enfant soupçonné d'illégitimité, faute de solides références paternelles, était jadis violenté et même mis à mort, c'était précisément parce qu'il titillait et embrasait l'incertitude paternelle et son fantasme d'inutilité.

Quelle serait l'utilité du père si la mère cumulait en son sein les deux fonctions, naturelle et culturelle, c'est-à-dire, d'une part, porter neuf mois durant la vie dans son ventre, tout en inscrivant, d'autre part, l'enfant dans le registre symbolique de la filiation en le nommant ? La nomination par le père permet donc de rectifier une injustice naturelle, qui tourne à l'avantage de la mère porteuse et donneuse de vie. Ainsi, la mère n'est plus toute, monopolisant tous les attributs à côté d'un mari-honnête, être fantoche, négligé/négligeable.

La sacralisation du phallus, le Nom du Père, comporte en outre l'immense avantage de permettre à la parturiente de troquer son « nom de jeune fille » contre un nouveau patronyme, celui-ci marital, attestant qu'elle a bien quitté sa famille d'enfance et son statut de petite fille pour devenir adulte, femme et mère. La fonction symbolique paternelle érige de la sorte les êtres de chair et de nature, le mâle et la femelle, l'un donneur de semence et l'autre matrice de la gestation, ainsi que leur progéniture, en sujets humains, porteurs d'âme et portés par le désir, inscrits dans l'ordre symbolique de la culture. Le père transforme le sang en sens.

Dans cette perspective, la filiation dont il est question ici n'a plus rien à voir avec la génétique. L'ordre généalogique ne se réduit pas à la reproduction biologique. Le vrai père, sur le plan psychologique et symbolique, n'est pas le donneur de spermatozoïdes, mais celui qui, reconnu dans le cœur de la mère, reconnaît l'enfant, lui donne son nom, l'aime et l'élève. Certains généticiens s'acharnent, sans gêne, à vouloir réduire, en niant l'inconscient, la complexité subtile des interactions entre les trois membres du triangle et à d'inexorables combinaisons chromosomiques au mépris de l'histoire des ascendants et de leur désir d'enfant.

En résumé, la nomination fait exister le père et le sécurise, en délivrant cet étranger des étrangers de son fantasme négatif d'inutilité et d'insignifiance, étant donné son exclusion des processus naturels de grossesse et d'accouchement. Elle l'institue comme le tiers indispensable dans les cœurs de la mère et de l'enfant, les sauvant ainsi de la toute-puissance autosuffisante.

Par conséquent, seul le triangle édifié par le père dans sa fonction symbolique est susceptible de légitimer la famille comme entité socio-culturelle. C'est la raison pour laquelle on pourrait se demander si le concept de « famille monoparentale » présente, notamment en cas d'absence du père et de sa fonction symbolique, une quelconque validité.

Enfin, phénomène tout à fait capital, le père, en donnant son nom, celui qu'il a jadis reçu lui-même, accepte de céder à son enfant sa propre place d'enfant, naguère occupée par lui auprès de ses parents. Cette démarche l'amène à tenir une nouvelle position, celle de l'adulte, psychologiquement autonome, appartenant à la génération de ses pairs, dans l'entre-deux de l'ancêtre et de la progéniture, à distance de l'un et de l'autre. Il s'agit là d'une opération essentielle dans la mesure où elle aide le père à ne pas se confondre avec son enfant, comme s'il était sa réincarnation, son double, son clone, forcément merveilleux, chargé de concrétiser enfin ses rêves et ses ambitions. L'enfant ne peut en effet être conçu égoïstement, pour satisfaire le besoin narcissique parental de combler un manque, mais il doit l'être dans la gratuité du désir, celui de transmettre à son tour la vie qu'on a reçue. De même, cette opération préserve le père de la tentation inconsciente de placer son héritier dans une position, cette fois, de parent idéal, en permutant les générations, pour le séduire et lui plaire, afin d'obtenir enfin l'amour dont il a été frustré dans son enfance. Ces deux démarcations psychologiques – mon enfant n'est ni mon double merveilleux, ni mon adorable parent – situent dès lors l'enfant dans une place saine, à l'abri des confusions imaginaires. Il se trouve différencié de son père et de ses aïeux, bien qu'issu d'eux et inscrit dans la filiation. C'est ainsi seulement qu'il pourra être aimé pour sa personne et en tant que tel, dans la gratuité du désir.

De même, le père sera amené à renoncer à sa mère en la mère de l'enfant, c'est-à-dire à dénouer sa fixation incestueuse sur la matrice, en cessant de prendre sa femme pour sa mère comme un petit garçon, ou pour sa fille, la prenant sous sa coupe ou sous son aile. La considérant désormais comme son alliée et amante, inscrite dans l'horizontalité de la même génération, il peut la laisser, en tant que mère, à sa progéniture. La fonction paternelle réussit ainsi à procurer à chacun des trois membres du triangle une identité différenciée, claire, une place et une fonction propres, pour qu'ils puissent précisément entrer en liens mutuels d'échange et de réciprocité.

La séparation/différenciation a pour seul objectif de créer et de préserver la relation, grâce à la distance instaurée, tel un pont ou un trait d'union.

Évidemment, la mère, quant à elle, est aussi amenée à investir son compagnon en tant que partenaire, dans une relation d'amour et de sexualité, et non pas comme un père, une mère ou un petit garçon à materner. Elle se lie, de même, à son enfant, grâce à la présence symbolique du tiers, dans la bonne distance générationnelle. Elle ne le considère désormais ni comme son amant, ni comme son parent idéal. C'est cela, précisément, le sens de la filiation, garantissant le lien, la liaison, la connexion, le contact, la continuité et l'échange, grâce à la mise en place de toute une série de différenciations et de distances : les trois dimensions du temps (le passé, l'avenir et le présent), les générations, les sexes, les désirs, les destins, les identités, les êtres au monde et les chemins de vie, bref les divers visages de l'identité plurielle.

Chez Béatrice, nous l'avons vu, tous les secteurs et segments du psychisme apparaissent, en raison du défaut de filiation, coupés, clivés, non reliés entre eux, non fédérés dans une entièreté pacifiée. C'est pour cette raison qu'elle a beaucoup de mal à distinguer son côté femme de ses autres visages de mère et d'amante, son passé de l'avenir et du présent, ses émotions de ses pensées, pour pouvoir s'affirmer en tant qu'adulte, avec sérénité et confiance, protégée de l'éparpillement. Autrement dit, l'absence de la colonne vertébrale de la filiation chez Béatrice la prive d'une source de vitalité et d'un potentiel d'ordre et d'organisation, la maintient sous l'emprise du fantôme, prisonnière de son enfant intérieur, et l'empêche de se comporter en adulte.

Il est certain que la culture moderne, en raison des

modifications substantielles imposées à la structure du triangle – la désacralisation de la fonction paternelle symbolique, la résurgence d'un nouveau matriarcat et le sacre de l'enfant-roi comme fils-amant –, offre un terrain propice à la prolifération d'individus ressemblant à ma patiente. Il s'agit de sujets incasables, ni franchement déprimés, ni même pervers, mais plutôt « paumés », chroniquement mal dans leur peau, inconsistants, instables, désorientés, sans convictions propres, par conséquent facilement manipulables, faute de phallus.

Ainsi, non seulement, par manque de tiers symbolique, la culture échoue à offrir à tous ces « sans domicile fixe » de l'âme un cadre et des repères pour compenser leur manque de filiation, mais, à l'inverse, elle révèle et amplifie toutes leurs carences, telle une caisse de résonance.

Béatrice m'a dit en me quittant : « Voilà, j'ai décidé deux choses : d'abord, de démissionner de mon travail ; ensuite, et surtout, de couper pour l'instant avec tous mes amants. Je n'ai plus envie de batifoler. J'attends de tomber amoureuse ! »

8

MALTRAITANCES

Jacques a 65 ans. Il est de petite taille et de corpulence moyenne. Sa chevelure poivre et sel semble plutôt bien garnie compte tenu de son âge. Il est habillé correctement, dégageant un agréable parfum de vétiver, répandu dans la salle d'attente. Dès qu'il m'aperçoit, il se lève promptement, comme un ressort, lâchant : « Bonjour monsieur, excusez-moi », comme si je venais de le surprendre en flagrant délit, au milieu d'un acte répréhensible ou, peut-être, d'une pensée blâmable.

« J'ai décidé de venir vous consulter parce que je commençais à en avoir assez. Je n'en peux plus. Je ressens comme une sourde et forte colère gronder en moi, sans aucun motif valable. Je deviens, jour après jour, amer, acide et grincheux avec tout le monde, mais surtout avec ma femme, qui fait pourtant tout son possible pour m'être agréable. La pauvre, comme si je lui en voulais de travailler encore et pas moi. Je me demande si je ne suis pas jaloux d'elle.

« Je considère à l'heure actuelle ma vie comme une faillite, ne sachant plus où j'en suis ni comment je devrais désormais continuer mon chemin. Je ne me sens pas vraiment déprimé, dans la mesure où je ne rumine pas d'idées noires et où je dors et mange correctement. Toutefois, j'ai tendance à m'isoler et à me couper du monde, sans savoir exactement pourquoi. Je devrais être heureux pourtant. Tout le monde en est certain, mais je ne le suis pas. Je ressens un grand vide et une certaine lassitude en moi.

« Je suis marié depuis quarante-cinq ans avec Éliane, la première et l'unique femme de ma vie, qui m'aime et que j'aime. Nous vivons dans une maison récemment restaurée, jolie et confortable. J'ai été mis à la retraite anticipée, il y a sept ans, à 58 ans. Nous ne souffrons d'aucun souci financier. Nous sommes également en très bons termes avec nos quatre enfants et nos six petits-enfants. Ils vont tous bien. Alors je ne comprends pas ! Je me dis que ça doit provenir de la vieillesse. Je la refuse peut-être, craignant des diminutions sur le plan physique, la baisse de la sexualité, des érections souvent insuffisantes, rendant les relations sexuelles difficiles. Je souffre aussi d'un manque de ressource et de créativité. La peinture est depuis longtemps mon passe-temps favori. Je crains que la source de mon inspiration ne soit sur le point de tarir. Je n'ai rien réussi à peindre depuis plusieurs mois. Il est vrai également que j'ai toujours eu beaucoup de mal à accepter l'imprévu, ce qui échappe à ma maîtrise, ce qui survient sans être préalablement envisagé, attendu et programmé. Tout désordre me dérange, me déstabilise, voire me panique. J'avoue ne pas jouir de paix et de sérénité. Lorsque je suis occupé, comme par exemple durant la restauration de notre maison ou quand nos enfants nous envahissent lors de leurs vacances, je me plains de ne pouvoir disposer d'une minute à moi, d'être constamment empêché de m'adonner à ce qui m'intéresse. Mais, curieusement, dès que je suis débarrassé des corvées, inoccupé, je me trouve face à un grand vide intérieur. Je me sens, par-dessus le marché, coupable de traîner en ne faisant rien. Du coup, je me force à exécuter, à contrecœur, des tâches qui ne me passionnent pas. Cela fait par exemple des années que je fais du bénévolat. Je suis réellement sensible aux souffrances des autres. Je cherche à les soutenir, à leur venir en aide, à leur être utile. J'essaie de leur consacrer du temps et de l'argent. Mais je m'interroge beaucoup sur le sens et les raisons de ma conduite, en me demandant si je réalise vraiment mon désir. Je voudrais tout laisser tomber parfois.

« Ma femme me dit que je me torture constamment pour des futilités, que la vie est bien plus simple que je ne le crois. Elle a raison. Je la trouve bien mieux dans sa peau, autrement plus détendue que moi. Elle vit au jour le jour, dans l'instant présent, sans se poser trop de questions. Parfois, et j'en ai vraiment honte, je me sens aussi jaloux de mes petits-enfants. Ils sont traités par leurs parents et par ma femme comme des princes. Quand ils sont là, plus personne ne s'intéresse à moi. J'ai décidé une fois de me confier à un vieil ami, après une longue hésitation. Il m'a écouté gentiment lui raconter mes problèmes relatifs à la baisse de mon inspiration artistique et de ma puissance sexuelle. Il m'a lancé ensuite, en guise de réponse : "Certains se lamentent de ne pouvoir s'offrir les belles chaussures dont ils rêvent, alors que d'autres pleurent d'avoir été amputés des pieds. Tu n'aimes que ce que tu n'as pas, Jacques, au lieu d'apprécier ce que tu as !" J'ai été très impressionné par ces paroles, que j'ai trouvées sages. Elles ont réussi à m'apaiser un moment. Mais, dès le lendemain, je retrouvais toutes mes frustrations intactes. Je me sentais, en prime, encore un peu plus coupable que par le passé. Je me reprochais d'être un vieux grincheux, insatisfait de sa vie, refusant de vieillir, honteux de me débattre à 65 ans avec des désirs et des tourments relevant des générations antécédentes.

« Ces paroles, de bon sens pourtant, ont eu enfin pour conséquence de me clouer le bec, m'ôtant le droit de me plaindre, puisque je me préoccupais égoïstement de l'élégance de mes chaussures sans me soucier de ceux qui sont privés de pieds !

« Je me suis donc retenu d'ouvrir totalement mon cœur à cet ami, comme je l'avais prévu, pour lui dévoiler un secret que je n'avais encore jamais révélé. C'est pour cela que je me suis résolu à venir vous voir. Voilà : je ne peux m'empêcher, depuis longtemps déjà, de me travestir. Il m'est impossible de m'en passer. C'est devenu une vraie drogue. Plus je me bagarre contre cela et plus cela me tient prisonnier. Quand j'étais petit, vers 9-10 ans, je m'amusais à essayer les habits de ma sœur, spécialement ses sous-vêtements. Je me regardais avec admiration dans le miroir et je me trouvais bien. Je n'avais pas du tout la sensation de me déguiser. Ce n'était pas non plus un jeu, un amusement. Étant habillé en fille, j'avais l'impression de redevenir moi-même, vrai. D'ailleurs, je continue à me travestir encore aujourd'hui, en cachette, en prenant mille et une précautions pour cacher mon secret. J'en ai tellement honte ! Vous ne pouvez pas imaginer. Un jour, ma mère m'a pris en flagrant délit, habillé de la tête aux pieds avec les vêtements de ma sœur, de douze ans plus vieille. Elle m'a frappé violemment avec son martinet. Mais bon, ce n'était pas la première fois qu'elle portait la main sur moi. Elle en avait l'habitude. J'étais son souffre-douleur.

« Après, j'ai redoublé de vigilance pour ne plus me faire épingler. Ma mère et ma sœur ne m'en ont jamais reparlé. J'ignore si mon père en avait été informé. Il m'arrivait aussi parfois de piquer les sous-vêtements de mes cousines lorsque j'étais en visite chez elles. Plus tard, dès que j'ai été en mesure de gagner ma vie, j'en achetais dans les supermarchés. Je préfère ne pas les voler. Cela ajouterait un scandale supplémentaire, aggravant mon cas, ma honte et ma culpabilité, déjà difficilement supportables. J'ai si peur d'être ridiculisé, surtout à mon âge, à 65 ans, vous vous rendez compte ? J'en souffre énormément.

« Épisodiquement, je me mets en colère contre moi-même, je m'engueule et je me traite de tous les noms, comme si j'agressais quelqu'un d'autre. Je me jure de ne plus recommencer. Soudain, je jette tous les sous-vêtements à la poubelle ou les fais brûler dans la chaudière. Seulement, c'est plus fort que moi, je recommence une semaine après. Ma femme connaît bien mon problème, mais sans plus. Elle ne m'en parle jamais. Elle ignore complètement que cela me hante.

Elle ne se doute pas non plus que je me travestis pratiquement tous les jours, en cachette. Peut-être finalement qu'elle tolère mon problème mieux que moi-même. C'est curieux !

« Depuis ma retraite, je me travestis davantage qu'auparavant. Si un jour je manque de temps, que je suis matériellement empêché par les circonstances, je le fais en imagination. On dirait qu'il existe deux personnes en moi. D'un côté, me prendre pour une femme me procure un bien-être formidable. Mais, d'un autre côté, j'en souffre, j'en ai honte, je me trouve ridicule, surtout à mon âge, et je suis rongé par l'angoisse d'être catalogué comme schizophrène ou pervers. »

J'ai naturellement été impressionné par ce récit singulier, qui ne constitue pas l'ordinaire du psychanalyste. D'ailleurs, l'apparence physique et l'allure vestimentaire de Jacques ne laissent transparaître aucun trait efféminé rappelant certaines caricatures de travestis.

Il existe en réalité plusieurs sortes de travestismes. Dans le premier type, exhibitionniste, le sujet, jouissant du regard d'autrui porté sur lui, s'apprête minutieusement, portant des habits très étudiés, une parure complète, une coiffure sophistiquée, recourant à l'épilation, aux fards, au vernis à ongles.

On trouve aussi le travestisme homosexuel, poussant parfois impulsivement l'individu à se prostituer ou, dans certains cas, à changer carrément et définitivement de sexe, par recours à la castration chirurgicale, afin de satisfaire son souhait ardent d'appartenir à l'autre sexe, dans la majorité des cas le sexe féminin.

Mon patient Jacques n'appartient clairement ni à la première, ni à la seconde de ces deux catégories. Il présente un travestisme hétérosexuel. Il aime s'habiller en femme, dans ses fantasmes ou en réalité, de préférence face à un miroir, mais invariablement en privé, en secret, « en cachette ». Il garde même parfois des sous-vêtements féminins sous ses habits d'homme, sans avoir jamais éprouvé nulle attirance homosexuelle. Il déclare, bien au contraire, aimer depuis toujours fidèlement son épouse. Il se désole de même de la baisse non pas de son désir pour elle, mais de sa puissance sexuelle, selon lui due à son âge, l'empêchant de l'aimer comme il le souhaiterait. Enfin, le port de sous-vêtements féminins ne produit chez lui aucune excitation de nature sexuelle et ne le pousse pas, par exemple, à se masturber. « Quand je me déguise, je me sens bien, c'est tout, détendu, serein. »

Alors, comment interpréter cette addiction « honteuse » et secrète ? Il est certain que la qualifier de « perverse » ou de « schizophrène », comme Jacques le fait, n'avancerait à rien, n'aidant nullement à la comprendre ni à la résorber. Mon patient se heurte en réalité à travers son problème personnel de travestisme, lequel renvoie certes aux vicissitudes de son histoire, à un thème fondamental qui concerne, depuis toujours et partout, tout sujet humain : celui de la bisexualité symbolique. Celle-ci reflète, sur un plan psychologique, une réalité biologique indéniable : le sexe effectif d'une personne, homme ou femme, constitue le résultat de la prédominance chez lui des chromosomes mâles ou femelles (les fameux X et Y), ainsi que d'un dosage hormonal précis, c'est-à-dire de la proportion entre la testostérone, produite par les testicules, et la progestérone, sécrétée par les ovaires. D'ailleurs, jusqu'à la sixième semaine de son développement, l'enfant *in utero* reste sexuellement indifférencié, sans caractéristique sexuelle précise, irréversible. Chacun devient ainsi porteur des particularités visibles et conscientes du sexe auquel il appartient, mais tout en contenant également, à l'état potentiel, certaines dispositions de l'autre sexe, appelé son deuxième sexe ou le sexe sacrifié.

Autrement dit, personne ne peut être à 100 % mâle ou femelle. Chaque femme, si féminine et sensuelle soit-elle, possède en elle une part de masculinité. Chaque homme, si viril se croit-il, porte en lui une dose de féminité. C'est exactement cette idée que les notions chinoises du yin et du yang, deux forces cosmiques contraires et complémentaires, inconcevables l'une sans l'autre, sans jamais s'opposer, cherchent à signifier. Si le yin représente le principe lunaire, féminin, maternel, le yang reflète le principe solaire, masculin, viril et paternel. La présence virtuelle du masculin chez la femme et du féminin chez l'homme, loin de viriliser la première et d'efféminer le second, permet au contraire à l'un comme à l'autre de s'assumer, de s'affirmer clairement et avec confiance dans le sexe qui est le sien, tout en se distinguant de son alter ego. Pour citer Lao-Tseu : « Celui qui connaît la virilité, mais contient la féminité, deviendra un bassin où s'accumule toute la force du monde. » Mais, surtout, un homme raccordé à sa féminité psychologique a le privilège de « comprendre » la femme, dans le sens propre et littéral de la contenir, mais également dans le sens figuré et symbolique de la « piger », de la sentir, de la pénétrer, pour pouvoir entrer en lien d'amour et de complicité avec sa « moitié ». De même, le fait d'être reliée à son deuxième sexe, à sa masculinité, aide la femme à pouvoir imaginer, deviner par empathie, intuitivement, la façon mâle de fonctionner, de penser et de désirer, pour pouvoir communiquer avec l'homme et l'aimer.

Le féminin en l'homme lui ouvre ainsi l'univers des émotions, des sentiments et de la sensibilité. Le masculin en la femme la familiarise avec l'exigence de raison, de rigueur et de réalité concrète.

À l'inverse, l'impossibilité de l'homme d'accéder à son deuxième sexe, à la femme en lui, le transforme en un être viriloïde, rigide, macho, pauvre d'esprit et aride, manquant d'imagination et de souplesse. De même, la femme coupée de son âme masculine risque de sombrer dans les sables mouvants d'une émotivité sensitive, débordante et instable, réfractaire à tout contrôle et à toute logique.

Pourquoi ? Peut-être tout simplement parce que le déni ou l'occultation du deuxième sexe transforme celui-ci en fantôme, empêchant le sujet de s'affirmer positivement, en paix, dans son corps et sa sexualité anatomique, visible, officielle. En revanche, la reconnaissance et l'intégration du sexe potentiel, appelé par Jung « anima » chez l'homme et « animus » chez la femme, épanouissent chacun, tel un ange gardien bienfaiteur, l'aidant à vivre une relation adulte d'amour et de sexualité.

Évidemment, la bisexualité s'entend ici uniquement dans le contexte symbolique de la coexistence des potentialités des deux sexes, sans légitimer en rien une pratique physique bisexuelle. Partant de là, il est regrettable que ce concept, reconnu pourtant par Freud lui-même sous l'influence de Fliess, n'ait pas été davantage repris et enrichi après le maître, excepté par Jung et Grodeck. Cela aurait eu l'immense avantage de débarrasser la psychanalyse d'une idéologie à coloration implicitement machiste et, malgré ses apparences, misogyne. Cela aurait permis d'approcher et de comprendre la psychologie et la sexualité féminines autrement qu'en les calquant sur celles des hommes, en l'occurrence par référence constante à « l'envie du pénis sous la prévalence du seul phallus ». En effet, pour l'orthodoxie psychanalytique, la femme n'est pas censée jouir d'une intériorité, d'une âme, d'une identité spécifique, propre. Elle est considérée, au mieux, comme un non-homme, un être castré, à qui manque irréversiblement un pénis. Elle aspirerait ainsi, en y consacrant toute son énergie libidinale, sa vie entière, à travers tous ses projets et entreprises, à s'identifier au garçon, à lui ressembler, dans la quête fantasmatique du pénis, puisque « la libido est de façon constante et régulière d'essence mâle », comme l'écrit Freud dans *Trois essais sur la théorie de la sexualité.*

D'après lui, si la fille en veut à sa mère, c'est parce qu'elle se considère comme dépréciée, en tant que personne castrée, par la faute de sa mère qui l'a fait naître

privée de pénis ! Son attachement amoureux incestueux à son père tend justement à réparer ce manque
par l'appropriation du pénis paternel. De même, en raison de « l'équivalence chez elle du clitoris = pénis, le
déplacement de la jouissance du clitoris au vagin signe
le passage d'une phase d'activité masturbatoire à une
phase de passivité vaginale, lui permettant de découvrir une jouissance dépendant du pénis d'un autre,
n'étant pas le sien propre ». Et puis, si elle est attirée
par l'homme et la jouissance qu'il lui procure, c'est
parce qu'il représente l'appendice du pénis. Enfin,
même son désir maternel de porter un enfant trahirait,
en raison de l'équivalence enfant = pénis, son souhait
de posséder l'organe fétiche !

Ce genre de fiction, dépourvue de rigueur, ne correspond évidemment pas aux réalités complexes de la différence des sexes repérées en clinique. La femme n'a
rien d'un sous-homme, d'un garçon manqué, d'un
simili-homme, d'un subalterne, n'aspirant qu'à ressembler à l'homme. Sa psychologie ne se calque nullement
sur la sienne. L'homme et la femme représentent deux
étrangers face à face, des êtres profondément dissem-
blables. Bien que parlant la même langue, ils ne s'expriment pas dans le même langage. Tous les phénomènes
importants de la vie, le sexe, l'amour, l'argent, les
enfants, le travail, la retraite, la vieillesse et la mort, ne
sont pas investis par eux de manière semblable, n'éveillent pas en eux les mêmes émois.

C'est bien d'ailleurs cette étrangeté mutuelle qui les
attire l'un vers l'autre, titillant leur envie de se découvrir, de s'apprivoiser et de s'aimer. C'est cette même

hétérogénéité qui risque parfois de se transformer en une source de malentendus et de conflits, notamment lorsque, l'un comme l'autre, ils se trouvent déconnectés de leur deuxième sexe, lorsque l'accès de l'homme à sa féminité et de la femme à sa masculinité se trouve bouché, bloqué.

Je me demande si cette vision simpliste et assez dégradante de la féminité comme sexe castré, dans une quête obsédante du pénis, ne constitue pas en définitive pour les hommes une manière d'occulter et de dénier non seulement leur envie inconsciente d'être une femme, avec ses attributs sexuels, notamment la poitrine, mais aussi leur jalousie et leur inconsolable tristesse de ne pouvoir féconder, concevoir et porter la vie dans leur ventre. Ils n'osent évidemment pas, sauf pour en « rigoler » en se déguisant, ressentir et avouer ce genre de fantasmes, qualifiés de honteux et de méprisables.

Ne cherchent-ils pas à travers le gain d'argent et de pouvoir, la création artistique et intellectuelle, à compenser ou à sublimer leur impossible enfantement ?

Revenons à Jacques. Que signifie son travestisme ? Comment comprendre son envie d'être une femme « en cachette » ? Il n'est possible d'en saisir le sens que si l'on tient compte de l'existence des deux je, des deux Moi, des deux personnes en lui, l'une adulte et l'autre enfant, cohabitant, tant bien que mal, dans la maison-soi. Ce n'est donc pas l'adulte de 65 ans, dans l'Ici et Maintenant, qui se déguise en femme, mais le petit garçon en lui, hanté et poursuivi par le fantôme. Écoutons son histoire :

« Mes parents m'ont toujours répété que je suis né par accident, que je n'étais donc pas désiré, prévu, attendu. Ma mère avait tout fait pour se faire avorter, mais sans succès. Il existait à ma naissance entre mes parents une sacrée différence d'âge, ainsi qu'entre moi et ma sœur aînée. Celle-ci avait 12 ans, ma mère 40 et mon père 65. J'ai failli mourir, paraît-il, vers l'âge de 10 mois. J'ai été retiré d'urgence à mes parents et placé dans une pouponnière où je suis resté environ trois années. Il aurait sans doute mieux valu que je ne sois jamais rendu à mes parents. C'était véritablement l'enfer chez moi. J'étais sans cesse victime de mauvais traitements de la part de ma mère. Je subissais constamment sa violence. Elle ne m'a, je crois, jamais pris dans ses bras. Je ne me souviens d'aucun moment de tendresse et de chaleur de sa part, ni d'aucune parole affectueuse. Elle me frappait partout sur le corps, avec son martinet ou la canne de mon père. Elle m'enfermait à la cave ou me forçait à manger le gras de bœuf à table. Je faisais semblant de l'avaler, mais, dès qu'elle avait le dos tourné, je me précipitais pour le vomir, en cachette, dans les toilettes. Quand ma mère me punissait, sadiquement et sans motif, mon père et ma sœur se tenaient derrière la porte, attendant que ça passe. Mon père ne me chérissait pas non plus. Il ne me malmenait pas, au moins. Quand il m'arrivait de lui demander, incidemment, par curiosité : "Qu'est-ce que tu fais, papa ? ", il me répondait sans hésiter : "Pas grand-chose de bien, comme quand on t'a fait toi !" Je crois que lui aussi avait peur de ma mère. De toute façon, je ne l'ai pas beaucoup connu, mon père. Je n'ai rien vécu ni partagé avec lui. Dans mes souvenirs, je vois un vieillard, toujours malade, allongé, jamais debout, se plaignant de ses douleurs, avalant à longueur de journée des cachets de toutes les couleurs et des tisanes. J'ai souffert, en plus, d'énurésie jusqu'à 12-13 ans. Ma mère me frappait aussi pour ça, menaçant de me couper la « quéquette ». Un jour, notre médecin de famille, sans doute de connivence avec elle, m'a réitéré le même chantage : "Si tu continues à mouiller ton lit, nous en avons discuté avec ta maman, on va être obligés de t'opérer !" Cela a été radical. Du jour au lendemain, j'ai cessé mon "sale vice", tellement j'étais paniqué. Cependant, cela n'a pas empêché une opération du phimosis, quelques mois plus tard, ni que ma mère continue à me battre, toujours sans motif valable. Il est vrai qu'en grandissant je me laissais de moins en moins agresser. Je me défendais ou je déguerpissais.

« Ma sœur, par contre, était traitée comme une princesse. Elle était chouchoutée au maximum. Je subissais donc aussi cette injustice, en plus de la maltraitance. J'étais affreusement jaloux d'elle. J'ai appris, en grandissant, qu'avant ma naissance mes parents étaient de riches commerçants, vivant dans l'aisance. Ils se sont ruinés, j'ignore pourquoi et comment, l'année de ma naissance. Ainsi, ma sœur a connu l'âge d'or, la période faste, moi la pauvreté, l'époque funeste, noire. J'en ai déduit, et mes parents ne se gênaient pas pour me le rappeler, que j'avais apporté le malheur dans cette maison en venant au monde.

« Curieusement, après la mort de mon père, vers mes

17 ans, à la suite d'un cancer de la gorge, l'attitude de ma mère à mon égard se transforma radicalement. Elle ne se montrait certes pas plus chaleureuse que par le passé, mais elle était devenue comme un bébé, possessive, collante, exclusive, jalouse. Ne supportant plus désormais de rester seule, elle me demandait de devenir son "bâton de vieillesse", de m'occuper d'elle comme une nourrice. Tentant, par exemple, de m'empêcher de sortir pour m'amuser avec mes copains, elle leur criait par la fenêtre, quand ils venaient me chercher, que j'étais déjà sorti. Je m'arrangeais donc pour les fréquenter en cachette, évitant ainsi des conflits inutiles. Je ne voyais pas très bien comment je pouvais lui rendre l'amour que je n'avais point reçu d'elle.

« Je me suis dit, un jour, me sentant prisonnier et étouffé, qu'au fond je n'avais que trois solutions devant moi : me pendre, foutre le camp très loin ou me marier. J'ai opté pour la deuxième voie en partant comme infirmier en Algérie. J'y ai passé les deux plus belles années de ma vie. M'occupant d'enfants handicapés, je me prenais pour le bon Samaritain, utile aux autres, reconnu et apprécié. De retour en métropole à 20 ans, toujours dans l'intention d'échapper à ma mère, j'ai décidé de me marier. Ma mère n'a pas du tout apprécié. J'ai dû, là aussi, agir en cachette. Ensuite, quand je lui ai annoncé le mariage en lui présentant ma femme, loin de bénir notre union, elle nous a insultés, me traitant de fils indigne, et ma femme, de salope ! Je me demande d'ailleurs si je ne me suis pas marié un peu pour me venger d'elle, lui faire subir l'abandon affectif que j'avais si longtemps supporté.

Elle est décédée peu de temps après notre mariage, sans avoir été grand-mère. Je me suis cependant senti triste et coupable. Je ne sais pas pourquoi. Je ne me suis pas encore pardonné. »

Il m'a semblé assez clair, en écoutant le discours de Jacques, que son travestisme constituait au fond une quête, une stratégie pour se faire aimer de sa mère, pour lui plaire, dans l'espoir de rétablir le circuit défectueux des échanges narcissiques, de recevoir et de donner de la tendresse. Si, en effet, l'enfant a impérieusement besoin d'être aimé pour continuer à survivre et à s'épanouir, il lui faut également pouvoir aimer de manière active, en investissant sa libido dans des « objets », c'est-à-dire des personnes extérieures. C'est sans doute pour ce motif que la Bible a érigé l'amour au rang de commandement, aimer son prochain comme soi-même, Dieu et l'étranger.

La frustration de la pulsion d'aimer ses parents lorsqu'ils se montrent maltraitants se révèle aussi préjudiciable au développement affectif que la privation narcissique subie. Celle-ci peut même paraître quelquefois, en raison de son caractère conscient et verbalisable, moins dommageable, dans la mesure où l'amour non investi dehors, non dépensé, non partagé, risque de se transformer en haine de soi, rongeant le sujet de l'intérieur. En outre, Jacques n'a bénéficié pour se construire d'aucun modèle positif d'identification virile. Son père lui apparaissait tel un vieillard souffreteux, abattu et alité, de surcroît dominé et dénigré par sa femme. Cette image négative de la masculinité a été confortée par les menaces de castration physique proférées en réaction à son énurésie. Sa « quéquette » risquait de lui être arrachée s'il continuait à mouiller son lit.

D'un autre côté, Jacques, se trouvant injustement victime du désamour et de la maltraitance maternels, contrairement à sa sœur, traitée comme une princesse, a pu imaginer qu'en se déguisant en fille il attirerait à lui l'amour et la considération dont, en tant que fils, il se voyait totalement privé. C'est la raison essentielle pour laquelle il ressentait une forte jalousie à l'égard de sa sœur aînée, qui avait joui de l'âge d'or de la famille, celle-ci étant devenue « par sa faute » miséreuse à sa naissance. Il est fort possible aussi que son travail d'infirmier auprès des enfants handicapés en Algérie ait été motivé par le besoin de se sentir enfin accepté et aimé en tant que femme, dans la mesure où il s'agissait, dans les années 1950, d'un métier à vocation majoritairement féminine, maternelle. J'ai remarqué avec satisfaction une grande capacité d'introspection chez Jacques, une certaine aisance à se pencher sur son intériorité, à s'exprimer, mais aussi à accueillir et à intégrer les interprétations proposant un sens à ses conduites.

En règle générale, les hommes, notamment en vieillissant, éprouvent de grandes difficultés à prendre un peu de distance vis-à-vis des réalités matérielles. Ils se voient ainsi contraints à refouler leurs émotions, au lieu de s'autoriser à les écouter, à les ressentir et à les verbaliser. Si l'écrasante majorité de la clientèle des « psys » est constituée de femmes, cela ne signifie nullement qu'elles sont plus fragiles que les hommes, mais qu'à l'inverse, étant bien plus solides qu'eux psychologiquement, elles sont capables de ressentir, de reconnaître et de confier leur vécu sans honte, en demandant de l'aide.

Dans ce contexte, la « féminité » de Jacques, en dépit de la souffrance qu'elle lui cause, lui offre au moins l'avantage de l'aider à s'ouvrir à lui-même. Voilà pourquoi il se montre capable d'assimiler aisément la recommandation que j'énonce souvent devant mes patients. Je les encourage, en effet, à modifier leur regard vis-à-vis de certains symptômes gênants, à cesser de les juger d'une manière trop négative, à les considérer non comme des tares à éradiquer d'urgence, mais plutôt comme des énigmes à décrypter, dans l'espoir de percer leur signification inconsciente. D'ailleurs, seule l'accession au sens peut offrir l'indispensable clé de la délivrance.

Tout symptôme, le travestisme de Jacques, l'addiction, les TOC, l'alcoolisme, etc., se met en place à l'origine pour assurer la survie psychologique du sujet, le sauvant ainsi de l'implosion et du délabrement. Il devient certes, par la suite, en raison de sa non-adaptation au présent, une source de blocage et de souffrance, jusqu'à ce que le patient réussisse à découvrir le code secret qu'il contient, permettant la sortie du labyrinthe. C'est la raison pour laquelle toute attitude agressive, voire guerrière, par exemple le recours massif et prolongé à l'« arsenal » des médicaments psychiatriques dans une visée de suppression symptomatique, ne fait qu'aggraver à long terme le mal-être, compromettant la vraie guérison, celle germant de l'intérieur.

Toutefois, l'idée selon laquelle le travestisme de Jacques révélait son désir de plaire à sa mère pour se voir, au même titre que sa sœur aînée, reconnu et gratifié ne me satisfaisait pas entièrement. Bien que fondée, elle me paraissait incomplète. Deux points continuaient à exciter ma curiosité. Pourquoi, en premier lieu, Jacques était-il visité depuis des décennies par un étrange rêve, invariablement relatif au même thème ? Il se trouvait, sans s'y attendre, en présence d'un bébé de seulement quelques semaines, de sexe indéfini, placé dans un couffin, de mauvaise mine et rachitique, malade, abandonné ou malmené peut-être, qu'il devait secourir, soigner, nourrir. Alors, Jacques, paniqué et en larmes, s'agitait dans toutes les directions, appelant au secours, cherchant un biberon de lait et une couverture. Pourquoi, en second lieu, Jacques répétait-il à tout propos le leitmotiv de la clandestinité : « vomir en cachette », « fréquenter les copains en cachette », « se marier comme un voleur, en cachette », « porter des sous-vêtements féminins en cachette », etc. ?

Le travail du thérapeute ressemble parfois étrangement à celui d'un détective enquêtant sur le mobile et l'auteur d'un crime demeuré non élucidé. Je fus par ailleurs surpris de constater que, en ce qui concerne sa vie professionnelle, mon patient utilisait aussi fréquemment l'expression « en cachette » et rêvait, depuis sa mise à la retraite anticipée, souvent de la même scène : « Je me trouve comme d'habitude à mon bureau. Je discute avec mes collègues, à bâtons rompus, des affaires courantes, mais aussi de la pluie et du beau temps. Je sirote mon café en fumant un petit cigare. Soudain je me réveille. Mon rêve si agréable se transforme d'un seul coup en cauchemar. Je me mets à pleurer, en faisant attention de ne pas réveiller ma femme.

« Je travaillais depuis longtemps dans cette entreprise. Dans la réalité, un matin, en arrivant à mon travail, j'ai trouvé mon bureau complètement vidé, déménagé, débarrassé de tout mobilier. Une simple lettre gisait par terre. Désemparé, je réussis à ouvrir l'enveloppe. C'était ma lettre de licenciement. On m'y reprochait des fautes graves de gestion ayant entraîné des pertes importantes pour l'entreprise. J'étais abasourdi. Je redevenais, comme dans ma famille quand j'étais petit, un porte-malheur. Mon travail était si important pour moi. Il me comblait. Je n'avais plus que deux ans avant d'atteindre l'âge de la retraite. Ce jour-là, je suis retourné chez moi sans rien pouvoir dire à personne, comme un voleur, en cachette. Je ne comprenais rien. Je n'ai d'ailleurs pas encore réussi, huit ans après, à digérer ce choc, à en faire le deuil et à tourner la page. Dans mon esprit, mon travail a fini en queue de poisson. Il a été arrêté brutalement. Il est resté inachevé, avorté. Je n'ai pas choisi de m'en aller. J'ai été mis à la porte, sans m'y attendre, sans pouvoir me défendre. Je n'ai pas vécu le rituel du départ à la retraite, la cérémonie, la fête, les discours, le champagne, les cadeaux... »

Cette souffrance, certes légitime, relative à son

« éjection » se trouve d'autant plus amplifiée qu'elle rappelle, replongeant le couteau dans une plaie déjà ancienne, les traumatismes qu'il a subis jadis, dans son Ailleurs et Avant. Alors, que s'est-il passé vraiment ?

Un jour, je vois Jacques arriver en séance plutôt perturbé : « Vous vous souvenez, je vous ai souvent répété que je n'avais plus personne au monde pour m'éclairer sur l'histoire de notre famille, excepté ma sœur, de douze ans mon aînée. Chaque fois que je cherchais à l'interroger, elle m'envoyait balader. Au fond, je ne connais rien de mes ancêtres. J'ai su seulement que mon grand-père paternel vendait des œufs et du beurre sur les marchés, qu'il était bien plus âgé que ma grand-mère et sourd et muet. C'est pratiquement tout ce que je connais d'eux.

« L'autre jour, profitant des vacances, j'ai décidé de me rendre dans le village de mes grands-parents maternels pour enquêter sur mes origines, muni des photos de ma mère. J'ai repéré sans peine la maison où elle était née et avait grandi jusqu'à son mariage. Un vieillard, courbé sur sa canne, m'a dit qu'il avait en effet, en tant que voisin, bien connu ma mère jusqu'à son mariage avec mon père et qu'ensuite il n'avait plus eu de ses nouvelles. Il m'a surtout révélé que, bien avant cette union avec mon père, de vingt-cinq ans plus vieux qu'elle, ma mère avait accouché, vers 17 ans, d'une petite fille de père inconnu, décédée à 14 mois sans que personne ait jamais vraiment su dans quelles circonstances : mort subite du nourrisson, ou peut-être maltraitances ? D'après le vieux voisin, le mot a été prononcé à l'époque. Ma mère aurait eu la visite des gendarmes et, faute d'indices probants, le dossier a été rapidement classé !

« Ces paroles m'ont bouleversé. J'étais comme foudroyé, électrocuté. Je me suis dit tout de suite qu'il devait certainement s'agir, de la part d'un grabataire, de propos délirants. J'ai néanmoins couru comme une flèche chez ma sœur. Elle n'a pas cherché à se dérober cette fois. Elle m'a répondu sans hésitation : "Il s'agit d'une sombre affaire, jamais élucidée. À quoi cela sert-il maintenant de remuer la merde ? Tout cela, c'est complètement du passé. Je ne voulais rien te dire pour ne pas te perturber inutilement. Oui, Jacques, ce monsieur t'a dit la vérité !" »

Voilà, sans doute, le sens ultime du thème itératif de la clandestinité, de ce « en cachette ». L'existence d'un bébé, d'une petite fille, sa sœur ou sa demi-sœur, peu importe, ayant jadis séjourné chez la même mère, dans le même corps, le même utérus, lui avait été cachée, sa naissance comme sa mort prématurée, peut-être même son meurtre. C'est bien cela, le fantôme, une vie soudainement stoppée, élisant Jacques comme asile, abri, refuge, sépulture. Un être important du point de vue psychologique, inachevé, éteint prématurément, et dont la perte n'a pu s'élaborer grâce aux lumières de la conscience et de la parole, s'empare du corps et de l'âme d'un survivant, tentant de s'incarner en lui. Voilà pourquoi Jacques, depuis cinquante ans au moins, ne cesse de rêver de la même scène. Il doit s'occuper d'un tout petit bébé, le soigner, le protéger, le nourrir, le sauver de la mort. Mission qu'il a cherché à accomplir concrètement comme infirmier, en soignant les enfants handicapés en Algérie, mais surtout en portant sa petite sœur en lui, avec lui, collée à son corps, sur son ventre, clandestinement, « en cachette », comme un appendice, une excroissance, par amour, par solidarité, par compassion et culpabilité.

N'oublions pas qu'il a failli subir le même destin tragique, à 1 an. Serait-il mort de maladie ou de mauvais traitements ? Affaire non élucidée ! Jacques s'est ainsi mué en un être androgyne, bisexuel, hermaphrodite, avec deux sexes, deux Moi jumeaux, siamois, inséparables, homme et femme, masculin et féminin, alliés, coalisés contre la violence mortifère d'une mère maltraitante. Il a dépensé une part importante de son énergie libidinale à s'occuper du fantôme de sa petite sœur, à la porter, à la réincarner, pour la ressusciter, comme il tentait de sauver depuis des décennies, en bon Samaritain, tous les malheureux de la terre. Il est naturel dans ces conditions qu'il s'affaiblisse, s'épuise et se déprime, se vidant de sa sève au profit d'autrui. Il s'agit là d'un phénomène constant chez tous ceux ayant subi de mauvais traitements dans leur enfance. Pourquoi ?

L'enfant victime de maltraitances est convaincu que s'il n'est pas aimé, s'il est battu et rejeté, c'est sa faute. Il croit que c'est parce qu'il est mauvais, voire nocif, dépourvu de toute valeur, indigne de tout égard et de toute affection. Cette culpabilité enfantine de la victime innocente, bien que scandaleuse et révoltante aux yeux de notre logique consciente, peut cependant demeurer longtemps intacte dans les catacombes de l'inconscient. Elle détermine et oriente, à l'âge adulte, notre manière d'être au monde et nos comportements.

Ainsi, l'adulte, dominé par son enfant intérieur malheureux, affecté par la culpabilité et la DIP, puisque jadis victime de maltraitances, éprouvera certaines difficultés à disposer de son capital d'énergie vitale et à le gérer librement. Il se verra inconsciemment contraint de le gaspiller de façon excessive dans les deux phénomènes de l'expiation et de la quête d'innocence. D'une part pour châtier ses fautes fantasmatiques, dans l'espoir d'obtenir l'absolution, et d'autre part afin de démontrer à lui-même et aux autres qu'il est bon, pur, gentil, aimable et par conséquent digne de recevoir l'amour dont il a été frustré. Il aura fortement tendance, pour ces motifs, à se sacrifier aux autres, s'occupant exagérément d'eux, dans l'oubli et la négligence de soi. Son besoin impérieux d'affection et de reconnaissance lui interdit de dire non et de poser des limites, par crainte de se voir rejeté. Cette avidité affective le transforme en un être docile, voire servile, proie privilégiée des charlatans et manipulateurs de tout poil, et le place dans des situations expiatoires et de harcèlement.

Autrement dit, ayant subi jadis la maltraitance, le sujet continuera à se maltraiter masochistement lui-même, par identification à son agresseur, devenant son propre ennemi et persécuteur. Ayant manqué de mère aimante, il s'érigera à l'âge adulte en bonne mère de tous, mais en mauvaise mère persécutante à l'égard de lui-même. Il s'agit évidemment là, par-delà les apparences, d'une quête enfantine et égoïste d'attention et de reconnaissance, du besoin vital de se sentir enfin aimé et reconnu, et nullement d'un don désintéressé, d'un désir altruiste gratuit. Il est toutefois possible que certains enfants maltraités se transforment plus tard en êtres asociaux et agressifs, voire cruels, mus par la seule envie de se venger des sévices endurés. Cependant, dans leur grande majorité, ils se déguisent en saint-bernard, s'érigeant d'instinct en gardiens et protecteurs d'autrui, se comportant cette fois comme ils auraient souhaité qu'on agisse à leur égard.

Lorsque j'ai connu Jacques, il souffrait d'un énorme déficit narcissique et libidinal. Cette carence se traduisait par la négligence de son corps, telle une terre laissée en jachère. « J'aurais envie de m'acheter quelques beaux vêtements, mais je me sens coupable de dépenser de l'argent pour moi. Je porte alors mes vieux habits d'il y a vingt ans. Il est vrai que je ne les abîme pas trop. J'aimerais nager, mais je n'ai jamais osé franchir le pas de prendre des cours de natation, dans une piscine pourtant à dix minutes de chez nous. Quand je suis gêné par un ennui physique, je le laisse s'arranger tout seul s'il ne me paraît pas trop grave. Je souffre d'une hernie discale et de maux de ventre chroniques, sans en faire cas. J'ai attendu récemment plus de neuf mois avant de faire remplacer une dent cassée et pendante, me persuadant tous les jours qu'il n'y avait rien d'urgent. J'ignore totalement si j'ai du cholestérol ou pas et quel est le taux de mon sucre sanguin. Je me suis copieusement fait engueuler le mois dernier par l'ophtalmologue, qui me reprochait de n'avoir pas pensé à changer mes lunettes depuis une dizaine d'années. Il certifiait que j'étais devenu un vrai danger public sur la route. Je crois toujours que les autres ont priorité sur moi, que je suis sans importance, que mon corps ne vaut pas la peine que je dépense de l'argent pour lui et qu'enfin mes petits bobos peuvent attendre. Il existe tellement de personnes vraiment plus malheureuses que moi ! »

C'est peut-être à cause de cette image délibidinalisée de son corps qu'il rêve souvent qu'il se trouve dans un quartier sale et peuplé de gens misérables, malades et crasseux, dans une maison vétuste et délabrée, envahie d'herbes sauvages et de lierre grimpant partout sur les murs.

Jacques a cependant continué à se travestir « en cachette », mais bien moins souvent, et surtout avec moins de déchirement intérieur et de culpabilité. « Je m'en fous maintenant. Ça ne regarde que moi. »

Par contre, il a appris à nager, s'est offert de nouvelles lunettes adaptées à sa vue et ne rêve plus du tout du « boulot ».

« J'ai rêvé l'autre soir, pour la énième fois, que je me rendais à mon travail. Je me fais interpeller dans les couloirs par mon patron. Il me blâme sèchement pour mon retard. Je lui réponds : "Non monsieur, je ne suis pas en retard. Je suis à la retraite depuis peu. Je viens arroser mon départ et rendre la clé de mon bureau !" »

Ida

Ida est une jolie femme de 50 ans, aux cheveux châtain foncé et aux yeux couleur de miel. Elle est habillée sobrement, mais chic, plutôt bon genre. Elle prend sereinement place dans le fauteuil que je lui présente, mais se met à parler brusquement, sans attendre d'y être invitée, avant même que je sois complètement assis. Elle a donc manifestement beaucoup à raconter, à « évacuer », des choses importantes qui ne peuvent plus attendre. Je trouve cependant que son impatience détonne étrangement avec sa sérénité de l'instant précédent.

« Je suis envahie par l'angoisse. Je panique au volant. J'ai une peur atroce de me déplacer en voiture ou d'aller faire mes courses. Je suis paralysée par une anxiété massive, aiguë, quasi permanente. Je me sens étrangère à moi-même et au monde. Je ne sais plus qui je suis. J'ai si peur de devenir folle. Quelque chose en moi me dit que mon âme va bientôt quitter mon corps, que je vais incessamment disparaître de la surface de la terre, ne plus exister. Par moments, je ne sens plus mon corps, comme s'il n'était plus vivant mais vide ou irréel, ou qu'il n'avait plus de consistance et d'épaisseur. Je flotte tel un arbre déraciné après un ouragan, charrié par les flots, dans tous les sens. J'ai l'horrible sensation parfois que ma main ne m'appartient pas. En jetant par exemple un morceau de bois au loin, ou un bout de papier dans la poubelle, j'imagine qu'elle se détache de moi, restant collée au papier ou au bois. Quand je repousse la couverture, j'ai l'impression que mon bras s'éloigne et qu'il revient à nouveau quand je rabats les draps.

« Ne pouvant plus continuer mon travail dans ces conditions, ni sortir de chez moi, je reste enfermée, clouée à mon fauteuil. Parfois, j'en veux à la terre entière de me laisser dans un tel état. J'éprouve alors une forte colère contre tous ceux qui m'abandonnent. J'ai tant besoin des autres, tellement envie qu'on me berce et qu'on me choie, sans s'occuper de personne d'autre que moi. Je cherche sans cesse la compagnie des autres. Entourée, je me sens mieux. Mais, dès leur départ, j'éprouve à nouveau des sentiments d'abandon et d'exclusion. Je me mets alors à leur en vouloir et à devenir jalouse d'eux. Je souffre en me comparant aux personnes apparemment heureuses, qui sont dans la vie et le plaisir, et pas moi. Je m'en veux ensuite, me sentant coupable de mon ingratitude. J'ai été hospitalisée il y a deux ans, pendant deux mois. J'ai suivi ensuite une psychothérapie qui m'a fait du bien. Mais, depuis quelques semaines, je rechute. Mes bouffées d'angoisse ont réapparu au lendemain d'une dispute avec mon compagnon. Je ne comprends pas ce qui m'arrive. Pourquoi n'ai-je pas le droit d'exister et d'être heureuse comme tout le monde ? Pourquoi est-ce que je n'arrive pas à expulser, une fois pour toutes, cette douleur insupportable ?

« Nous vivons ensemble avec Hervé depuis plus de trois ans. Ça se passe plutôt bien. Il est gentil et généreux. Je me sens en sécurité avec lui. Il se montre très amoureux, même parfois un peu fusionnel peut-être. Je me demande si au fond je l'aime autant que lui. Entre nous, ça a été une rencontre plutôt raisonnable. Je sortais à peine d'une grosse déception sentimentale à la suite d'une rupture avec un homme que j'avais adoré pendant dix ans, Xavier, un ami d'enfance. On s'était peu à peu perdus de vue après le bac et on s'est retrouvés à 37 ans. Il n'a cependant jamais souhaité s'engager pour qu'on vive sous le même toit. J'étais donc simplement sa maîtresse. On se retrouvait de temps en temps. C'était formidable. Je me doutais bien qu'il fréquentait d'autres filles, mais je fermais les yeux. Je ne voulais pas le savoir. Il ne vivait avec aucune d'elles. J'espérais toujours qu'il finirait par me choisir, moi ! Lorsque j'ai appris qu'il avait élu et installé ouvertement une autre femme chez lui, je me suis effondrée. Quelques mois plus tard, je rencontrai Hervé, mon compagnon actuel, qui sortait tout juste d'un divorce compliqué. Il était disponible et attentionné. Il m'aimait. Il m'arrachait à ma solitude et à ma tristesse. Alors je n'ai pas dit non quand il m'a sollicitée, touchée par son affection et sa gentillesse, reconnaissante pour la protection et la sécurité qu'il m'offrait. Seulement, il déteste qu'on le contrarie, que je le frustre sexuellement ou que je perturbe ce qu'il a programmé pour le week-end ou les vacances. Voilà, mes bouffées d'angoisse ont réapparu au lendemain d'une dispute pour une peccadille. Il s'est mis en colère contre moi, criant que j'étais une nulle, une incapable et que je le rendais malheureux comme sa première femme. La même nuit, j'ai fait un cauchemar affreux. Je me voyais en petite fille abandonnée sur un pont désert. J'étais figée, incapable de réagir, terrorisée à l'idée de basculer dans la rivière et de me noyer. De plus, le bas de mon corps était dénudé. J'étais sans culotte. Je tirais et tirais encore, de toutes mes forces, sur mon tee-shirt pour me couvrir les fesses. Je rêve souvent d'ailleurs que je me débats pour cacher ma nudité. Je me suis réveillée en sursaut. Les jours suivants, je me suis accrochée à Hervé. Je pleurais en implorant son pardon et en le suppliant de ne pas me quitter.

« Avant mon compagnon actuel et mon ami d'enfance Xavier, j'avais vécu quelque temps avec un autre homme. J'ai rompu quand j'ai découvert qu'il m'avait trompée avec une collègue de travail. Il me reprochait de ne pas être détendue pendant nos rapports, de ne pas me laisser aller. Il n'avait pas tout à fait tort, d'ailleurs. Je n'ai jamais vraiment réussi à me lâcher. Je n'ai pas encore éprouvé d'orgasme à mon âge. Je vais bientôt avoir 50 ans, sans avoir eu d'enfant. Je le regrette à présent. J'avais décidé à 10 ans que je n'en voulais pas. C'est une souffrance supplémentaire pour moi. Mon ventre est resté vide, inoccupé, stérile, maintenant irréversiblement, en raison de la ménopause. »

Le discours d'Ida, je l'avoue, me remue. Je me demande si j'ai les épaules suffisamment larges pour lui venir en aide et l'accompagner vers la lumière. Il est vrai que certains de ses symptômes, ainsi que l'intensité de sa terreur, laissent craindre une virée dans la schizophrénie. L'expérience m'a appris cependant à ne pas me fier d'emblée à certains diagnostics émotionnellement chargés, et surtout lourds de conséquences. Ils risquent de cataloguer le sujet, de le condamner en l'enfermant dans une case, sans éclairer pour autant le sens de ses tourments, ceux de son enfant intérieur plus exactement.

Ce qui me paraît en revanche prometteur et encourageant avec Ida, c'est qu'elle cherche véritablement à entrer en communication avec moi, et même à m'aider pour que je réussisse à la comprendre. Le schizophrène type, au contraire, fuit tout lien, ressenti comme une intrusion. Il ne demande qu'à ce qu'on lui « foute la paix », qu'on le laisse dans son isolement. De toute évidence, les douleurs d'Ida ne sont motivées par nul souci d'importance dans son existence présente. Elles ont certes été déclenchées par une dispute avec son compagnon, mais cet événement, si déplaisant soit-il, ne suffit pas à engendrer un tel tsunami. Il s'agit donc d'un simple facteur déclencheur et non d'une cause. Ce qui prouve que ce n'est point l'adulte qui souffre d'un ennui particulier dans son Ici et Maintenant, mais bel et bien son enfant intérieur, prisonnier du fantôme, c'est la disproportion entre la futilité du désagrément réel et le séisme psychologique déclenché.

Il est tout à fait légitime qu'un sujet, attaqué par les chocs et stress de la vie quotidienne, éprouve par réaction certains sentiments pénibles tels que la colère, la peur, la déception, la tristesse ou le découragement. La capacité d'accueillir, de ressentir et d'exprimer ce genre d'émotions prouve justement la bonne santé du psychisme. À l'inverse, l'absence de réaction émotive, voire parfois l'indifférence ou l'apathie, sont révélatrices non pas d'une solidité, mais d'une rigidité et donc d'une fragilité psychologiques, dues aux mécanismes de refoulement et de défense.

J'ai eu récemment à m'occuper d'une enseignante qui, à la suite d'un mauvais après-midi de cours avec ses élèves, il est vrai ce jour-là chahuteurs et indisciplinés, a décidé froidement de se supprimer. Elle est rentrée chez elle et a saisi le contenu de sa boîte à pharmacie. Elle s'est ensuite rendue en périphérie de la ville, a loué une chambre d'hôtel et s'est mise au lit, après avoir méthodiquement avalé tous les cachets, sans plus penser à personne, surtout pas à son époux ni à ses trois enfants, qui l'attendaient pour le dîner. Elle a été sauvée in extremis par la femme de chambre, jouant à son insu le rôle bienfaiteur de l'ange gardien pour contrebalancer celui, néfaste, du fantôme. Celui-ci a pour caractéristique principale d'empêcher le Moi de se comporter en adulte, de réfléchir sereinement, avec un peu de recul et de distance, confiant dans ses capacités. Le fantôme envahit le Moi adulte et le court-circuite, noyant le sujet dans une mare émotionnelle, l'empêchant de relativiser, de considérer les faits à leurs justes importance et valeur. Il l'aveugle, le dépossède de son libre arbitre, de son discernement et de sa lucidité. Il le maintient dans l'infantilisme, le poussant à dramatiser une bagatelle, ce qui bloque toute initiative, ou à l'inverse à minimiser euphoriquement les vrais dangers. « Je ne sais pas ce qui m'a pris », dira le sujet après coup, comme s'il avait été télécommandé par une force occulte, étrange et étrangère.

Écoutons maintenant l'histoire de l'enfance d'Ida : « Ma mère a eu trois enfants, mes deux frères et moi, la petite dernière. Aucun de nous n'a vraiment été désiré. Si la pilule avait existé à son époque, elle ne serait pas devenue mère, disait-elle. Elle a cherché à se faire avorter, de nous trois, en sautant en l'air, mais sans succès. J'ai failli mourir étouffée, vers 2 mois, prise de vomissements et de quintes de toux.

« Mes parents ne se sont jamais entendus. C'est d'ailleurs pour ce motif que ma mère ne voulait pas être enceinte. Mon père buvait et la frappait par moments. Je l'ai haï assez longtemps, mettant toutes les fautes sur lui, convaincue qu'il était foncièrement mauvais et méchant. Je crois aujourd'hui qu'il souffrait plutôt du manque d'amour de ma mère. Il s'agissait d'un mariage arrangé, depuis longtemps, entre deux familles paysannes d'un village perdu des Pyrénées espagnoles. Ma mère, pourtant issue exactement des mêmes origines pauvres que mon père, méprisait celui-ci, le traitant dédaigneusement de "paysan illettré" ! Ils avaient émigré en France vers 1950, à l'exemple de beaucoup d'Espagnols, pour fuir le franquisme et la misère, dans l'espoir d'une vie matérielle meilleure.

« Il régnait une ambiance abominable à la maison. À chaque dispute, je n'ai pas réussi à m'y habituer, ma mère se mettait à préparer ses valises, menaçant de retourner définitivement en Espagne dans son village.

Je me collais à elle, pleurant et la suppliant de rester. Elle avait conservé au fond d'elle la nostalgie de ses origines, n'ayant peut-être même jamais vraiment accepté sa transplantation. J'étais terrorisée par cette ambiance infernale, ces disputes permanentes et ces menaces. J'étais très malheureuse, et surtout inquiète pour eux, à l'idée qu'ils puissent se séparer et nous laisser seuls.

« Certains matins, je tremblais au réveil, m'imaginant que ma mère avait profité du silence et de l'obscurité de la nuit, pendant que tout le monde dormait, pour rentrer en Espagne. Je me précipitais, pour vérifier qu'elle était là, dans la chambre de mes parents et me glissais entre eux dans le lit. Cela m'apaisait comme par magie, dans l'instant. Au fond, je n'ai jamais ressenti de sécurité dans cette famille, ni souhaité en faire partie. Je prenais plaisir à m'évader de moi-même, en fantasmant que je vivais dans une autre maison, paisible et joyeuse, entourée d'autres parents qui s'aimaient et avec qui je pourrais m'amuser. Je faisais tout ce que je pouvais dans la réalité pour soulager la tristesse de ma mère, la réconforter, lui remonter le moral. Je l'aidais dans les tâches ménagères avant de commencer mes devoirs scolaires. De même, je travaillais bien à l'école, cherchant à être brillante, exemplaire, pour qu'elle soit fière. Quand je me blessais en tombant, ou s'il m'arrivait de souffrir d'un mal de tête ou de ventre, ou si enfin j'avais été embêtée par une copine, je ne disais rien, gardant tout pour moi afin de ne pas la tracasser davantage. Je ne me salissais pas. Je rangeais soigneusement mes affaires. Dès que son regard croisait le mien, je souriais pour qu'elle ne se fasse aucun souci pour moi. Je cherchais à paraître une fille sage, modèle, parfaite pour lui plaire.

« Nous avions dans notre voisinage un vieux retraité. À 8-9 ans, j'allais régulièrement chez lui, quand mes parents s'absentaient. Je détestais rester seule, et puis il me racontait des histoires et se proposait de m'aider dans mes devoirs. Il me prenait souvent sur ses genoux, m'embrassait et me caressait, en me disant : "Je t'apprends comment tu devras te comporter avec les garçons, quand tu seras grande, plus tard." Il m'a une ou deux fois aussi forcée à le masturber. Je ne sais plus ce que je ressentais à ces moments-là ; un mélange de peur et peut-être de plaisir, celui de me sentir désirée et de lui faire du bien. J'étais tellement avide de tendresse et de sécurité ! Par moments, j'étais saisie par une étrange et indicible angoisse, avec la sensation de commettre une faute grave et impardonnable. Alors je me dédoublais pour ne plus être là, pour me persuader en pensée que ce ne pouvait pas être moi qui faisais ces choses-là, mais une autre à ma place. C'est bien la première fois que je dévoile ces épisodes de mon enfance. Je me taisais par crainte de lui causer des ennuis, tout en attirant vers moi la honte et l'agressivité.

« Longtemps après, lors d'un pèlerinage sur les lieux de mon enfance, j'avais 35 ans et lui environ 80, il a crûment émis l'envie de me toucher les seins "une dernière fois avant de mourir". J'ai ressenti davantage de pitié que de colère à cet instant-là. Un jour, quand j'avais 13 ans, mon parrain m'a tripoté la poitrine en

marmonnant : "Viens voir comme t'es grande maintenant !" Je l'ai raconté à ma mère. Elle ne m'a pas crue
et m'a traitée de menteuse. À 15 ans, j'ai été bouleversée en apprenant le suicide de mon oncle, frère de mon
père. Il était tombé en dépression, sa femme l'ayant
trompé avec son meilleur ami. J'étais malheureuse pour
lui, bien sûr, mais surtout pour mon père, qui ne pouvait exprimer sa souffrance d'avoir perdu son frère
autrement qu'en buvant et en frappant un peu plus
ma mère. Il n'était pas méchant, mon père. Il devenait
mauvais seulement quand il était malheureux. Il y a
treize ans, il a aussi tenté de mettre fin à ses jours,
toujours pour le même motif de mésentente avec ma
mère, de plus en plus vive depuis son départ à la
retraite. Un jour, il s'est tiré un coup de fusil dans la
tête. Il n'en est pas mort, étonnamment, tout de suite.
Son agonie a duré deux ans. Très abîmé, bourré de
médicaments et de morphine, il a traîné d'un hôpital à
un autre, avant de s'éteindre, terrassé par une septi-
cémie.

« Curieusement, je n'ai pas trop mal réagi à son
décès. Je ne me suis pas effondrée. J'ai plutôt bien géré
la situation, m'occupant des démarches nécessaires à
l'organisation de l'enterrement. J'ai perdu ma mère
trois ans plus tard, d'un cancer généralisé. Là aussi, j'ai
réussi à être courageuse pour ne pas m'écrouler. Je l'ai
accompagnée jusqu'à son dernier souffle. En partant,
elle avait l'air apaisée. Je crois que la mort de mes
parents a représenté pour moi une sorte de délivrance.
Je n'avais plus à m'inquiéter pour eux ni à jouer l'éternel rôle de la petite fille gentille et parfaite. »

Ainsi qu'on le voit, Ida a pu parfois se comporter en adulte face à certaines contrariétés, comme la maladie et la perte de ses parents. Elle a assumé ses responsabilités sans fuir ni s'effondrer, sans ressentir non plus le besoin de se dédoubler en s'exilant dans un hors-monde imaginaire. Chaque fois que le sujet réussit à faire prévaloir en lui sa dimension adulte, sans se laisser inféoder par son passé, par le petit garçon ou la petite fille malheureux(se) en lui, il réussit à gérer son existence de façon équilibrée, dans la paix, disposant librement de son énergie vitale et de sa lucidité. Par contre, s'il se trouve paniqué, tourmenté, pataugeant dans les sables mouvants d'une émotionalité débordante, incapable de prendre de la distance et de réfléchir, cela prouve qu'il est possédé par son enfant intérieur, agi et parlé par le fantôme, censurant sa dimension adulte. Il passe ainsi de la dramatisation anxieuse à l'insouciance inconsciente, inapte aussi bien à apprécier ses chances qu'à estimer les risques inhérents à la réalité. Évidemment, personne ne peut se comporter ni toujours en adulte, ni dans toutes les circonstances de manière infantile et immature. Il existe certains degrés, des hauts et des bas entre ces deux excès, en fonction des nœuds, des blessures et des points sensibles de chacun, c'est-à-dire, en fin de compte, de la solidité ou de la fragilité de la petite fille ou du petit garçon en lui.

L'essentiel est de pouvoir prendre, chaque fois, conscience de l'influence de l'enfant intérieur, d'autant plus puissante qu'elle demeure invisible, refoulée dans l'inconscient. Qui parle en moi ? Ce n'est donc pas vraiment l'adulte qui souffre, confronté à des épreuves réelles, dans l'Ici et Maintenant, mais l'autre en lui, avec ses craintes d'antan.

Justement, rien ou presque ne justifie qu'Ida se trouve, à l'heure actuelle, à ce point torturée par des bouffées d'angoisse, d'abandon, de mort, d'irréalité, d'étrangeté et de folie. Celles-ci, apparues au lendemain d'une dispute somme toute banale avec son compagnon, ne font que ressusciter les cauchemars de la petite fille souffrant d'insécurité et d'inattention, perdue au milieu de la déchirure de ses parents. Je me demande d'ailleurs si la difficulté de ma patiente à se reconnaître et à se vivre comme une personne unifiée, unie, assemblée, soudée, entière, non divisée, non fendue, non scindée, ne renvoie pas à la scission entre ses géniteurs, échouant à faire véritablement couple ensemble. Comme si une moitié d'elle incarnait son père, et l'autre moitié, sa mère, sans conjonction possible.

J'ai choisi de parler d'Ida dans cette partie consacrée aux maltraitances bien qu'elle n'ait jamais personnellement souffert dans la réalité d'aucune brutalité, hormis les abus sexuels, certes très marquants. Elle n'a été ni battue, ni abandonnée, ni privée de nourriture. Elle a cependant été psychologiquement traumatisée dans la mesure où elle a assisté en tant que témoin impuissant, observateur désarmé, à la violence entre ses parents. Je me demande s'il n'est pas plus dommageable, en fin de compte, pour l'enfant de se retrouver spectateur passif que d'être la cible franche d'une agressivité. Dans ce dernier cas, la souffrance du sujet maltraité, du fait qu'elle peut être mise en lien avec des traumatismes clairement repérables, est bien plus supportable, plus gérable par le Moi que celle, indirecte, oblique, qui l'éclabousse par ricochet.

Ida souffrait parfois à tel point qu'elle devait, comme pour alléger le poids de sa peine, se dédoubler, quitter son corps, se propulser dans une autre enveloppe. Cependant, cette stratégie de fuite, loin de l'apaiser, accentuait paradoxalement ses angoisses d'inexistence et de morcellement. La conséquence la plus marquante de la maltraitance passive concerne l'embrasement de la culpabilité inconsciente de la victime innocente. Tout se passe en réalité comme si les violences auxquelles Ida avait assisté – ce verbe signifiant bien sûr « voir, remarquer », mais aussi « aider, participer » – étaient sa faute, soit parce que c'était elle qui les avait provoquées, soit parce qu'elle avait échoué à les prévenir, à les empêcher. Il lui incombe, dans tous les cas, la mission de réparer les dégâts pour se racheter.

Autrement dit, Ida est convaincue que si ses parents s'entredéchiraient, étaient malheureux et donc indisponibles pour lui prodiguer l'amour et la sécurité qu'elle réclamait, c'était en raison de sa mauvaiseté et de son indignité foncières. Il lui fallait donc demeurer une gentille fille pour les pacifier et notamment pour soigner sa mère, l'égayer, la rendre heureuse, afin qu'elle devienne ou redevienne capable de remplir son rôle maternel, celui consistant à dispenser de la nourriture affective. Ida s'est ainsi érigée en thérapeute, en mère aimante de sa mère, au sein d'une étrange et malsaine inversion générationnelle.

Je l'avoue cependant, l'hypothèse de la discorde entre les parents, bien qu'appropriée en raison de l'impact vénéneux des conflits sur l'esprit du jeune enfant, ne me paraissait qu'insuffisamment pertinente compte tenu de l'intensité apocalyptique des frayeurs d'Ida. Celles-ci paraissaient disproportionnées par rapport à la réalité, certes pénible, des tiraillements entre les parents. Tous les enfants ayant assisté aux disputes entre papa et maman ne souffrent pas nécessairement, à l'âge adulte, d'une âme en lambeaux, aspirée irrésistiblement par le tourbillon de la schizophrénie.

J'annonçai un jour à Ida mon intention de m'absenter deux semaines pour cause de vacances. Elle sembla effondrée, catastrophée, comme si j'allais l'abandonner en disparaissant à jamais de la surface de la terre. Ce n'était évidemment pas moi, en tant que personne, qu'elle ne supportait pas de voir s'éloigner. Je lui rappelais sans doute sa mère, qui avait tant de fois menacé de l'abandonner pour retourner en Espagne, dans son village des Pyrénées. Je crois surtout que toute séparation, même provisoire, ravivait ses angoisses de mort et de folie.

Quelquefois, les motifs profonds d'un problème ne se trouvent pas dans les aléas de l'histoire personnelle vécue par le sujet, mais dans ceux de sa mémoire transgénérationnelle, héritée et transmise par ses géniteurs. L'inconscient enfantin est connecté prioritairement aux enfants intérieurs de ses parents, à la petite fille et au petit garçon en eux, bien plus qu'aux personnes adultes qu'ils se montrent.

« Mon grand-père paternel s'est marié, en premières noces, avec une femme qui est décédée en couches en mettant au monde son cinquième enfant, à l'âge de 29 ans. Désemparé et perdu, il s'est mis en quête d'une autre femme capable de remplir les deux fonctions de bonne et de nourrice pour s'occuper de la maison et de ses cinq orphelins. Il l'a rapidement trouvée, avec le concours des voisins, et l'a épousée peu de temps après. Mon père est le premier enfant de ce second lit. Quand ma grand-mère fut enceinte de lui, elle décida de s'enfuir, la vie devenant impossible avec son mari, violent et alcoolique, torturé, comme mon père, par une jalousie maladive. Tout le village se mit alors à la rechercher pour la ramener au foyer, la suppliant de continuer à s'occuper des enfants et de mon grand-père, obsédé par le fantasme d'être trompé.

« Dans ce contexte, ma grand-mère s'interdisait non seulement de s'occuper d'elle-même, négligeant son apparence physique et vestimentaire, mais, de plus, elle s'enlaidissait délibérément afin de stopper les soupçons de son mari. Elle a néanmoins "pondu" cinq enfants, venant s'ajouter aux cinq précédents. Je l'ai bien connue, ma grand-mère. Elle était très gentille avec moi, sa première petite-fille. Elle me racontait parfois le calvaire qu'elle avait vécu si longtemps en compagnie d'un mari violent et soupçonneux, qui ne l'avait jamais regardée autrement qu'en tant que "bonne et pute", sans l'aimer vraiment pour ce qu'elle était.

« Quant à mes grands-parents maternels, ils ont eu

trois enfants. Ma grand-mère a accouché de ma mère en même temps qu'une cousine, la fille de sa tante. Cette cousine, en mettant au monde des jumelles, est décédée, emportant avec elle l'un des bébés. La survivante s'appelait justement Ida, comme moi. Son père se déclarant incapable de l'élever, la petite fille a été confiée à ma grand-mère. Les choses se sont ainsi trouvées complètement inversées, comme si c'était ma grand-mère qui venait d'accoucher de jumelles. Elle nourrissait ses "deux petites" au sein, s'en occupait et les aimait comme si elle les avait réellement enfantées. Lorsque ma mère et sa sœur de lait, sa "jumelle", ont eu 3 ans, son père, entre-temps remarié, a décidé de reprendre sa fille, de l'"arracher" plus exactement à ma grand-mère. Celle-ci et ma mère ont donc perdu brutalement, du jour au lendemain, l'une sa fille chérie et l'autre sa sœur "jumelle", avec qui elle avait vécu et grandi.

« Ma grand-mère, face à cette douleur, s'est déprimée. Elle pleurait tout le temps, suppliant sans cesse son mari d'aller récupérer "la petite", qui lui manquait et qu'elle adorait, peut-être même davantage que sa propre fille, ma mère. Mon grand-père s'exécutait parfois, par pitié. Il allait chercher pour la journée la petite Ida au village voisin, à 10 km de là, à pied, dans le froid glacial, enfoncé dans la neige, à travers les chemins sinueux de montagne. Ma grand-mère et ma mère ne pouvaient se sentir heureuses qu'en compagnie d'Ida, sans réussir à se séparer d'elle et à tourner la page. »

Nous comprenons mieux maintenant, grâce à la

découverte de ces nouveaux éléments, l'importance et la signification des angoisses de mort, d'abandon et de folie de ma patiente. Lorsqu'une souffrance dépasse un certain degré d'intensité, qu'elle devient obsédante, empêchant le sujet de rester debout et de continuer son existence, cela prouve qu'elle provient de loin, qu'elle est ancienne et qu'elle prend sa source dans l'histoire transgénérationnelle familiale. C'est sans doute ici que réside la différence de nature entre ces deux catégories d'affections psychiques nommées grossièrement « névroses » et « psychoses ».

Si les premières renvoient surtout aux vicissitudes d'une histoire existentielle, vécue personnellement par le sujet au sein du triangle familial, les secondes se rapportent davantage à des tourments non vécus et non conscientisés par lui, mais touchant à son héritage transgénérationnel et à sa filiation. Ainsi, Ida se trouve héritière, porteuse de la détresse et des inquiétudes de sa mère et de ses deux grand-mères, en plus des siennes propres. Elle est issue, du côté des deux branches, la maternelle et la paternelle, de femmes malmenées par le destin, déprimées, malheureuses. Quand elles ne meurent pas en couches ou ne perdent pas leur bébé, elles sont frappées dans leur chair par des époux alcooliques et violents les considérant comme des bonnes et des objets sexuels.

C'est peut-être essentiellement pour ces motifs qu'Ida avait froidement décidé, à 10 ans, avant même d'être en âge de procréer ou de savoir d'où viennent les enfants, qu'elle n'aurait pas de bébés. Il est difficile pour une femme qui n'a pas enfanté, quel qu'en soit le motif, de se sentir vivante, pleine et entière. L'énergie vitale se bloque, se fane et se déprime, empêchée de parcourir de façon fluide les divers paliers de l'existence. Toute semence non fécondée, toute vie non advenue se transforme en fantôme persécuteur. C'est également pour ces raisons, sans doute, qu'Ida ne s'autorise pas aujourd'hui à mener une vie amoureuse et sexuelle heureuse avec son compagnon, par solidarité et culpabilité envers ses ascendants, du fait aussi certainement qu'elle a été abîmée sexuellement dans son enfance.

Voilà enfin pourquoi elle a accepté de perdre dix ans de sa vie en jouant un rôle de geisha auprès d'un homme abusant de sa naïveté, tout en refusant d'aimer celui qui la désire à l'heure actuelle en lui proposant de s'engager avec elle. Je te suis, tu me fuis, je te fuis, tu me suis !

Certes, Ida ne demande pas mieux, du point de vue conscient, que de s'unir avec un homme dans l'amour et la complicité. Cependant, à l'image des enfants maltraités, affectés par la DIP et la culpabilité, elle s'interdit d'être heureuse en raison de sa conviction inconsciente d'être mauvaise et non méritante. Elle recherche ainsi sans cesse ce qu'au fond elle ne se donne pas le droit de prendre, rejetant avec force ce à quoi elle aspire en même temps si intensément.

Je crois cependant que, si Ida souffre à ce point de certaines préoccupations pouvant nous sembler de prime abord vagues et abstraites – « Je ne sais pas qui je suis, je ne suis pas moi-même, mon corps n'est pas le mien, je ne me sens pas incarnée, j'ai peur de devenir folle et de mourir, ma main se détache, restant collée au bout de bois, etc. » -, c'est parce qu'elle se trouve en quelque sorte *contagiée* par la mort, plus exactement par les morts enkystés en elle. Il y a eu, en premier lieu, avant même sa venue au monde, le décès en couches d'un bébé et de sa mère. Tout se passe comme si ma patiente était, aujourd'hui encore, hantée par ces deux êtres prématurément et injustement fauchés par le destin, et donc transformés en fantômes, l'ayant élue comme sépulture. Ida a souffert ensuite du suicide de son oncle, avant celui de son père, l'un comme l'autre se conduisant en bébés immatures, cramponnés à leur épouse, obsédés et rongés par le fantasme abandonnique d'être trompés. Rien n'est plus traumatisant que le suicide d'un proche. L'entourage se trouve alors face à un deuil indigeste, impossible, en raison de l'embrasement de la culpabilité, de la certitude illogique et absurde de n'avoir pas tenté tout ce qui était possible pour empêcher ce drame, voire d'en avoir été à l'origine. Le suicidé anéantit ses proches plutôt qu'il ne disparaît lui-même.

Enfin, les angoisses d'Ida, l'empêchant de s'investir dans le présent, proviennent de sa séquestration dans le passé, du fait qu'elle n'est pas elle-même, psychiquement autonome, individuée, séparée et différenciée de sa mère. Elle a pour mission inconsciente d'incarner la moitié, la sœur « jumelle » ou « de lait » de sa mère, dont elle porte le prénom, dans un contexte de dépendance fusionnelle. Prise pour l'autre, elle est empêchée d'assumer son identité propre et de s'envoler de ses propres ailes, en artisan de son désir et de sa destinée.

Non seulement elle ne se donne pas le droit de quitter sa mère malheureuse, se sentant coupable de l'abandonner, mais elle se doit de plus, en tant qu'enfant thérapeute, de remplacer la petite Ida pour combler le manque de sa mère. Celle-ci a nommé sa fille Ida justement pour l'offrir à sa propre mère en remplacement de la vraie, pour la consoler à son tour d'une déchirure non cicatrisée. Chaque génération s'évertue et s'épuise, se sacrifie en quelque sorte, à panser les blessures, à combler les manques, à payer les fautes et à rembourser les dettes de celle qui l'a précédée, au lieu d'utiliser son énergie vitale à accomplir sa destinée. Toutes les souffrances s'originent dans des désordres de places symboliques et de fonctions, dans la confusion des identités et des désirs.

Comment dénouer les nœuds maintenant ? Comment assainir ce dysfonctionnement familial, en introduisant de l'ordre dans les rôles afin qu'Ida réussisse à se dégager de l'emprise du fantôme ? Comment exorciser celui-ci pour que ma patiente devienne enfin elle-même, différenciée du désir maternel, qui la confond avec une autre, sa sœur jumelle ou de lait ? Comment alléger, un tant soit peu, le poids de la culpabilité de la victime innocente pour qu'Ida cesse de se croire fautive, pour et à la place des autres, des violences dont elle a été témoin, en toute impuissance ? Comment rendre à César ce qui appartient à César ?

Une certaine lecture de la théorie de la résilience, peut-être imparfaitement transmise ou mal assimilée, laisserait croire que, en raison de la plasticité de l'âme enfantine, l'enfant maltraité conserve *la capacité à réussir, à vivre et à se développer positivement de manière socialement acceptable en dépit du stress ou d'une adversité qui comporte normalement le risque grave d'une issue négative.*

Cette théorie insiste de même sur la possibilité pour la jeune victime de *s'en sortir, grâce à l'espoir et à l'optimisme, de métamorphoser l'horreur et la souffrance en art, de rebondir, de triompher des épreuves, une victoire étant toujours plus forte que le désespoir.*

Les « résilients » se voient ainsi présentés comme les nouveaux héros des temps modernes, immunisés, vaccinés en quelque sorte définitivement contre les contrariétés de l'existence, future et présente. Chaque époque a besoin de mythes et de dieux, qu'elle sécrète suivant les modes du moment. Curieusement, les deux plus illustres exemples de résilients, les deux « supermen » de la résilience, ont fini par se suicider : l'écrivain Primo Levi en 1987, et le psychanalyste Bruno Bettelheim en 1990, en s'étouffant dans un vulgaire sac-poubelle en plastique. L'horreur de l'internement dans les camps de concentration nazis, l'écrasante culpabilité de la victime innocente d'avoir été l'objet de violences, un moment assoupies, ont dû brusquement se réactiver, les faisant imploser.

Le succès de cette vision un peu simpliste du psychisme, paraissant floue et contradictoire, repose essentiellement sur sa forte tonalité émotionnelle et positive. Elle s'adresse ingénieusement à la pensée magique de l'enfant intérieur, à son souhait impatient de voir tous les tracas et obstacles se volatiliser comme par enchantement. Elle cherche à court-circuiter l'esprit critique, les capacités rationnelles de réflexion et de discernement de l'adulte. Passant outre les complexités de l'inconscient, elle titille l'illusion d'un avenir ouvert, non figé, non hypothéqué par le passé familial, surtout transgénérationnel, considéré comme révolu ou maîtrisable.

De nos jours, on est contraint de se montrer optimiste et positif pour plaire, rassurant et léger pour séduire, d'affirmer que tout est rectifiable et perfectible, que rien n'est irréversible ou grave. La censure et le délit d'opinion n'ont pas vraiment disparu du champ culturel et idéologique moderne. Ils sont simplement devenus plus sournois et invisibles, ce qui redouble leur intensité et leur emprise. Derrière la façade libérale et tolérante, voire parfois libertaire, de la culture actuelle, encensant la liberté de tout penser et de tout exprimer, certaines idées susceptibles de déranger l'harmonie factice du « prêt-à-penser positif », consensuel et politiquement correct se trouvent instantanément écartées, frappées d'anathème.

L'illusion apaisante selon laquelle « rien n'est joué et tout pourra se rattraper, grâce à l'optimisme et à l'espérance », ne constitue au fond qu'un baume temporairement antidépressif et anxiolytique. Elle a pour fonction de contrebalancer les inquiétudes et le désespoir du sujet, son impuissance réelle à maîtriser, pour le modifier, le cours de son existence, en calquant la réalité sur ses rêves. Cependant, les vertus anesthésiantes et soporifiques provisoires de la démarche « positiviste », forcée et artificielle, « marketinguement » confectionnée, comportent l'inconvénient majeur de déposséder le sujet de lui-même, en le détournant à long terme du face-à-face avec son intériorité. Elles l'empêchent ainsi de rencontrer et d'écouter l'enfant en lui, prisonnier du fantôme, pour le délivrer.

Curieusement, plus l'existence devient difficile et complexe, sur les plans aussi bien matériel et psychologique que relationnel, plus les discours lénifiants, se voulant commercialement « optimistes » et « positifs », prolifèrent comme des champignons, jouant sur l'aspiration enfantine à jouir avec insouciance du temps présent. Cela se comprend, d'une certaine façon, dans la mesure où plus la dépression gagne du terrain, plus l'excitation dionysiaque, comme mécanisme de défense, redouble d'intensité.

Le discours social, je l'ai déjà souligné, a justement pour fonction, en célébrant tapageusement une valeur, de camoufler et de compenser sa pénurie de fait. On n'exalte en effet jamais autant l'amour du prochain, la solidarité et l'altruisme que lorsque l'individualisme et l'indifférence égoïste se propagent cancéreusement.

Je reste convaincu pour ma part que l'enfant, victime directe ou indirecte de la maltraitance, ne devient pas automatiquement et définitivement « résilient ». S'il poursuit, en effet, sa croissance libidinale, la vie demeurant sans conteste plus forte que la mort, il risque, notamment à l'âge adulte, confronté aux chocs et aux épreuves de l'existence, porteurs du même sens que les blessures qu'il a subies naguère, de rechuter dans les affres de son Ailleurs et Avant. C'est précisément ce qui est arrivé à Ida.

L'un des progrès les plus notables chez ma patiente, au cours de sa psychothérapie, est qu'elle est devenue un peu plus patiente, justement, prenant conscience de ses réflexes automatiques et involontaires de crispation et de lutte dès que la moindre contrariété surgissait dans l'horizon de son intériorité. « Longtemps je me suis épuisée à me débarrasser de mon histoire, à me dépêtrer de ma famille, à laquelle je n'ai d'ailleurs jamais eu envie d'appartenir. Je ressentais beaucoup de colère contre mes parents, contre mes amis aussi, contre moi-même sans doute, en définitive. D'un côté je refusais la vie et les choses comme elles étaient, tout en me croyant, de l'autre, inapte à les modifier comme je l'aurais souhaité – par exemple, souder le couple de mes parents pour rendre ma mère heureuse. Je n'ai pas cessé, durant des années, de consulter une multitude de spécialistes, les implorant de me sauver. Je cherchais des recettes, des réponses, des solutions magiques et des remèdes miracle partout où l'on me conseillait de m'orienter. Je réalise maintenant que c'était parce que je n'avais aucune confiance en moi-même, que j'étais paumée, vide, dépendante des autres, et que la guérison, le salut ne pouvait venir que de l'extérieur. Je me croyais nulle, incapable, mauvaise. Mon compagnon m'appelait, en se moquant gentiment, "mille-pattes", tellement je courais partout, à gauche et à droite. Je me rendais pourtant parfois compte que cette agitation désordonnée me dépossédait encore davantage de mon être profond. Je ressentais aussi, comme une lueur pâle, qu'au fond j'étais devenue « accro » à ma souffrance. Elle était devenue au fil du temps comme une drogue, et j'en jouissais d'une certaine façon. Souffrir signifiait que j'existais encore, que je n'étais pas morte ni devenue folle ! »

Plus on lutte contre le fantôme, plus il séquestre, en le prenant en otage, l'enfant intérieur, empêchant l'adulte d'être lui-même, dans son rôle et sa place, libre, dégagé du passé familial. Ce n'est jamais la réalité, quels que soient par ailleurs sa gravité et son poids, qui a le dernier mot. Ce qui entrave le libre épanouissement de l'énergie vitale dans le présent, lui interdisant de circuler de façon fluide à travers les divers pans de l'identité plurielle, n'est point relatif à la sévérité des blessures du passé ou des maltraitances subies, mais à leur ignorance, à leur refoulement, et plus encore au combat aveugle engagé contre elles pour s'en débarrasser, les effacer. « Pour gagner, il faut cesser de vaincre », disait Bouddha.

L'enfant intérieur ne demande qu'à être accueilli et écouté. C'est la seule manière pour lui de se dégager, grâce à la sécurité retrouvée, de l'emprise du fantôme, apaisant par là même l'adulte qui en constitue la sépulture.

9
RÉCONCILIATIONS

OLIVIER

Olivier vient tout juste de fêter ses 50 ans. Il est grand et plutôt bel homme. Il paraît cependant de prime abord tendu, a l'air assez contrarié, mécontent peut-être que je ne l'aie pas reçu à la minute exacte de notre rendez-vous.

Impatient, il m'expose sans préambule, soucieux certainement de ne pas perdre davantage de temps, le motif de la consultation : « Il y a deux ans et demi, j'ai eu, en partant en vacances avec ma femme et sa fille, un grave accident de voiture. J'ai heurté de plein fouet un petit garçon de 10 ans qui traversait inopinément la route pour rejoindre ses parents l'attendant sur le trottoir d'en face. Je ne comprends pas ce qui s'est passé. Je n'avais pourtant pas bu et je ne dépassais pas du tout la vitesse réglementaire. En tout cas, je ne l'ai absolument pas vu surgir de la chaussée. Il a heurté le pare-brise, qui a éclaté. Il est décédé pratiquement sur-le-champ, avant même l'arrivée, pourtant très rapide, des pompiers. J'étais complètement sidéré, prostré, restant sans réaction, comme pétrifié, au milieu d'une intense agitation ainsi que des hurlements de ma femme et des parents du petit garçon.

« Depuis, je n'ose plus conduire. Ma vie s'est figée. J'ai perdu totalement confiance en moi, ainsi que le goût et l'envie de tout ce qui jusque-là m'intéressait, travailler, sortir, faire du sport, voyager, etc. Je ne profite plus de rien. Je tourne en rond. Je me traîne avec une plaie béante. Je n'arrive plus à assumer ma vie, à tourner la page. J'ai consulté plein de psys. Ils m'ont tous répété, sous une forme ou une autre, comme mes amis et ma famille d'ailleurs, que je ne suis pas responsable de cet accident malheureux et que, par conséquent, je ne dois pas me culpabiliser outre mesure. Cependant, je me sens incompris. Les discours rassurants des autres ne me font aucun bien. Au contraire, au lieu de m'apaiser, ils m'enfoncent davantage dans une infernale spirale. L'enquête de la gendarmerie et le jugement du tribunal m'ont également tout à fait innocenté, sans pourtant réussir à me soulager. J'aurais préféré, quelque part, être sévèrement condamné, je crois. Cela m'aurait permis, sans doute, de me racheter.

« En ce moment, je reste de plus en plus souvent couché chez moi, enfermé dans mon cafard, avec des idées plus que noires. Récemment, j'ai rédigé mon testament. Devenu hyper-sensible, je pleure pour des bagatelles, comme un petit garçon, comme une petite fille, je veux dire. À bout de souffle, je ne me sens plus apte à rien, en définitive. Je ne me reconnais pas, les autres non plus, eux qui me croyaient invulnérable jusque-là, tel un colosse. Je me trouve idiot. Je retourne régulièrement sur les lieux du drame, repassant en boucle dans ma tête la scène de l'accident. Ma vie a totalement basculé en une poignée de secondes, sur le chemin des vacances. Le paradis promis s'est transformé du coup en cauchemar. Dès le lendemain, j'ai tenté de me ressaisir, de rebondir. J'ai cherché à me persuader de mon innocence, confirmée sans ambiguïté par le procès-verbal de la gendarmerie. Je me forçais à vivre, à m'amuser et à travailler, luttant de toutes mes forces pour ne pas perdre pied et sombrer. Je voulais redémarrer ma vie le plus rapidement possible, comme si rien n'était arrivé. J'étais vraiment pressé d'en finir. Je tenais à m'en sortir seul, sans l'aide de personne. Je cherchais des réponses rapides, des solutions immédiates pour que ma vie redevienne comme avant, sans problèmes.

« Mais, à peine quelques mois plus tard, tout mon univers s'est écroulé. J'avais trop forcé. J'ai dû tout arrêter, ou plus exactement tout s'est bloqué, suspendu, sans que je puisse rien contrôler ni décider. Je me suis désintéressé de tout ce qui jusque-là avait de l'importance pour moi et donnait sens à ma vie. Il me restait néanmoins encore assez d'énergie pour liquider mes affaires. J'ai décidé de vendre, de brader plutôt, à la surprise et à la désapprobation des miens, les entreprises que j'avais mis plus de vingt-cinq ans à créer et à développer. Le monde que j'avais construit à force de persévérance et de combativité, pierre après pierre, s'est éboulé.

« Aujourd'hui, plus rien ne réussit à me dérider, ni le pouvoir, ni l'argent, ni les voyages, ni les bagnoles, rien ! Me voilà semblable à un légume. Auparavant, c'était moi qui maîtrisais les choses et dirigeais les autres. Maintenant, ce sont les autres qui s'occupent de moi. Je n'accepte pas cela. Ça me révolte. Je n'ai pas l'habitude qu'on s'apitoie sur moi et qu'on me plaigne. J'ai toujours aspiré à ce qu'on soit fier de moi et qu'on cherche à me ressembler. Je refuse aussi l'idée que cet accident me soit arrivé à moi, que ce soit tombé sur ma voiture précisément et non pas sur celle de quelqu'un d'autre. Je ne veux pas être le bonhomme qui a tué ce gamin. J'ai honte d'avoir été incapable d'éviter ce drame. Je m'en veux aussi d'être impuissant aujourd'hui à tourner la page.

« J'en ai marre enfin d'être un poids pour mon entourage, notamment pour ma femme, qui ne sait plus comment se situer et se comporter face à moi. Avant, j'étais comme un père pour elle, protecteur et invulnérable. Maintenant, elle me prend pour un petit garçon à materner, ou un vieillard à assister, je ne sais pas. C'est elle qui était sous ma coupe, et à l'heure actuelle c'est l'inverse. Elle s'émancipe et me domine de loin. Depuis deux ans et demi, elle me porte à bout de bras. Je ne la croyais pas si forte. Nos rapports se sont donc totalement inversés. Je ne peux plus lui faire l'amour et cela me chagrine beaucoup. Comment m'en sortir et trouver un avenir ? Disparaître ou partir ailleurs, loin, pour tout recommencer à zéro ? Oublier tout ? Mais c'est plus facile à dire qu'à faire. Je ne sais plus. »

Je suis naturellement ému à l'écoute de ce discours pathétique, malgré mon effort et ma volonté de respecter scrupuleusement la règle d'or de la neutralité bienveillante : écouter et comprendre en professionnel de l'âme, dans ma fonction d'analyste, sans me laisser troubler par ma sensibilité et mes émotions d'être humain. Il me semble évidemment tout à fait normal, parfaitement sain, que mon patient soit troublé, déstabilisé et malheureux après un tel drame, qu'il ressente une culpabilité pour avoir tué un enfant, même si d'un point de vue strictement judiciaire il n'y est pour rien. Le contraire, à savoir l'absence, la pâleur ou la brièveté de la douleur morale, m'aurait paru bien plus choquant.

Cependant, je trouve étrange que la « plaie » d'Olivier continue à saigner, demeurant encore aujourd'hui, deux ans et demi après l'accident, « béante », non cicatrisée, comme si la tragédie s'était produite la veille. Il me paraît significatif que l'existence tout entière de mon patient, chef d'entreprise combatif et talentueux, ait sombré si massivement dans le délabrement et l'obscurité. J'en déduis – de façon logique face à ce tableau dépressif – qu'au fond Olivier est décédé lui aussi dans cet accident, en même temps que le garçonnet de 10 ans. Comme si celui-ci, transformé aussitôt en fantôme vengeur, entraînait son meurtrier avec lui dans l'autre monde ou le néant. Il n'y eut donc pas ce jour-là un seul mort gisant sur l'asphalte, mais bien deux personnes, la victime et son meurtrier involontaire. Mais pourquoi ? Que s'est-il passé ? Pour quels motifs la dépressivité naturelle, ce tragique de l'existence pourtant salutaire, s'est-elle muée en dépression carabinée chez Olivier ? Comme toujours, le sens de ce qui pose problème dans l'Ici et Maintenant est à rechercher dans l'Ailleurs et Avant. Le traumatisme seul du facteur déclencheur, quelle que soit sa sévérité, ne suffit pas à expliquer l'état psychologique actuel d'Olivier.

Voici les grandes lignes de son histoire : « Je suis un enfant unique. J'ignore totalement pourquoi. J'ai posé une fois la question à mes parents. Ils m'ont répondu que c'était "comme ça", c'est-à-dire qu'ils auraient peut-être bien voulu en avoir un autre, mais que cela n'avait pas été possible. Pour ce motif, ils me donnaient beaucoup d'affection. J'étais vraiment très gâté, trop peut-être parfois. Je ne manquais de rien. Cependant je m'ennuyais beaucoup. Je me trouvais souvent seul à la maison. Mes parents étaient pas mal engagés, en plus de leur travail, dans des activités politiques et syndicales.

« Dans ces conditions, j'étais pressé de grandir pour pouvoir m'en aller de chez moi. J'ai passé une adolescence assez monotone avec mes parents, leur générosité et l'abondance de cadeaux ne parvenant pas à contrebalancer l'ennui que je ressentais dans l'exiguïté de notre cercle familial. Lorsqu'ils ne travaillaient pas ou n'étaient pas pris par des réunions, ce qui n'arrivait pas bien souvent, nous restions à la maison. Ils ne sortaient pas beaucoup. Ils ne recevaient pas souvent des amis. De plus, nous avions peu de famille, d'oncles, de tantes, de cousins et de cousines. J'avais parfois l'impression d'étouffer. Enfin, ils ne me permettaient pas de fréquenter mes copains en dehors des heures d'école ni en leur absence. Je ne devais pas non plus les recevoir à la maison.

« À 10-11 ans, un dimanche, en allant nous promener dans la campagne environnante, nous avons eu un accident. Mon père, passant au feu orange, a heurté une voiture débouchant sur sa droite. Personne n'a été blessé, à part quelques petites égratignures. Mais nous avons été, surtout moi et ma mère, très choqués. Ensuite, plusieurs semaines durant, j'ai fait des cauchemars qui me réveillaient en sursaut.

« Vers 16 ans, j'ai décidé d'interrompre mes études pour me mettre à travailler. J'étais vraiment impatient d'en finir avec cette existence monotone et étriquée, de m'épanouir en toute liberté. Je ne voulais plus dépendre que de moi-même. Ce changement capital eut des effets très bénéfiques sur moi. Il transforma rapidement mon existence. J'avais trouvé dans le travail, d'abord en tant qu'employé, plus tard dans les affaires, un excitant, un stimulant qui jusque-là me manquait. Je suis devenu fonceur, combatif et entreprenant. Je me suis mis rapidement à mon compte. J'adorais gagner de l'argent et en dépenser. Comme un médicament, cela me procurait un sentiment de force et de supériorité par rapport aux copains, un étrange bien-être. À 19 ans, j'ai réussi à m'acheter ma première voiture. Celle-ci contribuait beaucoup à l'époque à élargir le cercle de ses connaissances, à montrer qu'on était devenu quelqu'un. Elle aidait aussi à séduire les filles.

« Un dimanche, tiens, je n'y pensais plus, j'ai eu un accident de voiture en compagnie de la fille avec laquelle je sortais à ce moment-là. Sous le choc, elle a été blessée, bien que légèrement, en plusieurs endroits, notamment au visage. La pauvre a dû subir de nombreuses opérations de chirurgie esthétique. À 20 ans, j'ai décidé de l'épouser, pas vraiment par amour mais plutôt par devoir, pour apaiser ma culpabilité, puisque c'était ma faute si elle avait été un peu défigurée. Par contre, elle m'a épousé par amour. Nous avons vécu une dizaine d'années ensemble. Nous n'avons pas eu d'enfants. Je ne sais pas pourquoi. Tous les examens médicaux et les tests de laboratoire se sont révélés négatifs. Notre vie de couple est devenue, peut-être pour cette raison, monotone, grignotée par l'ennui, fade. Nous ne trouvions plus grand-chose à nous dire, ni centre d'intérêt commun, ni vraie complicité. Tout en continuant à vivre sous le même toit, nous avons décidé alors, d'un commun accord, que chacun pourrait mener librement de son côté la vie sentimentale et sexuelle qui lui plairait, avec le partenaire de son choix. Trois mois plus tard, elle était enceinte, j'ignore de qui, de moi ou d'un autre, elle n'a jamais souhaité me l'avouer. Je n'ai pas montré de curiosité. J'ai néanmoins proposé de donner mon nom au bébé. Peu après, nous nous sommes séparés. Mon fils a été confié à ses grands-parents maternels. Je ne m'en suis jamais vraiment occupé. Je compensais mon absence en le gâtant de temps à autre, sans forcément le revoir, par des cadeaux et de l'argent.

« Après le divorce, je suis resté deux, trois ans célibataire. C'était une période faste pour moi. J'étais jeune, dynamique et riche, avec pas mal de succès auprès des femmes. Je m'amusais comme un fou. Tout me réussissait. La vie me souriait. Rien ni personne ne me résistait dans les affaires. Ensuite, ayant décidé de m'assagir et de me stabiliser, j'ai épousé ma femme actuelle. Elle avait à peine 18 ans à l'époque et moi 36, deux fois plus qu'elle. Elle venait d'accoucher d'une petite fille et avait été plaquée par son copain, le père de son enfant. Je les ai prises sous ma protection en leur donnant mon nom. C'est peut-être ça ! J'aime dominer les gens et maîtriser les événements, en réalité. Je déteste que quelque chose ou quelqu'un m'échappe. Justement, depuis l'accident, mes rapports avec mon épouse se sont totalement inversés. Avant, j'étais son mentor. Maintenant, c'est elle qui porte la culotte, qui me domine et me commande. »

On comprend mieux maintenant pourquoi, deux ans et demi après le drame, la souffrance morale d'Olivier, au lieu de s'apaiser progressivement avec le temps, s'est au contraire intensifiée, obscurcissant la totalité des pans de son existence. En premier lieu, cet accident de voiture malheureux a fait remonter à la surface de sa mémoire, en les ravivant, deux autres traumatismes anciens importants, l'un à 10-11 ans, dans la voiture de son père, l'autre à 20 ans, alors qu'il était lui-même au volant en compagnie de sa jeune petite amie. Il a ensuite décidé d'épouser celle-ci, poussé par la culpabilité de l'avoir défigurée.

Nous découvrons de plus dans son roman familial un autre thème capital, pour l'instant assez vague, qui tourne autour de la procréation, de la fécondité et de la filiation. Tous les enfants qu'évoque Olivier sont soit uniques, comme lui-même en raison de la fertilité limitée de ses parents, soit conçus par d'autres hommes que lui. Le premier, celui de son ex-épouse, et le second, celui de sa femme actuelle, proviennent d'hommes, rapidement éclipsés d'ailleurs, n'ayant jamais occupé leur place ni assumé leur fonction de père. En outre, d'une façon générale, aucun père ne s'occupe de son enfant, à commencer par celui d'Olivier, physiquement et psychologiquement peu présent.

Ainsi, mon patient, bien que père à deux reprises grâce aux deux enfants qu'il a reconnus et à qui il a offert son patronyme, n'a jamais été père en réalité. Il n'a donc pas réussi à donner la vie, à la transmettre en fécondant les deux femmes importantes avec qui il a vécu et vis-à-vis desquelles il prétend curieusement avoir joué un rôle de « père » protecteur.

Voyons comment ce thème de la fécondité et de la filiation apparaît au sein de la famille élargie d'Olivier, c'est-à-dire au niveau de ses aïeux, ainsi qu'à celui de son épouse actuelle : « Je ne connais pas grand-chose de mes ancêtres. Nous n'en parlions pratiquement jamais à la maison. Mes grands-parents, aussi bien maternels que paternels, sont nés, morts et enterrés en Pologne. Je ne les ai donc jamais connus ni n'ai jamais entendu parler d'eux. Mes parents sont arrivés en France, sans se connaître auparavant, chacun de son côté, vers l'âge de 20 ans, après la Seconde Guerre mondiale. Ils se sont connus et épousés environ cinq ans plus tard. Moi je suis né en 1957, sept années après leur mariage. Ils n'ont pas réussi à avoir d'autres enfants. Ils n'ont, en tout cas, rien tenté pour cela. Ma mère m'a raconté une fois que ses parents avaient eu un fils qui est décédé de maladie infantile vers

9-10 ans. Ils ont alors décidé de divorcer, je ne sais pour quel motif. Elle est issue du second mariage de sa mère. Elle aussi était enfant unique, comme moi. En ce qui concerne mes grands-parents paternels, ils ont eu trois enfants, mais ont perdu une fille, la petite dernière. Il ne restait donc plus que mon père et ma tante. Celle-ci a perdu également son fils unique, à 20 ans, en Algérie.

« Ma femme aussi est enfant unique. C'est seulement maintenant, en vous racontant mon histoire, que je me rends compte de ces répétitions constantes. Je ne les avais pas repérées jusqu'ici. Ma femme n'a, de plus, pas connu son père. Conçue, paraît-il, "par accident", au cours d'une aventure sentimentale aussi passionnée qu'éphémère, par une mère âgée de 18 ans à peine, instable et sans emploi, elle a été abandonnée à sa naissance, avant d'être récupérée par ses grands-parents maternels. Lorsque je l'ai connue, elle venait d'accoucher d'une petite fille, elle aussi à 18 ans, exactement comme sa mère, sans compagnon ni travail. La petite a failli mourir pendant l'accouchement au forceps. Elle a passé plus de trois jours en réanimation. Ma femme était donc ravie que je l'épouse. Je lui offrais non seulement un statut de femme mariée, mais, de plus, je reconnaissais sa fille, dont personne ne voulait, en lui donnant mon nom, comme si elle était la mienne. J'étais content de pouvoir leur apporter une situation matérielle sécurisante. Je suis devenu, pour toutes les deux, le père qui leur avait manqué. Nous n'avons pas eu d'enfants ensemble. J'ignore pourquoi. On n'a pourtant rien fait pour ne pas en avoir.

C'est comme cela ! Ma femme a sans doute préféré s'investir davantage dans sa réussite professionnelle. Une nouvelle grossesse et un autre enfant l'auraient, sur ce plan, handicapée. Elle ne tenait pas non plus à revivre tout ce qu'elle avait subi lors de son premier accouchement. »

Je trouve ces répétitions, ces récidives, ces éternels recommencements sous l'emprise du fantôme inconscient assez extraordinaires et poignants. On repère très fréquemment dans ce roman familial le même schéma de l'enfant unique (Olivier lui-même, « son » fils, sa mère, sa tante, sa femme actuelle, l'enfant de celle-ci, etc.). Il y est également très souvent question non seulement de non-vie, c'est-à-dire de non-naissances, de l'infertilité des ventres, mais aussi de mort d'enfant, inattendue et précoce, ou de son risque, suspendu au-dessus des têtes telle l'épée de Damoclès. On y trouve enfin des abandons, par des mères et des pères immatures.

Ce qui caractérise, en un mot, l'existence d'Olivier depuis son enfance est précisément relatif à cette absence de vie, à ce manque de vitalité, à cette pauvreté de l'énergie vitale, de la libido. L'accident de voiture deux ans et demi plus tôt, se concrétisant par le décès d'un enfant de 10 ans, a été ressenti d'autant plus dramatiquement qu'il a dû réveiller et révéler cette non-vie, cette infécondité biologique et psychologique frappant mon patient.

Tout d'abord, son enfance est dépeinte par lui comme une période terne, ennuyeuse, triste. Bien que « gâté », il se sentait seul et isolé, privé de la présence chaleureuse de ses parents, de l'animation des fêtes de famille, ainsi que des rigolades avec les copains. Olivier était pressé, dit-il, de quitter ce monde, ce « cercle exigu et étouffant », pour pouvoir s'épanouir et se sentir vivant. Il n'a, d'une certaine façon, pas vécu son enfance, enfance blanche, avec légèreté et insouciance.

D'ailleurs, ce qui m'a toujours frappé chez lui concerne l'absence quasi totale de souvenirs relatifs à cette période, pourtant si riche et si mouvementée dans l'existence de chacun. Il ne se souvient pas de « grand-chose », dit-il, comme s'il avait été absent ou qu'il assistait passivement, et de loin, à un spectacle inintéressant, qui ne le concernait pas vraiment. Il ne s'agit à l'évidence nullement d'un quelconque trouble de la mémoire, mais de blancs, de pages non écrites, d'événements non fixés, d'une mémoire affective non intériorisée, n'ayant laissé que très peu d'empreintes, de traces. Le garçonnet de 10 ans gisant inanimé sur l'asphalte fait découvrir, en le ressuscitant, l'enfant inanimé chez Olivier, l'inanimation de son enfance, transformée en fantôme à l'âge de 10 ans. Cette non-vie intérieure se reflète de manière encore plus claire sur deux autres pans de son identité plurielle, la vie émotionnelle et la paternité.

En ce qui concerne la première, mon patient a éprouvé, durant des années, de sérieuses difficultés à ressentir et à exprimer ses émotions, hormis la culpabilité. Je ne l'ai par exemple jamais entendu évoquer le moindre sentiment de tendresse à l'égard de ses proches. Il ne m'a jamais dit : « j'aime » ou « j'aimais » mes parents, tel professeur, tel ami, mon ex-femme, mon épouse actuelle, « mon fils », « ma fille ». Il expose en revanche plus volontiers l'affection des autres à son endroit, comme dans le but de combler une béance narcissique : « Moi, je me suis marié par devoir. Elle était si heureuse, par contre, de m'épouser par amour. » Tout ce qui intéresse, préoccupe, voire obsède Olivier, et qui devient en définitive le domaine unique où il investit sa libido, concerne la problématique de domination, de pouvoir, de possession, même et surtout dans ses relations amoureuses et sentimentales, si l'on peut dire, avec les femmes, qu'il s'évertue à conquérir, pour les sauver ensuite tel un père, sans parvenir à les aimer tout simplement d'égal à égale, en tant qu'homme. Il veut qu'on l'admire, qu'on l'imite et qu'on le prenne pour un modèle de réussite.

Voilà précisément pourquoi il a tant de mal à accepter de faillir, d'échouer, d'avoir été impuissant à empêcher l'accident hier et de se voir incapable de tourner la page aujourd'hui, rapidement et tout seul, sans l'aide de quiconque. Il est impérieusement vital pour lui d'exercer un contrôle parfait et d'avoir une maîtrise absolue des choses et des êtres.

L'accident de voiture, le décès du petit piéton ont donc ravivé, embrasé une vie émotionnelle jusque-là étouffée, éteinte. Un volcan endormi s'éveille, un barrage en béton armé se lézarde, envahissant l'esprit d'Olivier contenu, endigué, désertiquement rude et sec, non accoutumé à dire ce qu'il ressent ni à ressentir ce qu'il dit. C'est le motif pour lequel il se met à pleurer aujourd'hui « pour des bagatelles, comme une petite fille ».

Le second vide, emplissant paradoxalement, telle une toile d'araignée, son espace vital, renvoie à sa paternité blanche, non vécue, aux femmes qu'il n'a pas fécondées, aux enfants qu'il n'a pas conçus, à ceux qui portent son nom mais qui ne sont point de lui. C'est naturellement en raison de l'existence de cette mort dans l'âme, si l'on peut dire, que l'accident de voiture s'est trouvé à ce point, outre mesure, hyperbolisé, rendant désormais chez Olivier, depuis deux ans et demi, toute forme de vie et de désir impossible, inconcevable, interdite.

Vers 17 ans, évadé de son enfance tel un prisonnier condamné à perpétuité et sombrant dans un excès puis dans l'autre, de l'extinction à l'exultation libidinale, il s'est épuisé à exister, à « devenir quelqu'un » par le biais de la réussite sociale. Il s'est ainsi forgé un masque, une carapace, sacrifiant tous les autres visages de son identité plurielle, notamment la paternité. Ce déchaînement était sans doute nécessaire, inévitable pour l'aider à survivre en colmatant sa DIP. Cependant, il s'est métamorphosé par la suite en handicap, en obstacle, l'empêchant de grandir, de devenir adulte, soi, vrai. Si la carapace de la tortue la protège en la mettant à l'abri des agressions, elle l'empêche aussi de se déplacer rapidement et avec légèreté ! Plus on remplit le vide, plus il se transforme en un gouffre abyssal, aspirant le Moi tel un tourbillon. Il est impossible de solutionner un problème psychique interne par des passages à l'acte, actions tentées dans la réalité extérieure, concrète.

Justement, l'état d'Olivier, son moral, commença à

évoluer positivement dès qu'il put comprendre, en le ressentant, qu'au fond cette « volonté de s'en sortir », cette fureur ou détermination à survivre, qui était certes un moment mobilisateur, bénéfique et salvateur, jouait maintenant contre lui, à son détriment, l'enfonçant dans les sables mouvants au lieu de l'aider à se rétablir.

La volonté, dont la faiblesse ou le manque sert en Occident de dogme explicatif à tous les maux et errements, érigée et proposée par conséquent comme réponse et remède à toutes les épreuves de l'existence, constitue en vérité plutôt un obstacle à la compréhension de soi et à l'épanouissement de son intériorité. Elle fait avorter la rencontre avec l'enfant. Si le sujet va mal, c'est précisément parce qu'il a trop sollicité et trop actionné le frein de la volonté, du coup usée jusqu'à la corde, devenue inopérante et improductive. Cela signifie qu'il a, durant des années, livré un combat aveugle et sans merci contre lui-même, qu'il a refusé de s'écouter, qu'il s'est négligé et rigidifié, qu'il a fui et refoulé les émotions qui l'interpellaient. Cette attitude guerrière l'a, jour après jour, épuisé, tout en engraissant ses symptômes et sa souffrance, pour finir par le coincer dans le cul-de-sac où il se débat maintenant. Tout ce qui s'est trouvé évacué de la parole et de l'élaboration consciente se transforme en fantôme persécuteur. Plus on bloque sa capacité, saine et naturelle, de souffrance, plus celle-ci s'aiguise et s'éternise avec le temps. En outre, cela anesthésie la sensibilité affective tout entière, empêchant par ricochet de ressentir les autres émotions, qualifiées dans une optique manichéenne et binaire de « positives », la joie et les plaisirs. Il est illusoire de tenter de sérier ses affects en bons ou mauvais, en positifs ou négatifs, cherchant à repousser les seconds pour épouser les premiers. Autrement dit, la « volonté » fait taire l'enfant intérieur au lieu de permettre de l'accueillir, de le laisser s'exprimer et de l'écouter, pour se réconcilier avec lui dans la paix.

C'est aussi là un autre point capital qu'Olivier réussit à comprendre, à savoir que sa dépression actuelle, malgré ou grâce à la douleur qu'elle occasionne, lui rend service en définitive. Elle lui permet de découvrir le petit garçon souffrant en lui, de faire revivre son autre Moi, sa moitié, jusque-là délaissée.

Ce n'est pas le sujet qui guérit sa dépression, mais c'est celle-ci, inversement, qui exhorte l'individu à s'occuper de lui-même en retrouvant l'enfant intérieur égaré. L'accès à ce dernier est, chez la quasi-totalité de mes patients, malencontreusement souvent compromis en raison du poids et de la barrière de la sacro-sainte « volonté ».

Notre culture est fondée de façon un peu excessive sur le refus volontariste de la souffrance et, d'une façon générale, de tout ce qui nous contrarie, nous déplaît et nous dérange. Elle nous apprend et nous encourage donc, par l'entremise de nos parents en premier lieu, de nos maîtres d'école ensuite, puis par mille et un procédés de communication, d'influence plus exactement, à l'âge adulte, à cultiver en nous un double clivage. D'une part entre le dehors et le dedans, l'extérieur et l'intérieur, la réalité objective et nos émotions, afin de survaloriser les premiers et de dénigrer les seconds, présentés comme opposés et antinomiques aux autres. D'autre part entre les trois dimensions du temps, notamment le présent et le passé, en cherchant à nous convaincre que seul le premier compte, est vrai, valable et digne d'intérêt, alors que le second est bel et bien révolu, effacé, rayé, disparu à jamais. Ce double clivage, entre dedans et dehors comme entre hier et aujourd'hui, fait insidieusement croire au sujet que le manque dont il souffre renvoie, dans son Ici et Maintenant, à quelque chose ou à quelqu'un de réel, sans lien avec son intériorité ni avec son passé. De là le fantasme qu'il serait parfaitement possible de tout réparer de l'extérieur, d'une façon concrète, à force de volonté et de persévérance, par le recours à la consommation de certains produits ou objets. Nous cherchons ainsi, sans nous en rendre compte, conditionnés sournoisement par cette idéologie, à satisfaire dans les meilleurs délais nos besoins affectifs, psychologiques et anciens par le biais de nos conduites actuelles, espérant apaiser nos tensions en recourant à des exutoires et à des substituts, sans nous pencher sur l'enfant intérieur. Il s'agit là du mécanisme profond et constant qui est à la base de toutes les addictions. Encore une fois, ce n'est point l'adulte qui se débat contre une souffrance ou une frustration réelles, mais le petit garçon ou la petite fille en lui. Ce mode de pensée binaire, dualiste, d'une certaine façon schizophrénique, est de toute évidence absurde et erroné, voire très nocif. Il n'existe en réalité aucune division, aucune scission, aucun divorce entre le corps et l'esprit, le dehors et le dedans, ni surtout entre les dimensions du temps, aujourd'hui, demain et hier. Participant, au-delà de leurs différences et spécificités manifestes, à une même réalité profonde, ces divers pans entretiennent entre eux d'invisibles liens de réciprocité et de solidarité, au sein d'une totalité insécable.

Dans cette optique, le premier progrès en psychothérapie ne consiste pas, contrairement à l'illusion commune, à aller mieux tout de suite, à redevenir comme avant, et encore moins à guérir, mais à se reconnecter à son Moi profond, c'est-à-dire à son intériorité et à son passé, pour retrouver l'enfant égaré. La « guérison » ne devrait jamais constituer un préalable, une prémisse, mais une œuvre patiente, en perpétuel devenir, suivant les déconstructions et les reconstructions nécessaires. Il est impossible de chercher à la forcer, à hâter son apparition. Elle vient toujours d'elle-même, lorsqu'on n'y pense pas, qu'on s'y attend le moins. Telle une bien-aimée, elle préfère se donner, s'offrir spontanément, sans qu'on le lui demande. Autrement, elle se crispe et se dérobe quand on cherche à la capturer, comme un papillon ou un poisson sauvage. Le fruit tombe de lui-même dès qu'il est mûr. Nul besoin de l'arracher.

En outre, au cours d'une analyse, quelles qu'en soient la formule et la forme, le thérapeute ne vise jamais l'adulte en tant que tel, dans sa réalité présente, mais bien sa partie infantile, immature, inachevée, l'enfant en lui prisonnier du fantôme, qui l'empêche de grandir et de guérir pour se conduire en adulte. Derrière tout affect, toute souffrance, toute angoisse, toute colère, toute jalousie, tout désespoir, toute impatience, toute soif de séduction, toute ambivalence, etc., notamment ceux apparaissant d'une manière répétitive et intense, se cache l'enfant intérieur, source du désarroi en même temps que porteur d'un message concernant le devenir du sujet et sa délivrance. Ainsi, celui-ci se trouve, n'en déplaise à son orgueil et à sa prétention au libre arbitre et à la maîtrise, bien plus agi qu'acteur, bien plus parlé que parlant.

Une petite histoire humoristique attribuée à Mollah Nasr Eddine Hodja, célèbre personnage musulman du xIIIᵉ siècle, grand sage caché derrière un masque de folie et d'idiotie, illustre bien cette idée. Nasr Eddine prie un jour en compagnie de quelques fidèles à la mosquée de son village. Soudain, en pleine prière, un paysan s'exclame : « Oh, mon Dieu, j'ai peur d'avoir complètement oublié de fermer, en partant, la porte de ma maison ! » Son voisin, choqué, lui lance : « Mais, pauvre imbécile, tu viens de parler et ta prière est donc annulée. Tu dois tout recommencer à zéro ! » Un troisième fidèle s'en mêle alors, criant : « Pauvre idiot, toi aussi tu viens de rompre le silence, comme les deux précédents. Ta prière est aussi automatiquement annulée ! » Enfin, Nasr Eddine s'exclame, fier de lui-même : « Qu'Allah soit loué ! Moi, je n'ai rien dit ! »

Cette primauté accordée à l'enfant intérieur dès l'ébauche du travail psychothérapique, cet accent, cet accueil et cette écoute permettent d'aborder la souffrance psychologique de l'adulte pour la comprendre et la formuler en termes plus justes et appropriés, plus clairs et précis, efficients. Voici deux exemples rapides.

Georgette, vieille dame de 75 ans, prétend que sa

fille de 52 ans, depuis longtemps mariée et mère de trois enfants, lui gâche l'existence et la vieillesse, à tel point qu'elle en est venue à souhaiter quitter la vie le plus tôt possible. « Depuis l'an dernier, ma fille m'abandonne. Elle ne fait plus attention à moi, ne m'aime plus, ne me téléphone plus comme avant, ne vient plus me voir presque tous les jours, ne suit plus mes conseils, ne me fait plus de confidences... comme avant. De plus, elle se met à s'habiller d'une drôle de façon, fréquentant des gens que je n'apprécie pas du tout », etc.

En réalité, ce n'est point Georgette, l'adulte, qui parle ici, la vieille dame de 75 ans qu'on aurait légitimement tendance à qualifier d'intrusive, de tyrannique et de culpabilisante. C'est la petite fille qui gémit à travers elle, celle qui, abandonnée par sa mère à sa naissance, place aujourd'hui sa fille dans une position d'enfant thérapeute, lui enjoignant de remplir à son égard une fonction de mère, bonne, enveloppante, aimante, qui lui a cruellement manqué dans son Ailleurs et Avant. Plus on avance en âge, plus on se rapproche de son enfance !

Second exemple : Henri souffre le martyre depuis le divorce réclamé et obtenu par sa femme. Sa vie étant devenue rapidement vide de sens, tel un désert, il a cherché à se donner la mort le mois dernier en avalant trois boîtes de somnifères avec un litre de whisky. Cette dépendance excessive, addictive, à l'égard de son ex-épouse ne traduit certainement pas l'amour fort et débordant d'un homme vis-à-vis de sa bien-aimée, passionnément chérie, mais la détresse d'un bébé arraché à sa mère. L'épreuve actuelle vient réveiller, en enfonçant le couteau dans une plaie déjà ancienne, un traumatisme subi jadis et comportant le même sens, non encore métabolisé : le divorce de ses parents lorsqu'il avait 3 ans, laissant le petit garçon privé de l'approvisionnement narcissique maternel indispensable à sa croissance.

Dès lors, ce dont Georgette et Henri auraient fondamentalement besoin, contrairement à ce qu'ils croient, ce n'est pas tant retrouver qui sa fille, qui sa femme, mais la petite fille et le petit garçon, immatures, infantiles, en mal de mère, prisonniers du fantôme. Moins le sujet a vécu la fusion matricielle, chaleureuse et enveloppante en son lieu et temps, plus il aura tendance, à l'âge « adulte », à se comporter en enfant afin de combler ce manque. Il deviendra dépendant, collant, avide de tendresse et de reconnaissance, revendicatif, exigeant, jaloux, possessif, craignant sans cesse le désamour et le rejet. Curieusement, toute sa stratégie de compensation et d'évitement n'aboutira qu'à multiplier les échecs et les cassures en les précipitant. Nul n'est capable, en effet, de satisfaire ces demandes massives d'amour, insatiables au fond, dévorantes.

Ainsi, cette prise de conscience de l'enfant en soi captif du fantôme permet assez rapidement, dès les premières séances, de réduire considérablement la souffrance, sans parler des économies d'énergie, de temps et d'argent. Il est donc d'une extrême importance de repérer avant tout en thérapie sa moitié, l'enfant égaré en soi, à travers les petites et les grandes choses du quotidien, en réfléchissant sur les liens entretenus avec soi-même et sur ceux tissés avec son entourage. Vivre et se regarder vivre, d'une certaine façon, se dédoubler sans crainte et se parler à soi-même comme si l'on parlait à un autre.

Paradoxalement, seul ce dédoublement, ce découpage, la conscience de contenir deux Moi, d'abriter deux volontés, deux désirs, permet de s'unifier, de devenir entier, unique, un, total, individu, indivisible, insécable, immunisé contre toute scission intrapsychique. En revanche, lorsque le sujet se trouve coupé, amputé de cette partie essentielle de lui-même, de son enfant intérieur comme racine, dépositaire des premières pages du livre de sa vie, et comme réservoir d'énergie vitale, il devient sacrément rétréci, diminué, divisé, morcelé, scindé, inachevé. C'est bien ce clivage qui se transforme en source d'angoisse et de mal-être. La réconciliation permet de transformer la division et le tiraillement entre les deux Moi en alliance et en complémentarité.

Cette découverte de l'enfant intérieur, grâce à un changement de regard sur soi, procure au sujet en quête de lui-même un trésor de révélations et de soulagement, que l'on peut présenter ici succinctement en trois points.

• C'est l'enfant intérieur qui détermine l'image que l'adulte se forge de lui-même, positive ou négative, indépendamment de toute réalité, jeunesse ou vieillesse, richesse ou pauvreté. C'est lui qui se trouve à la source de l'amour, du respect et de la confiance qu'a l'adulte dans sa bonté ou, à l'inverse, à l'origine de son mépris, de sa haine de soi et de sa mauvaiseté. C'est enfin lui qui contraint l'adulte à se croire nul, moche et minable, coupable quoi qu'il dise ou fasse, tourmenté à l'idée qu'on l'agresse, qu'on le délaisse ou qu'on le juge mal. Notre pire ennemi ne se trouve pas forcément dehors, mais secrètement au-dedans de nous-mêmes !

• C'est aussi l'enfant intérieur qui conditionne les relations du sujet avec les autres en se connectant inconsciemment aux enfants intérieurs que ceux-ci abritent, à leur tour et à leur insu, bien plus qu'à leur dimension de personne adulte. C'est donc lui qui décide, définit et oriente, en ange gardien, promoteur de liens sains d'échange et de réciprocité, ou, à l'inverse, en fantôme persécuteur, induisant des rapports malsains, plaçant répétitivement son hôte dans des contextes d'échec et de déception. L'espace de la liberté intérieure de l'individu, son degré de bonheur ou d'infortune, dépend ainsi du mariage heureux ou malheureux de l'adulte avec l'enfant intérieur, de leurs rapports paisibles ou conflictuels. Le but de la thérapie est essentiellement de faire prendre conscience de l'impact décisif et du message de l'enfant en soi, pour l'accueillir et se réconcilier avec lui. Seule cette découverte protège l'adulte du phagocytage, de l'envahissement par le fantôme, cet étranger au fond si proche. La conscience qu'il existe chez tout humain non pas un seul, mais deux Moi, permet au sujet de repérer chez ceux avec qui il entretient des liens, conjoint, parents, amis, collègues, etc., l'enfant intérieur à l'œuvre derrière leur masque. Ce n'est donc pas celui-ci, mais le petit garçon ou la petite fille, le côté infantile et immature, qui s'emporte, qui pleure, qui se plaint, qui s'autodétruit, qui a peur, qui agresse, ou qui, à l'inverse, s'exhibe, cherchant à plaire et quémandant l'amour. Cette compréhension empathique de l'autre permet, notamment lorsque la relation est devenue conflictuelle et tendue en raison des contentieux et des malentendus, de mieux tolérer la situation et de « pardonner » plus facilement certaines inélégances, avec moins de rancœur et plus de compassion.

• Enfin, cette reconnaissance permet au sujet de retrouver confiance en lui pour se comporter en adulte et se préserver des manipulations mentales, des emprises et des conditionnements.

Ceux-ci proviennent en général de deux sources. Ils émanent, d'une part, de nos proches, parents ou conjoint, qui ont parfois inconsciemment intérêt à ce que nous demeurions d'éternels enfants, dépendants d'eux, sages, gentils et obéissants, restant sous leur influence, pour qu'ils puissent nous dominer en se sentant bons, utiles et vivants. Interpellant de préférence la petite fille ou le petit garçon en nous, ils ont l'ingéniosité de titiller subtilement notre talon d'Achille, la culpabilité, nous rappelant tous les sacrifices qu'ils ont dû consentir pour nous élever, toutes leurs espérances déçues en raison de notre ingratitude. Certaines familles résistent ainsi farouchement à l'autonomisation de leurs enfants. Elles ressentent toute tentative de séparation/différenciation d'un membre littéralement comme un démembrement, une folie, une faute impardonnable risquant de faire éclater l'unité et l'harmonie factices de la devanture familiale, donnée à voir aux passants !

L'autre source de manipulation se trouve dans nos sociétés de consommation. La publicité et la propagande médiatique cherchent à chatouiller, avec complaisance, la sensibilité du sujet, sa sensiblerie d'enfant, son émotivité, sa fibre sentimentale, en court-circuitant sa partie adulte, capable justement de distance, de réflexion et de jugement. Elles s'évertuent en effet, perversement, à exciter la pensée magique enfantine contenue en chacun, en lui faisant croire que, en consommant tel produit, en votant pour tel parti politique ou en épousant telle norme ou telle attitude, il parviendra sans effort à recouvrer l'équilibre et l'harmonie, dans la paix, la sécurité et l'abondance. Ce qui caractérise l'adulte, c'est sa capacité à prendre de la distance et du recul tout en restant relié à son univers émotionnel, associant, réconciliant ainsi la raison et le sentiment. C'est précisément cet accord entre l'adulte et l'enfant, la tête et le cœur, qui étayera le sujet, l'aidant à piloter son existence en étant optimiste et confiant dans ses capacités, mais aussi conscient de ses limites, les siennes propres et celles inhérentes à l'existence, consubstantielles aux êtres et aux choses.

Évidemment, reconnaître ces limites en acceptant, un tant soit peu, la frustration et le manque, renoncer au fantasme matriciel puéril de complétude et de satiété, ne signifie point baisser les bras, démissionner, abdiquer, se résigner, se soumettre et subir sans réagir, abandonnant l'envie d'embellir sa vie et de s'épanouir. Cette reconnaissance nous permet, au contraire, de ne plus gaspiller notre énergie vitale dans la quête illusoire de l'excellence et de la perfection, dans le dessein de nous sentir en conformité avec l'idéal de nos parents et les normes sociales. Elle nous aide à devenir bien plus dynamiques, vigilants et combatifs, pour être capables de nous indigner, justement, de nous révolter en tant qu'adultes contre l'injustice, l'arbitraire et l'incohérence, mettant en cause l'ordre établi, figé et autosatisfait. L'enfant, par contre, a peur de contester, de s'opposer, de protester, par crainte de nuire et de décevoir, de s'attirer, en représailles, le désamour et le rejet.

D'une façon générale, ce qui épuise le sujet, grignotant jour après jour sa vitalité, c'est son habitude de batailler dès qu'il subit un traumatisme ou affronte une épreuve difficile. Ce ne sont point les chocs et les désagréments de la vie, en tant que réalités objectives, qui le minent, mais leur déni, le combat engagé contre eux pour ne pas souffrir. Il est vrai qu'on nous apprend, tout au long de notre éducation physique et psychologique, à engager contre les vœux de notre corps et nos émotions, les appels de l'enfant intérieur, une lutte aveugle : « Arrête de faire le bébé ! » Une part considérable de notre énergie vitale se trouve dès lors gaspillée dans le combat contre la douleur, ainsi que dans l'obsession de maîtrise et de contrôle.

On dénombre chaque année en France environ 300 noyades, dont une centaine mortelles, notamment en période caniculaire, durant la saison des baignades. Curieusement, les enfants sont loin d'être les plus concernés. Parmi les accidents survenus en mer, les plus nombreux concernent non pas les bambins, mais les seniors, en tout cas les plus de 25 ans. Pourquoi ? Simplement parce que, en cas de difficulté imprévue, ils se mettent à paniquer, à lutter machinalement contre le courant, ce qui finit par les épuiser, les couler et les engloutir très rapidement. « Mieux vaut donc, conseille l'Institut national de prévention et d'éducation pour la santé, s'allonger sur le dos pour se reposer ou appeler à l'aide, et se laisser flotter pour ne pas sombrer ! »

Puisque nous parlons d'eau, des dangers de la lutte et des bienfaits de la flottaison, voici un conte de Nasrollah, poète persan du xiiᵉ siècle, traducteur du célèbre recueil sanskrit de contes d'animaux *Kalila et Dimna*, rappelant fortement les fables de La Fontaine, écrites cinq siècles plus tard. Il vivait dans un étang trois poissons, dont deux prévoyants et un faible d'esprit. Deux pêcheurs passant par là se donnent rendez-vous plus tard pour apporter leur filet et prendre les trois poissons. Ces derniers entendent leurs propos. Le prévoyant, pourvu de la raison et de l'expérience, se met à l'œuvre, sortant aussitôt par le côté d'où vient l'eau. Sur ce, les pêcheurs reviennent et barrent les deux côtés de l'étang. Le second poisson se dit : « J'ai été un peu négligent. Il ne serait pas bon de désespérer cependant. Je dois ruser maintenant. » Il fait le mort, se laissant voguer sans résistance à la surface de l'eau. Les pêcheurs, s'imaginant qu'il est mort, se désintéressent de lui. Il en profite astucieusement pour s'enfoncer dans la rivière et sauver sa vie. Quant au troisième, négligent, paniqué, en désarroi, stupéfait et se traînant, allant de gauche à droite et de haut en bas, les pêcheurs le prennent dans leurs filets sans complications !

Nombre de personnes me demandent régulièrement : « Dites-nous alors pourquoi, si l'enfant intérieur
joue un rôle si primordial et décisif dans le devenir
psychologique de l'adulte, il se trouve à tel point
ignoré, refoulé, occulté, voire combattu ? » La réponse
me paraît simple : l'enfant fait peur. Représentant une
certaine « inquiétante étrangeté », il a, de tout temps,
été approché avec ambivalence, c'est-à-dire à travers
une double vision clivée, scindée, tour à tour objet
d'adulation ou victime de maltraitances.

Il n'y a pas que les femmes qui peuvent affirmer
qu'elles ont été opprimées, malmenées au cours de la
longue histoire de l'humanité. Les enfants ont partagé
avec elles le même sort, la même destinée. Ils ont été
regardés durant des siècles comme des objets encom-
brants et des bouches à nourrir. Considérés comme des
« petits animaux dégoûtants » jusqu'au XVIIIe siècle, ils
étaient fréquemment victimes de sévices, d'infanticides, de maltraitances physiques et morales ainsi que
d'abus sexuels. Le rituel d'« exposition », admis et pratiqué sans aucune honte ni culpabilité, légitimait leur
abandon, voire leur mise à mort, sans autre forme de
procès. Les enfants étaient susceptibles également,
dans cette vision négative, d'incarner des êtres démo-
niaques, les mauvais esprits. Ceux-ci se déguisaient en
enfants pour que les femmes les nourrissent sans pouvoir détecter leur vraie nature. On les appelait alors
des « changelins », signifiant « changés ». On parvenait
néanmoins à les reconnaître quelquefois à leurs pleur-
nicheries, à leur maigreur excessive, à leur avidité pour
le lait surtout, au point que même quatre nourrices ne

réussissaient pas à en contenter un seul ! Encore au Moyen Âge, les enfants provoquaient malaise et méfiance. On leur reprochait, curieusement, de ne savoir se comporter en adultes, d'être privés de raison, incapables d'accéder à la connaissance et à l'amour de Dieu. Même lavés, ils demeuraient des êtres imparfaits, coupables de toutes les perversités.

À l'autre extrême, notamment sous l'influence de l'Église, la « pureté » et l'« innocence » enfantines ont également été défendues avec vigueur et chantées par les poètes. Les moines, contrairement aux Romains, considéraient avec bienveillance la richesse de la nature enfantine.

Le sort des enfants commença à s'améliorer progressivement après le XIIᵉ siècle, avec, entre autres, l'apparition de l'enfant Jésus. Les « limbes des enfants » furent précisément conçus après cette époque, en plus des trois notions déjà existantes d'enfer, de paradis et de purgatoire. Il s'agissait d'un lieu original destiné à accueillir l'âme des enfants morts jeunes, donc non baptisés, et qui risquaient de ce fait de se trouver éternellement exclus du paradis en raison du péché originel, non encore effacé par le sacrement du baptême. Après les Lumières, l'enfant fut peu à peu positivé, jusqu'à s'ériger aujourd'hui en enfant-roi, jouissant d'une place sans équivalent dans l'histoire de l'humanité, désiré, choyé, sacralisé, idolâtré, porteur des espérances de ses père et mère, objet d'un investissement sentimental et financier exorbitant.

Ces deux extrêmes constituent évidemment, par-delà les apparences, en raison de leur outrance même, l'envers et l'endroit d'une même pièce. L'adoration cache, camoufle, en la présentant sous une forme inversée, la crainte ressentie à l'égard des enfants depuis la nuit des temps. Aujourd'hui encore, dans notre culture post-moderne, d'innombrables enfants continuent à être traités en esclaves ou sont victimes de sévices de la part de leur famille, maltraitances notamment psychologiques, invisibles, du fait des divorces, de l'infantilisme des parents, absorbés par leur travail ou empêtrés dans des amourettes adolescentes, sans parler des abus sexuels, en nombre grandissant.

L'enfant fait donc peur, et c'est sans doute ce qui motive et explique la méfiance et l'agressivité des adultes à son égard. Il trouble et inquiète, peut-être parce qu'il ne parle pas. C'est d'ailleurs le sens exact du mot « enfant », du latin *infans*, « qui ne parle pas » ! Il éveille l'anxiété des grands parce qu'il paraît étrange, insaisissable, mystérieux. On ne comprend pas ce qu'il désire, ce qu'il réclame, on ne sait ce qu'il risque de devenir plus tard : soutien ou boulet des parents, leur honte ou leur fierté, leur tristesse ou leur joie ? On ignore souvent son mode d'emploi. Il suscite, de surcroît, l'appréhension et la culpabilité lorsque l'adulte, doutant de lui-même et de sa bonté, se sent incapable de le protéger, de le soigner, de le satisfaire, craignant de ne pas être à la hauteur de la tâche, apprécié et aimé par lui. Et puis cet être en apparence fragile, chétif et inachevé attise inconsciemment la jalousie de ses géniteurs et de ses aïeux, puisqu'il a toute la vie et l'avenir devant lui, qu'il est plein de projets et de promesses. La légende œdipienne renvoie précisément à cette inquiétude inconsciente : Laïos cherchant à se débarrasser d'Œdipe, son fils, sa progéniture menaçante, qui risque, selon la prédiction de l'oracle de Delphes, de dépasser son père en lui extorquant sa femme Jocaste après lui avoir donné la mort. Le vrai esclave n'est point celui que croit le maître, pour faire un clin d'œil à Hegel !

Voilà : la peur de l'enfant en soi rejoint et reproduit cette crainte ancestrale, archétypique, de l'enfant dans l'inconscient collectif. C'est la raison pour laquelle il est si important de s'ouvrir à son intériorité en effectuant un pèlerinage dans son passé, en partant sans panique à la découverte et à la rencontre de l'enfant intérieur pour l'accueillir, l'écouter, le prendre enfin par la main et se réconcilier avec lui, au lieu de l'ignorer, de le chasser, le précipitant ainsi dans les bras du fantôme. Seule cette pacification permet de le guérir et de devenir adulte, pour vivre dans la paix son présent.

MARTHE

L'histoire de Marthe, que je relaterai ici dans ses grandes lignes, démontre aussi de façon claire la nécessité de retrouver son enfant intérieur, quel que soit son âge, pour se réconcilier avec lui.

Marthe est une dame de 78 ans. Elle se plaint d'emblée de ne plus aller bien depuis environ un an, sans comprendre pourquoi, en dehors de tout motif valable, à la suite d'un projet de déménagement. Elle habite depuis une trentaine d'années dans sa maison en compagnie de son époux, avec qui elle vit depuis cinquante-deux ans. Ils ont décidé, tous les deux, suivant les conseils de leurs trois filles, de quitter cette vaste demeure, comprenant de nombreuses pièces ainsi qu'un immense jardin, pour s'installer dans un appartement confortable, bien plus aisé à entretenir, à proximité des commerces et de leur plus jeune fille. Dès la conception de ce projet, qui ne présente pourtant, du point de vue pratique et matériel, strictement aucune difficulté, Marthe a commencé à se tracasser, voire à ruminer avec anxiété.

« Tout le monde me disait que je dramatisais. Je ne

sais pas pourquoi je n'arrêtais pas d'y penser. Toutes ces affaires à déménager, ça me paniquait. J'avais peur de ne pas y arriver. C'était devenu comme une montagne pour moi, avec des précipices de chaque côté, un immense trou noir, je ne sais pas. Peu à peu, moi qui avais un bon sommeil réparateur, j'ai commencé à ne plus arriver à m'endormir. J'étais agitée et je transpirais dans mon lit. Je n'avais plus envie de rien, même pas de cuisiner, je n'avais plus de tonus, plus de vitalité. J'étais inquiète pendant la nuit et la journée. Je me rendais néanmoins bien compte qu'il s'agissait d'une bonne idée, réaliste et raisonnable, qui allait considérablement faciliter notre vie quotidienne. Cette maison était devenue trop grande avec le départ des enfants. Elle manquait de confort et nécessitait une complète restauration. Cependant, ce n'était pas vraiment cette maison que je regrettais et que je refusais de quitter. D'autant plus qu'il n'était pas question de la vendre. Elle demeurait dans la famille, puisqu'il avait été décidé qu'elle serait reprise et restaurée par notre fille aînée. De plus, notre nouveau logement allait se trouver à quelques minutes à peine, à pied, de ma fille cadette. Il avait l'ascenseur, tout le confort moderne, et donnait sur un petit square arboré. Je ne sais pas. L'idée de déménager m'obsédait, sans que nul réussisse à m'apaiser. Mon mari, qui a 81 ans, a insisté pour que je consulte notre médecin de famille. Celui-ci m'a fait passer tous les tests et examens nécessaires. Tous se sont révélés négatifs. Il m'a alors prescrit des anxiolytiques. Pourtant, malgré ce traitement, mon moral ne cessait d'empirer. Je ne voulais plus sortir de chez moi.

Je disais aux voisins que, le jour du déménagement, je ferais une fugue ou que je m'enfermerais à double tour pour que personne ne puisse me déloger.

« Je me rendais bien compte parfois de l'absurdité de mon état de panique. Je demandais alors pardon à mon mari, lui promettant de ne plus nous gâcher ces derniers moments qui nous restaient encore à vivre. Je prenais sur moi, m'efforçant de chasser mon désarroi. Mais j'échouais chaque fois. C'était plus fort que moi. Mon médecin traitant a donc décidé, en accord avec mon mari et mes filles, de m'hospitaliser dans une maison de repos pendant quelques semaines. Je ne comprends pas. Je n'avais pas de soucis particuliers. Je suis satisfaite de mon couple, avec nos cinquante-deux ans de mariage. On s'aime tous les deux. Nous ne souffrons par ailleurs d'aucun problème de santé ni de finances. Nos trois filles vont bien, menant chacune une existence de couple heureuse.

« Résultat des courses : en ce fameux jour de déménagement, tant redouté, je ne me trouvais pas là. Mes enfants et petits-enfants se sont chargés de tout sans que j'aie à lever le petit doigt. Quand je suis retournée chez moi, une semaine plus tard, tout était parfaitement propre, rangé et à sa bonne place. Je n'avais plus qu'à mettre les pieds sous la table. Le déménagement avait cessé d'être un projet. Il était devenu un souvenir, appartenant au passé. Pourtant, à la surprise générale, mon moral ne s'améliorait pas tant que ça. Je continuais à broyer du noir, sans comprendre pourquoi. Je me sentais coupable de causer tous ces ennuis à mes proches. Alors j'ai décidé de venir vous voir. »

Il est évidemment tout à fait légitime, naturel, qu'un déménagement, même s'il paraît anodin, constitue un traumatisme, en raison des changements qu'il occasionne. Il est comparable, notamment chez les enfants et les personnes âgées, à une véritable transplantation, à un déracinement/réenracinement. Il mobilise beaucoup d'énergie vitale, du fait de l'écroulement de certains repères et habitudes, ainsi que de l'urgence d'en élaborer d'autres pour s'intégrer derechef dans son nouveau terreau. Il représente symboliquement un passage, une transition, la fin d'une période de l'existence et l'avènement d'une autre. Une page de la vie se tourne, hier laissant la place à aujourd'hui et à demain. Ces modifications sont d'autant plus déstabilisantes pour le sujet âgé qu'il craint, en raison de la diminution naturelle de ses forces physiques et du ralentissement de ses facultés mentales, de ne pas être capable de les assumer.

S'il est donc normal qu'une petite déprime anxieuse, un moment d'instabilité et de deuil se fassent sentir, dans l'écrasante majorité des cas cependant, surtout lorsque le déménagement ne s'accompagne d'aucun événement dramatique particulier (le décès d'un enfant ou d'un conjoint), la transition s'accomplit en douceur, de manière progressive. Lorsqu'on déracine une plante pour la replanter ailleurs, elle « se déprime » aussi naturellement. Ses feuilles s'avachissent et deviennent flasques, comme si elles allaient tomber, laissant présager son dépérissement. Mais tout se redresse et repart quelques jours plus tard, après un temps nécessaire à l'acclimatation et à l'intégration du choc des changements.

Il existe chez Marthe, comme chez tout être humain, deux personnes, deux sujets, deux Moi, l'adulte et l'enfant. Si ma patiente souffre à ce point, depuis un an, à cause d'un déménagement somme toute banal, c'est en raison d'un tiraillement entre ces deux personnes en elle. La seconde, sous l'emprise du fantôme, a envahi la première.

Voici une séquence capitale et décisive de son histoire, voire de sa préhistoire, relative à l'enfant intérieur, à la petite fille en elle, et susceptible d'élucider le sens des tourments de la vieille dame de 78 ans : « En feuilletant l'autre jour notre album de famille, comme vous me l'aviez suggéré, je suis tombée sur une vieille photo jaunie où l'on me voyait, nourrisson emmailloté dans les bras de ma mère. Je me suis soudain souvenue d'un épisode qu'elle avait dû me raconter une fois ou deux quand j'étais petite, mais que j'avais totalement oublié, comme effacé de ma mémoire.

« Mes parents sont nés tous les deux en Italie, en Lombardie. Ils ont émigré ensemble en 1924, peu après leur mariage. Ils fuyaient d'une part la pauvreté et, d'autre part, l'insécurité politique, après la marche de Mussolini et des fascistes sur Rome en 1922. Ils ont eu deux enfants en France. Ensuite, lorsque ma mère était enceinte de moi, troisième et dernière de la fratrie, elle a entendu que Mussolini offrait une belle prime aux Italiennes accouchant en Italie. Elle a donc décidé, à 8 mois de grossesse, de retourner dans sa famille en Lombardie pour que je naisse là-bas et qu'elle puisse toucher la récompense promise. Cela ne m'étonne pas du tout d'elle. Elle était franchement préoccupée par l'argent. Elle craignait sans cesse d'en manquer. Elle s'entendait bien avec mon père, certes, mais elle lui reprochait parfois, à demi-mot, de ne pas gagner assez d'argent. Pourtant, notre famille ne vivait pas dans le besoin. Seulement, avoir de l'argent la rassurait. Elle avait été tellement frustrée dans sa jeunesse. D'ailleurs, elle ne dépensait pas forcément tout ce dont elle disposait, elle aimait bien "en mettre de côté", pour se sentir protégée, "à l'abri des imprévus", comme elle le disait.

« Elle a donc laissé mon père s'occuper seul de mon frère et de ma sœur, âgés de 5 et 3 ans, et s'est mise en route, avec moi dans son ventre, en direction des environs de Milan. Je suis née à Turin. La photo jaunie dont je vous parlais a été prise quelques jours seulement après ma naissance. Nous sommes rentrées en France quand j'avais 2-3 mois, d'après ce que j'ai pu entendre. Plus tard, tout le monde trouvait bizarre, évidemment, que mon frère et ma sœur soient nés tous les deux en France et moi seule, pourtant plus jeune qu'eux, en Italie. Les gens ne comprenaient pas.

« Je viens de me dire à l'instant, en racontant cela pour la première fois, qu'il s'agit tout de même d'une étrange histoire. Moi, il est vrai, je n'aurais jamais eu l'idée d'abandonner, enceinte de 8 mois, mon mari et mes deux jeunes enfants pendant plus de trois mois pour aller toucher une prime de naissance ailleurs, si loin ! Je ne sais pas. Plus personne n'est là aujourd'hui pour m'expliquer ce qui s'est réellement passé à ce moment-là. Mes parents n'en parlaient jamais. C'est maintenant du passé, tout cela ! Ah, je ressens comme un frisson dans tout mon corps. Mon cœur bat plus vite que d'habitude, mais je ne me sens pas mal. »

Voilà, cette fois, c'est bien Marthe qui, en se remémorant avec émotion l'épisode de sa naissance, accouche d'elle-même, de la petite fille oubliée en elle. C'est bien cette dernière qui est épouvantée par le « déménagement », sans nulle raison apparente, alors que tout se passe bien dans sa vie d'adulte, paisible. Il ne s'agit évidemment pas pour elle d'un simple changement de domicile, d'un simple fait visible, réel, concret, actuel, consistant à quitter une maison pour aller s'installer dans un appartement 500 mètres plus loin. Il est question, plus fondamentalement, de cette transhumance, de cette odyssée vécue par Marthe peu avant et juste après sa naissance, avec sa mère, d'un côté et de l'autre des Alpes.

Est-ce pour cela que le « déménagement » lui paraissait une montagne ? Comment Marthe aurait-elle pu agir autrement qu'en gobant, en petite *pharmacos* et en toute impuissance, comme une éponge, recroquevillée dans la matrice, les angoisses de sa mère, seule et enceinte jusqu'aux dents, séparée de son époux et de ses deux premiers enfants, retournant dans un lieu qu'elle avait pratiquement fui six années auparavant, pour toucher la « prime d'accouchement » généreusement accordée par « Il Duce » ? L'argent ne servait après tout, dans cette histoire, que de prétexte. La mère de Marthe avait peut-être décidé de quitter définitivement son mari, ses enfants et sa terre d'adoption, la France, par nostalgie de ses origines, de sa matrice, dont le deuil n'avait pas encore été accompli ? Ce n'est jamais l'adulte qui souffre vraiment, mais à travers lui son enfant intérieur, sous l'emprise du fantôme !

Seules les retrouvailles et la réconciliation avec l'enfant en soi permettent de devenir adulte dans la sérénité, transformant le fantôme persécuteur en ange gardien bienveillant et protecteur. Seul le souvenir de la petite fille ou du petit garçon égaré(e), oublié(e), permet de le réintégrer dans la mosaïque multicolore de son identité plurielle et donc de grandir, de guérir, de devenir enfin soi, de s'accomplir en tant qu'être vivant et entier.

Pacifier ses liens avec son passé, surtout lorsqu'il a été traumatique, réaliser son travail de deuil, se pardonner à soi-même les blessures endurées, ne signifie pas lutter contre le passé ou l'oublier, mais le reconnaître, l'assimiler pour véritablement s'en séparer et, mieux encore, métamorphoser le vil plomb en or et les ténèbres en lumière !

Composition réalisée par NORD COMPO

Achevé d'imprimer en mai 2011 en Espagne par
BLACK PRINT CPI IBERICA, S.L.
08740 Sant Andreu de la Barca (Barcelona)
Dépôt légal 1re publication : septembre 2009
Édition 05 : mai 2011
LIBRAIRIE GÉNÉRALE FRANÇAISE
31, rue de Fleurus - 75278 Paris Cedex 06

30/8505/7